Janine COURTILLON

Geneviève-Do

KU-794-725

LIBRE Echange

2

HATIER / Didier

Couverture, conception de maquette et logos : Anne-Marie Bodson
Mise en pages : Gérard Lagravière
Photogravure : Euresys
Secrétariat d'édition : Nelly Benoît

© Les Éditions Didier, Paris, 1991   Imprimé en France
ISBN 2-278-04022-7

Avant-propos

Libre Échange 2 prolonge l'apprentissage proposé dans *Libre Échange 1*.

Comme dans *Libre Échange 1*, *Libre Échange 2* s'inscrit dans une perspective d'apprentissage fonctionnel et communicatif. L'aspect linguistique traité dans *Libre Échange 2* correspond aux exigences d'une deuxième année d'étude du français, soit en milieu scolaire, soit en formation continue pour adultes. Selon l'itinéraire choisi (cf. ci-dessous), *Libre Échange 2* couvre de 100 à 150 heures d'apprentissage.

Libre Échange 2 est conçu en trois volets organisés autour d'un centre d'intérêt spécifique :

1. Les relations interpersonnelles et familiales.
2. Les rapports dans la société.
3. Les rapports au monde.

Chaque volet comporte trois unités d'apprentissage et aboutit à un palier d'évaluation des compétences.

Chaque unité de *Libre Échange 2* est organisée en fonction de l'apprentissage des quatre compétences : compréhension orale, expression orale ; compréhension écrite, expression écrite. On constatera que dans *Libre Échange 2*, l'accent est mis en priorité sur le **développement des compétences en compréhension orale et écrite** (cf. rubrique *Méthodologie* p. 6)

Description et déroulement d'une unité

1. Amorces

Il s'agit de l'enregistrement de quelques énoncés dans différentes situations de communication. Les *amorces* font apparaître « en flash » l'aspect fonctionnel essentiel de chaque unité.

À l'écoute des *amorces*, les apprenants sont uniquement sensibilisés à l'objectif fonctionnel mais ils trouveront dans le *Cahier d'exercices* des activités de communication pour l'exploitation de ces amorces.

2. Situation de départ (A et B)

Ce sont des dialogues enregistrés qui mettent en scène les différents personnages déjà rencontrés dans *Libre Échange 1*. Les circonstances de la situation de communication posent la thématique de l'unité et annoncent en « filigrane » les pages de *Civilisation, Culture* et *Comportement*.

La situation de départ, en français standard, constitue le **parcours obligatoire** pour réaliser, en contexte, l'ensemble des activités grammaticales, fonctionnelles et culturelles d'une unité.

3. Activités de découverte des règles

Une fois la situation de départ étudiée et comprise à l'oral, les étudiants apprennent à repérer et à s'approprier les aspects grammaticaux, grâce à l'activité intitulée : *Découvrez les règles*.

Ces aspects grammaticaux seront réemployés dans des exercices (cf. *Exercices de grammaire*) et synthétisés dans des tableaux (cf. *Votre grammaire*).

4. Activités fonctionnelles et communicatives

• *Manières de dire* : Exercices de **repérage** des différents actes de paroles rencontrés dans la situation de départ (A et B).

• *Autres manières de dire* : Exercices de reconnaissance des différents registres de langue (français soutenu/français familier) et acquisition de nouvelles formulations de l'acte de parole le plus marquant de l'unité.

• *À vous de parler* : Canevas de jeux de rôles.

• *Faites-les parler* : Production orale libre.

5. Activités grammaticales

• *Exercices de réemploi* des différents points de grammaire qui ont été découverts dans *Découvrez les règles*. Ces exercices sont, le plus souvent, contextualisés et reprennent les données lexicales de la situation de départ. À chacune des séquences de *Découvrez les règles*, correspond au moins un exercice de réemploi, parfois plus, si le point de grammaire est complexe (Dans le *Cahier d'exercices*, des activités supplémentaires sont prévues, soit pour renforcer, soit pour vérifier les connaissances grammaticales).

• Synthèse grammaticale : *Votre grammaire* où les apprenants trouveront des tableaux et des informations sur les différents points de grammaire qu'ils auront étudiés dans *Découvrez les règles* et systématisés dans les pages d'exercices.

6. Entraînement à la phonétique : Découvrez les sons

• Exercices de discrimination auditive, exercices de répétition, exercices en question/réponse de quelques difficultés phonétiques (le [R], les nasales, les semi-consonnes).

• Exercices de discrimination, exercices de répétition et exercices de production de différents types d'intonation utilisés dans des séquences à valeur fonctionnelle (se plaindre, se justifier, prendre la parole, s'opposer à son interlocuteur, etc.).

• *Amusements sonores* : comme leur nom l'indique, ces courts « poèmes » assonancés ont une fonction ludique. Ils peuvent être écoutés, puis lus et parfois même appris, si les apprenants les trouvent à leur goût.

Toute la rubrique *Découvrez les sons* est enregistrée sur cassette.

Ces six types d'activités s'articulent directement à partir de la situation de départ (A et B).

En outre, *Libre Échange 2* propose un *Itinéraire bis* pour ceux des apprenants qui veulent et qui peuvent consacrer plus de temps à l'étude du français.

7. Itinéraire bis

Bien que fortement recommandé à l'attention des apprenants, il constitue un **parcours secondaire**.

Ces pages comportent des activités diverses. Les unes sont nettement à **orientation fonctionnelle** (exemple : apprendre à écrire une lettre de réclamation, apprendre à rédiger un curriculum vitae). Les autres sont plutôt à **orientation « médiatique »** (apprendre à comprendre les médias oraux et écrits).

Une des deux pages est consacrée à des activités liées à l'écoute d'un enregistrement. L'autre est destinée à la compréhension et à l'expression écrites. Sur la page de gauche de l'*Itinéraire bis*, les apprenants trouveront quelques extraits des documents enregistrés. Sur la page de droite de l'*Itinéraire bis*, les apprenants liront un texte dont le sujet fait écho, thématiquement, à l'enregistrement. Ainsi, pourront-ils évaluer les différences entre les deux modes d'expression de l'oral et de l'écrit.

L'objectif de ce **parcours secondaire** est essentiellement d'**accroître la compétence fonctionnelle et la compétence en compréhension orale et écrite**. Ces compétences sont renforcées par des activités de repérage et de reformulation. Des activités de production écrite et orale permettent également aux apprenants de vérifier leur aptitude à l'expression orale et écrite.

8. Civilisation, culture et comportement (ou CCC)

Ce sont les trois rubriques « culturelles » de *Libre Échange 2*.

• La première, *Civilisation*, consiste en deux pages d'information sur une région française ou un pays francophone (Bourgogne, Champagne, Languedoc, Bretagne, Belgique, Québec, Suisse). Il s'agit d'apporter aux lecteurs étrangers des informations de type historique, géographique et socio-culturel sur les pays présentés. Cette rubrique n'a aucune prétention encyclopédique, elle se veut plutôt « tremplin » d'intérêt et de curiosité sur le monde francophone. Si des activités sont prévues dans le *Cahier d'exercices* pour l'exploitation de ces deux pages, il est cependant recommandé aux enseignants et aux apprenants d'essayer d'aller plus loin dans cette rubrique en faisant des recherches complémentaires.

• La seconde rubrique, *Culture,* comporte six pages de textes et de photos illustrant des aspects de la société et de la littérature françaises. La rubrique *Culture* est construite autour d'une thématique qui est indiquée par le titre de chaque unité. Cette thématique a été choisie pour son actualité : elle intéresse aussi bien les jeunes adolescents que les adultes d'aujourd'hui. Elle est introduite d'abord par la *Situation* et reprise sous forme d'extraits de textes des médias, de la chanson et de la littérature.

La rubrique *Culture* a pour objectifs : la compréhension de l'écrit, l'étude et la reproduction des formes de la langue écrite pour amener l'étudiant à une compétence de l'écrit. Pour la production écrite personnelle, conçue en fonction des besoins des apprenants, on se référera aux activités de l'*Itinéraire bis* et à celles proposées dans le *Livre du professeur.*

Naturellement, en raison de la thématique choisie, cette rubrique fournit des bases pour l'expression orale personnelle qui peut avoir lieu au sein de débats et d'activités organisés en classe (cf. *Livre du professeur*).

• La troisième rubrique, *Comportement*, est une initiation à l'ethnographie de la communication. Ces textes ont un double objectif : initier les apprenants aux manières d'agir, de penser et de sentir caractéristiques des Français, mais aussi les inciter à réfléchir sur leurs propres comportements culturels. Ce double objectif a été choisi dans la perspective des relations inter-culturelles qui, à notre époque, sont de plus en plus fréquentes.

Dans *Libre Échange 2*, comme dans *Libre Échange 1*, les documents à visée ethnographique veulent faire connaître aux apprenants de français le « langage silencieux » des comportements culturels en matière de temps, d'espace et de gestuelle. Les pages *Comportement* proposent comme activité une discussion sur le thème traité.

9. Activité de Compréhension orale

Un document enregistré, interview ou information radiophonique, lié à la thématique de chaque unité, permet aux apprenants de s'habituer à entendre et à comprendre des discours variés, venant d'horizons différents.

Trois activités viennent étayer la rubrique *Compréhension orale* :

• Une grille de compréhension globale qui suit chronologiquement l'enregistrement.
• Une grille pour la compréhension détaillée qui demande une écoute plus fine de l'enregistrement et qui vise à un enrichissement des connaissances lexicales.
• Une activité de synthèse (ou résumé des informations).

10. Évaluation des compétences

Les pages, *Évaluez vos compétences,* apparaissent toutes les trois unités. Elles comportent :

• Un test de compréhension orale portant sur un ou deux documents (entendu(s) à la radio).
• Un test de compréhension écrite (document à lire).
• Un test de production écrite (sur un sujet proposé).
• Une chanson (pouvant servir à une autre activité de compréhension orale).
Pour passer ces tests dans de bonnes conditions, les apprenants doivent respecter les consignes de passation (nombre d'écoutes).

Méthodologie

Les activités de compréhension

Libre Échange 2 est fondé prioritairement sur des **activités de compréhension** orale et écrite, parce que nous pensons qu'elles sont primordiales en début d'apprentissage, en ce sens qu'elles sont préalables à l'acquisition de la capacité à s'exprimer. C'est dans la mesure où on a beaucoup écouté, beaucoup lu et mémorisé une bonne partie de ce qui a été compris, qu'on est capable de s'exprimer à l'oral et à l'écrit. Quant aux exercices, ils viendront en second lieu pour « affiner » la capacité d'expression.

Comment écouter les documents sonores

Plusieurs écoutes sont indispensables - chacune de ces écoutes étant suivie d'échanges entre les apprenants, car c'est en contexte interactif que s'acquiert l'ensemble des compétences langagières. Pendant les écoutes, il faut d'abord prêter attention à l'**intonation** et aux **tons** des voix, ce qui permet de saisir des **éléments de la situation de communication** et surtout les **intentions** des locuteurs. Il faut aussi repérer des mots ou groupes de mots connus et faire des **hypothèses** ou des inférences à partir de ces éléments compris, ce qui facilite la saisie du **sens global**.

Il ne s'agit pas de tout comprendre (pas de mot à mot !). Il faut s'habituer à « reconstruire du sens », comme on construit un puzzle : toute pièce posée permet d'en « découvrir » d'autres. Le sens se construit en tache d'huile.

Les activités de compréhension orale

Pour développer la compréhension et aborder l'étude des documents oraux, différents types d'activités sont proposés :

• Des repérages qui se situent au niveau de la compréhension globale. Ce sont essentiellement des repérages de type lexical qui permettent de comprendre la thématique.

• Des repérages qui se situent au niveau de la compréhension précise ou détaillée. Une grille d'écoute est proposée aux apprenants pour qu'ils vérifient ce qu'ils ont compris des éléments enregistrés (aussi bien de la thématique que des segments précis). Il n'y a pas de compréhension globale sans compréhension précise de certains points du document.

Après plusieurs écoutes, l'apprenant repère petit-à-petit des détails qu'il n'avait pas saisis à la première écoute.

• Enfin, il existe un entraînement à la synthèse (exercice de résumé). À l'aide des éléments relevés dans les grilles d'écoute et de reformulation, l'apprenant peut rédiger une synthèse de ce qu'il a compris.

N. B.

Les apprenants peuvent prendre connaissance des grilles proposées pour l'écoute, avant même d'avoir commencé l'activité de compréhension orale, ce qui peut éventuellement faciliter leur approche du sens et stimuler leur activité d'inférence.

Comment lire les textes de la rubrique *Culture*

Le texte doit d'abord être lu individuellement. Pour ne pas décourager l'élève par un trop grand nombre de mots inconnus, nous avons facilité la compréhension par un lexique qui donne le sens des mots les plus difficiles. Ceux qui peuvent être devinés par le contexte n'ont pas été expliqués, car l'élève retient mieux ce qu'il a découvert lui-même. On doit l'encourager à essayer de déduire le sens des mots grâce au contexte. On peut procéder à deux ou trois lectures individuelles suivies d'échanges entre les élèves. Après ces lectures individuelles, a lieu une phase de compréhension-vérification collective, où le professeur demande aux élèves ce qui a été compris et le fait expliquer à ceux qui n'ont pas compris. Le professeur pose ensuite des questions de vérification sur certaines parties du texte qui lui semblent plus difficiles. Cette phase est importante parce qu'elle entraîne une participation active des élèves qui relisent plusieurs fois, reformulent et posent des questions.

Les activités postérieures à la lecture : le questionnement et la reformulation

Après la lecture et la phase de compréhension collective, nous proposons un jeu de questions à l'élève. Cette activité a pour but de lui permettre de passer à l'expression à partir du texte. C'est en quelque sorte un exercice de mémorisation et un entraînement à l'expression.

Le questionnement peut remplir plusieurs fonctions :

– vérifier la compréhension du contenu dans ses aspects généraux et sur des points précis,

– aider à la mémorisation du contenu et des formes,

– entraîner à la lecture rapide, sans passer par la traduction, en incitant le lecteur à « balayer le texte », c'est-à-dire à écarter ce qui ne l'intéresse pas et à sélectionner les indices signifiants (mots chargés de sens, articulation du texte), pour trouver la réponse aux questions,

– entraîner à la compréhension par déduction ou inférence en se fondant sur le contexte pour trouver le sens de certains mots,

– entraîner à paraphraser ou à reformuler en reprenant certaines parties du texte, en les résumant, ce qui permet une réactivation des acquis et une appropriation progressive des nouvelles formes,

– donner à l'élève la possibilité de s'exprimer à propos de certaines idées ou de certains aspects du texte.

En résumé, l'exercice de questionnement n'a pas pour but d'indiquer au professeur si l'élève a compris, mais d'entraîner celui-ci à vérifier lui-même sa compréhension et surtout à passer d'une manière pragmatique à l'expression orale et écrite.

La reformulation

En partant d'une formulation simple, banale, l'élève est amené à rechercher dans sa mémoire, ou dans le texte, la formulation nouvelle, plus précise, qui s'y trouve.

Cet exercice est donc destiné à renforcer et à vérifier l'acquisition du lexique et de quelques expressions apparues dans le texte. Tout n'est pas à acquérir dans un texte qu'on lit. Nous avons retenu les mots et expressions qui nous ont paru les plus usuels et les plus rentables.

De la musique

avant toute chose

**La fête
de la
Saint-Vincent
tournante***

A Je vous souhaite la bienvenue...

Le maire :

« Chers amis,

Vous êtes venus de l'Europe entière pour assister à la fête de la Saint-Vincent tournante.

Notre petite commune est heureuse de vous accueillir.

Et, au nom de toute la municipalité, je vous souhaite la bienvenue dans notre belle province.

J'espère que vous saurez apprécier notre pays dans tous ses aspects culturels : de la beauté des églises romanes aux délices de notre gastronomie !

Et bien entendu, je suis sûr que vous aurez souvent l'occasion de goûter nos meilleurs crus !

Je suis heureux de vous annoncer également un concert qui aura lieu ce soir dans la salle des fêtes ! »

---

* En Bourgogne, cette fête «tourne» : chaque année, elle a lieu dans un village différent.

B Qu'est-ce que ça veut dire « banlieue rouge ? »

Le chanteur : Je vais vous interpréter *Banlieue rouge* de Renaud !

Le chanteur Renaud.

Elle habite quelque part
Dans une banlieue rouge
Mais elle vit nulle part
Y' a jamais rien qui bouge
Pour elle la banlieue c'est toujours gris
Comme un mur d'usine, comme un graffiti.

Elle habite quelque part
Dans une banlieue rouge
Mais elle vit nulle part
Y' a jamais rien qui bouge
Pour elle la banlieue c'est toujours la zone.
Même si au fond d'ses yeux,
Y' a un peu d'sable jaune.

© Mino Music.

Carmen : Je n'ai pas bien compris le titre. Qu'est-ce que ça veut dire :
« banlieue rouge » ?

Éric : Une banlieue, tu sais ce que c'est ? C'est une ville qui se trouve à
la périphérie d'une grande ville. Par exemple Saint-Denis, c'est une
banlieue de Paris au Nord, et Saint-Germain, une banlieue à
l'Ouest. Saint-Denis a une municipalité communiste, c'est pour ça
qu'on l'appelle « banlieue rouge ».

Carmen : Alors que Saint-Germain est une banlieue riche, non ?

Éric : Oui, c'est ça.

Carmen : Il y a aussi quelque chose que je n'ai pas compris.
Il dit : « Elle habite quelque part, mais elle ne vit nulle part ».
Ça veut dire quoi, exactement ?

Éric : Elle est là, elle habite là, mais il n'y a rien d'intéressant dans sa
vie. Elle n'a aucune chance de sortir de sa banlieue.

Carmen : Pourquoi ?

Éric : Parce que c'est une banlieue défavorisée où rien ne se passe,
personne ne se connaît. Il n'y a aucun espoir pour elle. Et tu as
compris : « Au fond de ses yeux, un peu de sable jaune » ?

Carmen : Oui, je pense que ça veut dire qu'elle rêve aux vacances, à la
plage.

Éric : Oui, c'est ça. Tu comprends, elle n'est jamais partie en vacances...

Carmen : C'est une belle chanson...

DÉCOUVREZ les règles

Observez les constructions après les mots en gras.

- Notre petite commune **est heureuse** de vous accueillir.

- **Je vous souhaite** la bienvenue.

- **J'espère** que vous saurez apprécier notre pays.

- **Je suis sûr** que vous aurez souvent l'occasion de goûter nos meilleurs crus.

- **Je suis heureux** de vous annoncer également un concert.

Observez l'emploi des indéfinis.

- Il y a aussi **quelque chose** que je n'ai pas compris.

- Elle habite **quelque part,** dans une banlieue.

- Elle ne vit **nulle part.**

- Il n'y a **rien** d'intéressant.

- C'est une banlieue où **rien** ne se passe.

- **Personne** ne se connaît.

- Il n'y a **aucun** espoir pour elle.

Observez l'emploi et la fonction des mots en gras.

- Un concert **qui** aura lieu ce soir.

- C'est une petite ville **qui** se trouve à la périphérie.

- Il y a aussi quelque chose **que** je n'ai pas compris.

- C'est une banlieue défavorisée **où** rien ne se passe.

Observez trois manières d'expliquer.

- Saint-Denis a une municipalité communiste, **c'est pour ça** qu'on l'appelle « banlieue rouge ».

- **Pourquoi** ?
  Parce que c'est une banlieue défavorisée.

- **Alors que** Saint-Germain est une banlieue riche.

MANIÈRES de dire

Quand on ne comprend pas, il faut pouvoir demander une explication et comprendre l'explication donnée.

1 **Relevez dans la situation pages 8 et 9 différentes manières de :**

demander des explications

......

donner des explications

......

2 **Autres manières de demander des explications :**

1. Pourriez-vous m'expliquer le sens de ce mot ?
2. Tu «piges», toi ?
3. Que signifie cette expression ?
4. Comment l'entendez-vous ?
5. Pardon, je ne vous suis pas entièrement.
6. Mais qu'est-ce qu'il raconte ?
7. «J' suis» complètement perdu, là.
8. Tu peux éclairer ma lanterne ?
9. Quoi ? qu'est-ce que «t' as» dit ?

• Trouvez à laquelle de ces deux situations correspondent ces neuf demandes d'explication.

• Imaginez à qui on parle et jouez la scène en respectant les registres de langue.

À VOUS de parler

Georges Brassens

Au village, sans prétention,
J'ai mauvaise réputation [...]
Je ne fais pourtant de tort à personne,
En n'écoutant pas le clairon qui sonne.

Mais les brav's gens n'aiment pas que
L'on suive une autre route qu'eux, [...]
Tout l' monde me montre du doigt,
Sauf les manchots, ça va de soi.
Tout l' monde viendra me voir pendu,
Sauf les aveugl's, bien entendu.

Georges Brassens, *La mauvaise réputation*,
© Intersong, 1952.

1 **Jeu de rôles à deux personnages : A et B + un dictionnaire.**

A comprend le texte de Brassens.

B ne comprend pas tout.

B demande des explications.

A répond en utilisant le dictionnaire.

Notez vos questions et vos réponses et préparez-vous pour jouer cette scène devant vos camarades.

2 **Faites-les parler :**

Exercices

1 *Expression des sentiments*

Formulez des souhaits en utilisant les expressions proposées.

> Si vous rencontrez quelqu'un pour la première fois, vous dites :
> Je **suis heureux** de faire votre connaissance.

être heureux
espérer
souhaiter
être sûr

1. Si quelqu'un part en voyage, vous dites :
......

2. Si quelqu'un passe un examen, vous dites :
......

3. Si quelqu'un entre pour la première fois chez vous, vous dites :
......

4. Si des amis se marient, vous leur dites :
......

5. Si vous voulez annoncer une bonne nouvelle à quelqu'un, vous lui écrivez :
......

2 *Souhaits et vœux*

Formulez des souhaits à un(e) ami(e) à l'occasion d'un événement. Variez les formes.

> Pour sa fête :
> Je te **souhaite** une bonne fête.

1. Pour son anniversaire :
......

2. Pour le premier de l'an :
......

3. Pour son mariage :
......

4. Pour son hospitalisation :
......

5. Pour la naissance de son sixième enfant :
......

3 *Tout ou rien !*

Faites parler ce pessimiste en utilisant les indéfinis proposés.

> Je n'ai **aucun** espoir de réussir.

aucun/tout
personne/
tout le monde
rien/tout
nulle part/
partout

1. « Je n'ai ...... chance dans la vie.

2. ...... ne m'aime et je n'aime ...... !

3. ...... est contre moi, ... n'est avec moi !

4. Je n'ai ...... à gagner, j'ai ...... à perdre.

5. ...... marche mal, ... ne va bien !

6. ...... ne m'intéresse et ...... m'ennuie.

7. Je ne me plais ......, je m'ennuie ......

8. Je n'ai ...... ami dans ma vie. »

Exercices

4 *Pour dessiner un portrait*

Racontez comment réagit un super optimiste ! Vous utiliserez les indéfinis proposés.

> Ses problèmes ?
> Il n'a **aucun** problème. **Tout** va bien.

tout le monde
quelqu'un
personne
tout
aucun
quelque chose
rien
partout
quelque part
nulle part

1. Sa famille ?
......

2. Ses sentiments vis-à-vis des autres ?
......

3. Son attitude dans la vie ?
......

4. L'attitude des autres à son égard ?
......

5. Son attitude vis-à-vis d'un lieu ?
......

6. Ses amis ?
......

7. Sa profession ?
......

8. Sa santé ?
......

5 *Jeu des frères ennemis*

**Jacques et Gilles ne sont jamais d'accord !
Faites-les parler en utilisant des indéfinis.**

> Où voulez-vous aller ?
> *Jacques :* **Quelque part**.
> *Gilles :* **Nulle part !**

1. Qui aimez-vous ?
Jacques : ......
Gilles : ......

2. Qu'est-ce que vous voulez ?
Jacques : ......
Gilles : ......

3. Qu'est-ce qui vous fait plaisir ?
Jacques : ......
Gilles : ......

4. Qui est-ce qui vous ennuie ?
Jacques : ......
Gilles : ......

5. Où êtes-vous le plus heureux ?
Jacques : ......
Gilles : ......

6 *Bienvenue !*

Helmut Klein descend dans un hôtel en Bourgogne. Il est reçu par le propriétaire. Complétez leur conversation en utilisant les pronoms relatifs proposés.

Le propriétaire : Voici la chambre **que** nous vous avons réservée !

Helmut : Merci, je la trouve très confortable.

qui/que
où

1. *Le propriétaire* : Dans ce parc ...... vous pourrez vous promener, il y a des fleurs ...... tout le monde admire.

Helmut : Ah ! c'est très intéressant.

2. *Le propriétaire* : Oui, c'est dans ce parc ...... vous dînerez ce soir.

Helmut : Ah bon ! vous servez dans le parc ?

3. *Le propriétaire* : Oui, tous les dîners ...... ont lieu pendant la fête de la Saint-Vincent tournante sont servis dans le parc.

4. *Helmut* : Vous avez des invités étrangers en ce moment ?

Le propriétaire : Nous avons des invités...... viennent de toute l'Europe !

5. *Helmut* : Est-ce que vous avez un guide touristique ...... je pourrais consulter ?

Le propriétaire : Bien sûr, Monsieur ! vous trouverez dans le hall de notre hôtel tout ce ...... vous voulez !

6. *Helmut* : Quelles sont les spécialités de votre région ?

Le propriétaire : Il y a des sites historiques ...... sont remarquables.

Helmut : Ce sont des monuments ...... datent de la Révolution ?

Le propriétaire : Non, ce sont des monuments ...... la Révolution a épargnés !

7. *Helmut* : Et du point de vue gastronomique ?

Le propriétaire : Nous avons de très bon plats ...... nous vous recommandons ce soir. En particulier les escargots ...... sont excellents ou le coq au vin ...... les clients adorent ! Sans parler de nos vins ...... sont réputés.

Exercices

 Interview à la fête de la Saint-Vincent tournante

Complétez cette interview en utilisant les termes proposés.

> *Le journaliste* : Alors, un premier invité, Éric ! vous êtes venu de Paris pour assister à cette fête régionale bourguignonne. Pourquoi ?
> *Éric* : **Parce que** j'adore les fêtes provinciales avec leur ambiance, leurs chants, leurs coutumes.

parce que

alors que

c'est pour ça que

1. *Le journaliste* : Et vous Carmen ? vous aimez la province française ?

Carmen : Moi, j'étudie la France et sa civilisation à l'Université de Salamanque, ... j'ai voulu venir à la fête de la Saint-Vincent tournante.

Le journaliste : Qu'est-ce que vous pouvez nous dire sur cette fête ?

Carmen : C'est la première fois que je vois une fête en province ...... j'en ai déjà vu beaucoup dans la région parisienne. Je trouve cette fête très divertissante, ... pour moi, c'est nouveau.

2. *Le journaliste* : Et vous Éric ?

Éric : Oh ! moi, les fêtes parisiennes, en général, je n'aime pas ça ! ...... ici en Bourgogne, j'ai beaucoup apprécié les différentes activités.

Le journaliste : Et la musique ? vous avez aimé notre interprète, au concert donné dans la salle des fêtes ?

Éric : La musique, ... je suis venu ! J'adore la musique !

3. *Le journaliste* : Vous appréciez toutes les musiques ?

Éric : J'ai plus de plaisir à écouter Renaud, Higelin et Jonas, ... je m'ennuie quand il s'agit de Beethoven ou de Mozart !

Le journaliste : Et pourquoi aimez-vous Renaud, Higelin et Jonas ?

Éric : Ils me parlent de ce qui m'intéresse, ... je les aime !

Le journaliste : Et Beethoven, Mozart ?

Éric : Je ne les connais pas bien et puis, pour moi, leur musique manque de rythme, ... je ne les aime pas trop !

4. *Le journaliste* : Et vous, Carmen, vous pensez comme Éric ?

Carmen : Non, Éric ne connaît pas du tout la musique classique, ... moi, je la connais bien. Et ...... je l'apprécie beaucoup.

VOTRE grammaire

Trois structures verbales utiles dans les rencontres

> être + participe passé ou adjectif + de + infinitif

Je suis heureux de vous revoir.
Nous sommes heureux de vous accueillir.
Je suis enchanté de vous connaître.

> verbe + nom

Je vous remercie de votre invitation.
Je vous souhaite la bienvenue.
Je vous souhaite un bon voyage.

> verbe + que + verbe à l'indicatif

J'espère que vous saurez apprécier la Bourgogne.
Je suis sûr que vous aurez souvent l'occasion de goûter nos vins.
J'espère que vous êtes contents de votre séjour.

Adjectifs et pronoms indéfinis

LES ARTISTES ASSOCIES présentent

CHARLES DENNER

dans un film de
FRANÇOIS TRUFFAUT

L'HOMME QUI AIMAIT LES FEMMES

scénario de FRANÇOIS TRUFFAUT, MICHEL FERMAUD et SUZANNE SCHIFFMAN
BRIGITTE FOSSEY
NELLY BORGEAUD   GENEVIEVE FONTANEL
et
LESLIE CARON
directeur de la photographie NESTOR ALMENDROS - musique de MAURICE JAUBERT
une coproduction LES FILMS DU CARROSSE - LES PRODUCTIONS ARTISTES ASSOCIES
distribué par LES ARTISTES ASSOCIES

● **Indéfinis s'appliquant aux personnes et aux choses**

tout-toute-tous-toutes

Adjectifs :	Elle travaille	**tout**	**le**	temps.
	Elle travaille	**toute**	**la**	journée.
	Elle travaille	**tous**	**les**	jours.
	Elle connaît	**toutes**	**les**	chansons.
Pronoms :	**Tout** me plaît,	j'aime	**tout.**	
	Tous sont venus,	je les aime	**tous.**	
	Toutes sont belles,	je les aime	**toutes.**	

aucun-aucune

Elle n'a **aucune** chance.
Il n'a **aucun** ami.

	Personne	Chose
Positif	quelqu'un	quelque chose
Négatif	personne	rien

J'ai rencontré **quelqu'un** de très intéressant.
J'ai trouvé **quelque chose** de bizarre.
Personne* ne m'aime. Je n'aime **personne**.
Rien* ne bouge. Il n'y a jamais **rien** qui bouge.
Elle n'aime **rien**.
Je **n'**ai trouvé **personne**.**
Je **n'**ai **rien** trouvé.

---

* Avec les indéfinis «**personne**» et «**rien**», à la forme négative on emploie seulement «**ne**». On n'utilise jamais «**pas**».

** «**Ne ... rien**» fonctionnne comme «**ne ... pas**», mais «**personne**» est placé après le verbe.

● **Indéfinis indiquant le lieu**

Positif	*Négatif*	*Totalité*
quelque part	nulle part	partout

Elle   habite   **quelque part**.
Elle   ne vit   **nulle part**.
Elle   est seule   **partout**.

Cause – conséquence

Quelques conjonctions pour exprimer la cause ou la conséquence :

● Pour introduire la cause :   **« pourquoi ? – parce que... »**

On appelle Saint-Denis « banlieue rouge » **parce qu'**elle a une municipalité communiste.

● Pour introduire la conséquence :   **« c'est pour ça que... »**

Saint-Denis a une municipalité communiste, **c'est pour ça** qu'on l'appelle « banlieue rouge ».

Opposition

alors que

Saint-Denis est une banlieue pauvre **alors que** Saint-Germain est riche.

DÉCOUVREZ les sons

1 ▶ **Écoutez les intonations et marquez une croix(×) chaque fois qu'on demande une explication ou chaque fois qu'on donne une explication.**

	Pour demander une explication	Pour donner une explication
1.	×	
2.		×
3.		
4.		
5.		
6.		
7.		
8.		
9.		
10.		

2 ▶ **Pour demander une explication, utilisez une intonation montante. Répétez après le modèle.**

Vous avez dit « **avant** » ?
Vous avez dit « **pendant** » ?

Amusement sonore

J'ai passé mon temps
à tout entendre
sans rien apprendre.
Et puis, j'ai écouté,
et encore mieux regardé.
J'ai beaucoup vu,
beaucoup lu,
beaucoup vécu.
Et alors j'ai tout senti,
et surtout j'ai enfin compris
qu'il n'y avait rien à dire,
bien entendu !

Oh oui ! il comprenait.
Bien sûr qu'il comprenait !
Il avait toujours tout compris !
Pourtant,
quand je lui ai dit reste,
il est parti,
quand je lui ai dit écoute,
il n'a pas entendu,
quand je lui ai dit reviens,
il n'est pas revenu,
et le jour où je lui ai dit
je t'aime,
il a tout simplement ri.
Vraiment,
je n'avais rien compris.

Michael Jackson.

Ils aiment le rock
et ils en parlent à la radio

Le rock ? c'est l'émotion complète…

Le rock ? c'est un état d'esprit rebelle…

Tout est rock, les gens vivent rock…

Le rock ? c'est la révolte…

Bruce Springsteen.

Activités

Choisissez le point de vue qui vous correspond le mieux et celui que vous n'aimez pas.
Dites pourquoi vous aimez le premier et pourquoi vous n'êtes pas d'accord avec le second.

Ce qu'on a dans la tête quand on pense au rock

Pour certains, le rock suggère les images suivantes :

- Le blouson de cuir.
- Le walkman.
- Le poing serré.
- La moto.
- Une guitare électrique.
- Une planche de surf, avec une jeune fille dessus.
- L'Amérique et une bouteille de coca-cola.
- Un juke-box.

Prince.

Activités

Dites si une de ces images correspond à ce que vous pensez.

Dites quelle est *votre image* du rock et discutez-en avec vos camarades : pourquoi telle image vous convient mieux que telle autre ?

Les jeunes et la musique

"Priver les jeunes de musique, c'est presque aussi grave que de sortir un poisson de son bocal".

Tous les jeunes aiment la musique, mais environ la moitié d'entre eux sont de véritables passionnés. Leur musique préférée : rock, chansons, folk, jazz. Les jeunes vont au concert quatre à six fois par an. Les deux tiers d'entre eux possèdent un instrument de musique : guitare ou instrument à vent.

Naturellement, ils possèdent presque tous un walkman et un transistor personnel.

Ils aiment toujours Jean-Jacques Goldman, Bob Marley, Michael Jackson.

Quant à Renaud, qui chante surtout la grisaille des banlieues, il remplit les salles de concert. Cela pourrait paraître étonnant quand on pense que les jeunes sont peu politisés.Cependant, ils s'intéressent aux problèmes sociaux.

© Librairie Larousse/Éditions Bayard Presse

Jean-Jacques Goldman.

Activités

• Repérages
Relevez dans le texte *Les jeunes et la musique* différentes expressions marquant *la quantité, la fréquence,* et qui peuvent être utiles pour l'analyse des résultats d'un sondage.

• À partir de ces informations sur les jeunes et la musique, faites autour de vous un sondage pour comparer les habitudes des jeunes de chez vous avec celles des Français.

Johnny Halliday.

CIVILISATION

Le château de Rully, en Bourgogne.

Promenade en Bourgogne

Louis XI et Charles le Téméraire (manuscrit du XVe siècle).

Le duc et le roi

Au XIVe siècle, le duché de Bourgogne comprenait un ensemble de provinces dont la Belgique, la Hollande et le Luxembourg actuels. Le duc de Bourgogne, Charles le Téméraire, lutta contre le roi de France, Louis XI, pour faire de la Bourgogne un royaume indépendant. Le duc de Bourgogne fut tué à Nancy en 1477 et le duché entra dans le Royaume de France.

Actuellement, la Bourgogne est un lieu de passage entre le Nord de l'Europe et la Méditerranée. C'est aussi un lieu touristique important, riche en histoire, en art (l'art roman) et célèbre pour ses vignobles.

nord
sud

Seine

abbaye de Fontenay
Dijon
Cîteaux
Beaune
Autun
Cluny
Saône

Cluny ou Cîteaux ?

Au Moyen-Âge, la Bourgogne est le centre d'un mouvement religieux important. Deux écoles s'opposent : l'école bénédictine de Cluny dont l'art religieux est très riche, par exemple l'église de Paray-le-Monial (*cf.* photo ci-contre), et l'école cistercienne (de Cîteaux*) qui s'est développée sous l'impulsion de saint Bernard. Celui-ci réclame une réforme de la règle de saint Benoît pour retrouver la pureté de l'idéal monastique. Cette réforme est marquée par une architecture dépouillée.

L'art cistercien s'est répandu dans toute l'Europe, en Allemagne, en Espagne, en Angleterre, au Portugal.

* Point de départ de l'ordre cistercien.

Art clunisien :
église de Paray-le-Monial.

Art cistercien :
église de l'abbaye de Fontenay.

« Joyeux enfants de la Bourgogne... »

Telles sont les premières paroles d'une chanson populaire qui illustre bien le tempérament bon vivant des Bourguignons, pour qui la dégustation du vin est un art.

Le vin n'est pas le prétexte à s'enivrer. Il doit se déguster.

Apprenez à déguster le vin.

- **La robe** : il faut d'abord savoir apprécier la couleur, c'est-à-dire la robe du vin :
  – or jaune ou or vert pour les vins blancs ;
  – rouge rubis, grenat ou ambré pour les vins rouges.

- **Le nez** : il faut ensuite apprécier les arômes du vin :
  – arômes de fleurs : comme la rose ou la fougère ;
  – arômes de fruits : la cerise, la pomme, la pêche ou le cassis ;
  – arômes divers : le miel, la noisette, la vanille, et même le cuir pour les vins vieux.

- **La bouche** : enfin vous pouvez goûter le vin et décider quelle impression il laisse sur votre langue et votre palais :
  – Est-il généreux ou plein de finesse et de fraîcheur ?
  – Est-il équilibré (en acide, en sucre et en tanin) ?
  – Est-il long en bouche ? On dit aussi « a-t-il de la cuisse ? », c'est-à-dire combien de secondes conservez-vous son goût sur votre palais ? (Cela peut aller de deux ou trois secondes à quinze secondes.)
  – A-t-il du bouquet ? C'est une question que l'on pose pour un vin qui a quelques années de bouteille.

Le savoir-boire est aussi un savoir-vivre.

La robe...

... le nez...   ... et la bouche.

CULTURE

De la musique avant toute chose*

Mick Jagger.

Opinions sur la musique

Le rock, un carrefour culturel
Un entretien exclusif avec le leader des Rolling Stones

Le Nouvel Observateur : Est-ce que vous avez le sentiment que le rock a modifié les comportements de la jeunesse, ses attitudes, ses revendications ?

Mick Jagger : Hum ! on dit tellement de bêtises là-dessus ! Le rock est un art populaire. C'est une musique qui exprime les valeurs d'une époque, ses changements, ses tensions. Mais à mon avis elle demeure essentiellement un carrefour culturel. Elle permet à des gens venus d'horizons différents de mettre en commun des cultures. A travers le rock, les gens transcendent leurs propres racines culturelles. Si cela est bon ou mauvais, je n'en sais rien. Ce qui est certain, c'est que ça crée des impérialismes culturels [...]

Je crois que désormais la révolte passe de moins en moins par la musique. Pour une raison très simple : les parents et les enfants écoutent les mêmes disques à longueur de journée [...]

Pour certains jeunes, le rap est peut-être un moyen de s'opposer à leurs parents. Mais ce n'est qu'une mode. Elle ne tiendra pas. Le rap est trop antimusical.

D'après Le Nouvel Observateur, 31 mai-6 juin 1990.

Activités

Discutez par petits groupes des différentes musiques : rock, blues, rap, jazz, chansons, en donnant votre point de vue.

Rédigez un petit texte pour défendre votre musique préférée.

Le blues et le rock

D'après Mick Jagger

Le blues, c'est un vieux type assis dans un rocking-chair devant sa maison et qui chante avec sa guitare. Ce n'est pas très fatigant finalement, et on peut faire cela très longtemps. Le monde du rock est bien différent, plein de jeunes gens en colère qui veulent vous piquer votre chaise.

Rock and Folk, 275, juin 1990.

Un chanteur de blues.

---

* Verlaine : *Jadis et Naguère*, 1884.

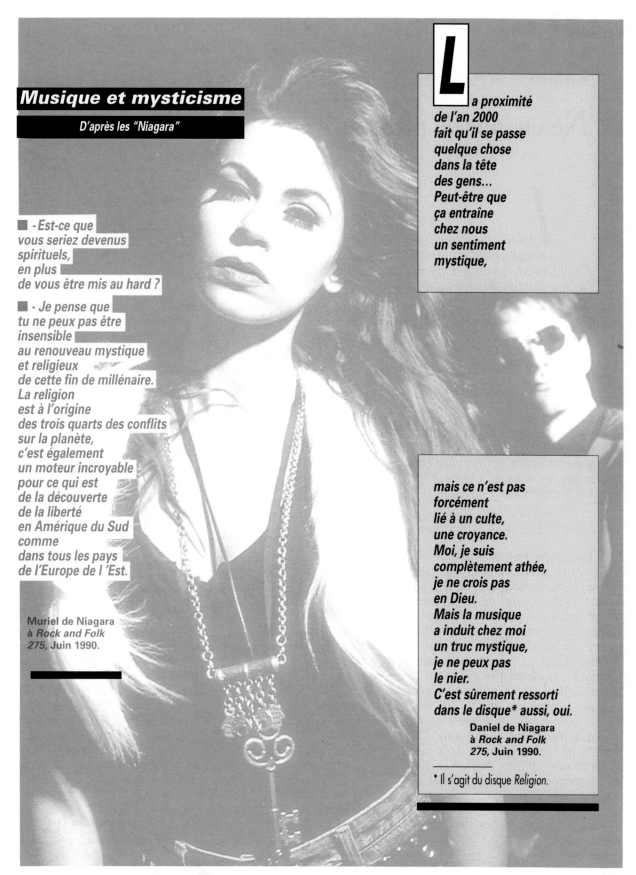

Musique et mysticisme

D'après les "Niagara"

■ *- Est-ce que vous seriez devenus spirituels, en plus de vous être mis au hard ?*

■ *- Je pense que tu ne peux pas être insensible au renouveau mystique et religieux de cette fin de millénaire. La religion est à l'origine des trois quarts des conflits sur la planète, c'est également un moteur incroyable pour ce qui est de la découverte de la liberté en Amérique du Sud comme dans tous les pays de l'Europe de l'Est.*

Muriel de Niagara à *Rock and Folk* 275, Juin 1990.

La proximité de l'an 2000 fait qu'il se passe quelque chose dans la tête des gens... Peut-être que ça entraîne chez nous un sentiment mystique,

mais ce n'est pas forcément lié à un culte, une croyance. Moi, je suis complètement athée, je ne crois pas en Dieu. Mais la musique a induit chez moi un truc mystique, je ne peux pas le nier. C'est sûrement ressorti dans le disque* aussi, oui.

Daniel de Niagara à *Rock and Folk* 275, Juin 1990.

* Il s'agit du disque *Religion*.

Muriel du groupe Niagara.

Né un jour de pluie

Joseph Périgot

*Il pleure dans mon cœur
Comme il pleut sur la ville ;
Quelle est cette langueur
Qui pénètre mon cœur ?*

J'aimais ce poème par-dessus tous les poèmes. Il était fait pour moi, ce poème de Verlaine.

*C'est bien la pire peine
De ne savoir pourquoi
Sans amour et sans haine
Mon cœur a tant de peine.*

C'était l'exercice de français : étudier la musique de Verlaine. Il m'avait pris tout le mercredi, un mercredi de pluie, comme par hasard. J'avais rêvé, lambiné, et vaguement pleuré, le front collé contre la vitre. Je chuchotais les mots du poème. Ils faisaient de la buée sur la vitre froide.

*Pour un cœur qui s'ennuie
Ô le chant de la pluie !*

C'est Freddie qui était interrogé.
On l'a vu se lever calmement, sa guitare à la main. Le grand Freddie, seize ans, un type solide et touche-à-tout – sauf aux livres de classe. Près de lui, Monie-la-minuscule grimpa sur une chaise pour être à la hauteur. Elle brandissait son harmonica.
La prof, mademoiselle Humbert, était stupéfaite.
Freddie plaqua un accord en mi bémol. Monie tira quelques notes traînantes du petit instrument qu'elle enfermait dans ses mains, amoureusement.
La classe retenait son souffle.
D'une voix de speaker, Freddie déclara : « Voici la musique du poème de Verlaine, Mademoiselle. Nous la dédions au premier de la classe, au pauvre Josse qu'est né un jour de pluie... »
Tout le monde s'est tourné vers moi.
J'ai entendu : « Il est rouge comme une pivoine ! » On riait, Mademoiselle Humbert me regardait, regardait Freddie, elle avait une main en l'air, ne sachant où la poser, comme si elle s'apprêtait à diriger l'orchestre.

Mais Freddie et Monie étaient déjà lancés dans *une chanson bien douce qui ne pleurait que pour nous plaire.*
Mademoiselle Humbert applaudit la première, avec chaleur. Elle dit : « Vous mériteriez 20/20 ! » J'étais content pour Freddie et Monie. J'avais un mal fou à retenir mes larmes. A cause de leur musique et à cause de moi. J'avais une guitare à la maison, la vieille guitare de la jeunesse de mon père. Mais j'en jouais seul dans ma chambre. Ma mère protestait pour « le bruit ». Elle disait : « le bruit ». C'était pourtant de la musique que je faisais.

Extrait de *L'escrocœur*, coll. Je bouquine, © Bayard Presse Jeune, février 1990.

Activités

Le texte « *Né un jour de pluie* » est composé de deux scènes :
– scène 1 : depuis le début jusqu'à « *Ô le chant de la pluie !* » ;
– scène 2 : jusqu'à la fin (scène qui se passe en classe).

• Questions
Scène 1 :
– Quel sens donnez-vous aux quatre premiers vers ?
– Comparez « il pleure » et « il pleut ». Remarquez les différences entre ces deux verbes au niveau de la forme et du sens.
– Relevez, dans cette scène, les mots qui évoquent la tristesse.
– Notez deux sentiments différents du narrateur à propos du poème de Verlaine.
– Imaginez la situation du poète, Verlaine, qui a écrit ces vers : où peut-il se trouver ? que ressent-il ? pourquoi ?

Scène 2 :
– Comment s'appelle le narrateur ? Relevez la phrase où vous avez découvert son nom.
– Deux élèves, Freddie et Monie jouent une chanson avec un harmonica et une guitare, pourquoi ?
– Freddie est-il un bon élève ?
– Est-ce que le professeur a aimé son exercice ?
– A-t-elle donné une note à Freddie et Monie ?
– La mère de Josse n'aime pas la musique. Comment le savez-vous ?

• Retrouvez l'enchaînement des actions à l'aide des verbes suivants :
être interrogé - se lever - grimper - tirer une note - déclarer - se tourner vers - entendre - rire - regarder - être lancé dans une chanson - applaudir - dire.

• Faites un court texte qui résume l'essentiel des actions.

• Soulignez les mots qui indiquent les attitudes et les sentiments des personnages (verbes, adverbes, adjectifs). Mettez-les en colonnes.

• Caractérisez les attitudes (à l'aide de ce que vous avez trouvé) :
– l'attitude du narrateur,
– l'attitude de Freddie et Monie,
– l'attitude du professeur.

• Reformulations
Réécrivez les phrases suivantes en utilisant un synonyme pour les mots ou les expressions en italique gras. Ces synonymes sont dans le texte :

– Mon front était **tout contre** la vitre.
– Je **disais tout bas** les mots du poème.
– Il est **tout rouge**.
– La classe était **très silencieuse**.
– J'avais **eu beaucoup de mal** à **ne pas pleurer**.
– Ma mère **n'était pas d'accord** pour le bruit.
– Elle **monta** sur une chaise.

Notes grammaticales

• *J'avais rêvé, lambiné et vaguement pleuré :*
lorsqu'il y a succession de verbes à un temps composé, il n'est pas nécessaire de répéter l'auxiliaire.

• *Elle grimpa* est le passé simple du verbe *grimper*. Ce temps remplace parfois le passé composé dans un récit écrit.

• *Sachant* est le participe présent du verbe *savoir*. Ici, le participe présent a un sens explicatif.
Ne sachant où poser sa main signifie : parce qu'elle ne savait pas où poser sa main.

Pour communiquer

Pour se faire entendre ou comprendre, les gens utilisent différents moyens : ils parlent « plus fort », ils « répètent » deux ou trois fois la même chose, ou encore, paraphrasent ou expliquent en termes plus simples ce qu'ils viennent de dire :

– *Il a tout refusé : c'est-à-dire qu'il n'a rien pris.*
– *Nous ne sommes pas arrivés à nous mettre d'accord : je veux dire par là que nous sommes presque fâchés.*
– *Le médecin lui a renouvelé son congé-maladie : ce qui signifie qu'elle est loin d'être guérie…*

L'interlocuteur qui ne comprend pas ou qui ne veut pas comprendre a des moyens pour faire répéter. Le moyen le plus simple et le plus courant, c'est de poser une question :
– *Vous pouvez répéter ?*

Mais cette question est trop directe et peut être vexante, alors on s'arrange pour l'éviter. Par exemple, dans un magasin :
– *Combien coûte ce vase ?*
– *500 francs.*
– *Combien ?*
– *Cinq cents francs !*

Vous voyez que la question « *Combien ?* » a été comprise comme une demande de répétition. Toutefois, si cette même question est posée avec une intonation de surprise, elle signifiera :

– *Quoi ? cinq cents francs ? mais c'est beaucoup trop cher ! Je n'en veux pas de votre vase !*

Parfois, les explications durent longtemps, tout simplement parce que le sens des mots n'est pas compris.

Écoutez ce jeune homme qui, pour la première fois, est en train de préparer une mayonnaise :
– *Sur ma recette, on dit que l'œuf et la moutarde doivent être bien homogènes,*

avant de verser l'huile. Ça fait dix mi-
nutes que je tourne, mais tu vois, ça ne
durcit pas !

– Mais on t'a dit homogène ! on ne t'a
pas dit dur.

– Mais homogène, ça veut dire solide,
non ?

– Pas du tout ! homogène, ça veut dire
uniforme ou encore bien mélangé.

– Tu es sûr ? moi j'ai toujours cru que
ça voulait dire solide.

– Tu veux que je te montre dans le dic-
tionnaire ?

– Non, non, je te crois. Heureusement
que tu es là ! je pouvais toujours tour-
ner ! …

Moins on comprend, et plus on parle,
pour se comprendre…

On peut aussi faire comme si on ne
comprenait pas l'autre, mais ça, c'est
méchant !

– Pierrot ! il est dix heures.

– Chic alors ! seulement six heures…
je peux encore regarder la télé !

En général, cette stratégie ne trompe
personne ! et alors le ton monte et
tout le monde se fâche :

– Va te coucher immédiatement !

La plupart des gens n'aiment pas « ne
pas comprendre » et détestent encore
plus « ne pas être compris » :

– Je ne comprends rien à ce que tu
veux dire ! est une insulte qui vexe
l'interlocuteur.

– Tu ne comprends jamais rien à ce
que je dis ! produit le même effet
insultant.

Pour éviter de se vexer mutuellement,
les gens sont prêts à prendre du temps
et à multiplier leurs explications,
jusqu'à ce que tout le monde soit
d'accord, sinon sur les idées expri-
mées, du moins sur le sens des paroles
échangées.

Discussion

Quand vous parlez à un étranger qui ne
connaît pas bien votre langue, quels
moyens utilisez-vous pour vous faire
comprendre ?

Jerzy Radziwilowicz et Isabelle Huppert
dans *Passion* de Godard.

COMPRÉHENSION orale

Déborah, américaine, parle de la musique.

❶ Approche globale

Écoutez l'enregistrement plusieurs fois. Ensuite, relevez ce que vous avez compris à propos des différents points traités dans l'interview.

1. Nom et nationalité de l'interviewée :

......

2. Sujet de l'interview :

......

3. Caractéristiques du rock :

......

4. Caractéristiques du rap :

......

5. Caractéristiques de la musique pop :

......

❷ Approche détaillée

Recherchez dans l'enregistrement les expressions et les mots précis qui correspondent aux formulations indiquées en italique gras.

1. Un rythme *qui va bien* à l'anglais.

......

2. Le français *n'est pas bon pour* le rythme du rock.

......

3. Ce sont les Noirs américains qui ont *inventé* le rap.

......

4. Le rock en anglais, c'est merveilleux, *mais* le rock en français, c'est ridicule.

......

5. Bien sûr, dans le rap, il y a un *rythme*.

......

6. Les paroles *n'ont pas été préparées avant*.

......

7. Le rap, ça *montre* la solidarité des Noirs.

......

8. *Pour ce qui est de* la pop-music, c'est comme le « pop-corn », ça saute.

......

9. La musique pop, c'est *modeste*.

......

❸ Résumé

Résumez à votre manière ce que dit Déborah sur la musique.

Je t'aime, moi non plus

Tous les prétextes sont bons...

A Le journal télévisé

RTB TV1, le journal de 19 h :

« Aujourd'hui, en plein centre de Bruxelles, le quartier des Marolles était décoré de drapeaux noir, jaune et rouge. Les Marolliens attendaient la visite du roi Baudouin pour commencer en beauté leur traditionnelle « Marolles Kermis ». Le roi a été acclamé par de nombreux Bruxellois venus l'accueillir. Le roi a encouragé les efforts de rénovation du quartier.»

Pierre : Oh ! j'avais oublié le répondeur !

B Et moi qui décrocherais la lune pour elle !

Le répondeur : Bonsoir Pierre. C'est Jacky. Je vous remercie de votre invitation. Je suis désolée, dimanche je ne suis pas libre. Je viendrai peut-être vous voir lundi à Bruxelles si je n'ai pas de réunion ce soir-là. Je vous rappellerai quand je saurai. A bientôt.

Pierre : Une réunion ? le soir ? mais quelle réunion ? Et moi qui décrocherais la lune pour elle ! C'est ça... elle ne veut plus me voir... tous les prétextes sont bons... Je vais la rappeler...

Pierre : Allô ! c'est Pierre. Je viens d'avoir votre message. Vous n'êtes pas libre dimanche. Et lundi alors ?

Jacky : Malheureusement non. Je suis vraiment navrée : j'ai une réunion. Je n'ai pas pu me libérer.

Pierre : Mais c'est chaque fois la même chose ! Et si je vous donne rendez-vous mardi, serez-vous libre ?

Jacky : Écoutez, Pierre, je vous assure, si je pouvais, je viendrais avec plaisir ! mais c'est tout à fait impossible.

Pierre : Alors ni dimanche, ni lundi, ni mardi ?

Jacky : Allons Pierre ! moi je voudrais bien vous voir mais...

DÉCOUVREZ les règles

Expliquez les différentes valeurs des temps des verbes.

- Je **viendrai** peut-être vous voir lundi.

- Je vous **rappellerai** quand je **saurai**.

- Et moi qui **décrocherais** la lune pour elle !

- Si je vous **donne** rendez-vous mardi, **serez**-vous libre ?

- Si je **pouvais**, je **viendrais**.

- Moi, je **voudrais** bien vous voir.

Observez les *si*. Combien de *si* différents avez-vous trouvé ?

- Je viendrai peut-être vous voir lundi à Bruxelles, **si** je n'ai pas de réunion ce soir-là.

- **Si** je pouvais, je lui décrocherais la lune.

- **Si** je pouvais, je viendrais avec plaisir.

- **Si** je vous donne rendez-vous mardi, serez-vous libre ?

Si/quand.
Observez et comparez les différences des temps des verbes.

- Je viendrai peut-être vous voir lundi à Bruxelles, **si** je n'ai pas de réunion ce soir-là.

- Je vous rappellerai **quand** je saurai.

Comparez ces phrases.

- Le roi **a été acclamé par** de nombreux Bruxellois.

- Les Bruxellois **ont acclamé** le roi.

- Le quartier des Marolles **était décoré** de drapeaux.

MANIÈRES de dire

Quand on est invité, il faut savoir remercier, pouvoir s'excuser et se justifier au cas où l'on ne peut pas accepter.

1 **Relevez dans la situation pages 32 et 33 différentes manières de :**

remercier d'une invitation :   **s'excuser** de ne pas accepter :

....

justifier son refus :

– de façon objective :   – de façon affective :

....

2 **Autres manières de justifier son refus :**

1. J'ai un devoir à rendre demain matin.

2. Je ne serai pas là, je vais à Bruxelles pour une conférence.

3. Les concerts rock, moi, « j' » aime pas.

4. Toute cette semaine, je suis débordée.

5. Encore ? « J' en ai marre » des films de Woody Allen.

6. Mes parents m'empêchent de sortir le soir.

7. Je suis pris ce soir-là.

8. J'ai des problèmes terribles en ce moment.

9. J'ai déjà réservé deux places au théâtre.

• Trouvez à laquelle de ces deux situations peuvent correspondre ces neuf justifications de refus.

• Imaginez l'invitation qui précède ces énoncés et jouez la scène en respectant les registres de langue.

À VOUS de parler

1 **Jeu de rôles à deux personnages A et B. Vous choisissez la situation et les rôles.**

A invite **B**.

B remercie et s'excuse.

A demande une explication.

B donne une justification objective.

A insiste.

B donne alors une justification affective.

A refuse cette justification.

B répond à sa façon.

2 **Faites-les parler :**

Exercices

1 *Faits divers*

Voici des titres de journaux. Essayez de rédiger l'information principale et d'inventer les circonstances. Mettez les verbes au passif.

Le roi acclamé à Bruxelles.
Au moment où le roi arrivait dans le quartier des Marolles, il **a été** chaleureusement **acclamé par** les Bruxellois.
Ou :
À l'occasion d'une fête populaire dans le quartier des Marolles, le roi **a été acclamé par** les Bruxellois.

> Pour introduire
> les circonstances :
>
> *quand*
> *alors que*
> *au moment où*
> *pendant*
> *à l'occasion de*

1. Blessés par un chasseur.
   ......

2. Un cambrioleur arrêté par la police bruxelloise.
   ......

3. Une mère de famille prise en otage.
   ......

4. Un étudiant reçu à l'Élysée.
   ......

5. Les Rolling Stones applaudis au Parc des Princes.
   ......

2 *Le futur est incertain ! Qui vivra verra...*

Vous êtes interviewé par un journaliste sur votre avenir.

Répondez à ses questions en exprimant la probabilité. Mettez les verbes au futur.

— Qu'est-ce que tu feras après tes études ?
— Je travaillerai **probablement** dans un bureau d'informatique.

> Expressions
> de la probabilité :
>
> *peut-être*
> *probablement*
> *sans doute*
> *j'espère que*
> *peut-être que*
> *il est probable que*

1. — Où est-ce que tu penses t'installer ?
   ......

2. — Est-ce que tu espères vivre dans ton pays ou dans un autre pays ?
   ......

3. — Est-ce que tu travailleras pour une société ou est-ce que tu te mettras à ton compte ?
   ......

4. — Si tu décides de travailler à ton compte, quelles seront, à ton avis, les principales difficultés ?
   ......

5. — Est-ce que tu penses te marier jeune ?
   ......

Exercices

6. — Est-ce que tu feras toujours le même travail ?
ou crois-tu qu'il faudra périodiquement te
recycler ?

......

7. — Est-ce que tu penses que dans vingt ans la
vie économique sera plus facile pour toi qu'elle
ne l'est aujourd'hui pour tes parents ?

......

8. — Crois-tu que tu pourras devenir millionnaire ?

......

Tout arrive à qui sait attendre !

Faites des promesses ! Pour cela, employez le *futur*.

> Vous promettez de **téléphoner** à votre ami(e), mais
> vous attendez de **savoir** si vous êtes libre pour sa fête.
> Je te **téléphonerai** quand je **saurai** si je suis libre ce
> jour-là.

1. Vous devez de l'argent à un ami, vous avez
l'intention de le **rembourser**, mais vous attendez d'**avoir** de l'argent.

......

2. Vous avez l'intention d'**inviter** des amis, mais
vous attendez d'**être** dans votre nouvel appartement pour le faire !

......

3. Vous voulez **changer** de voiture, mais vous
attendez d'**avoir** une augmentation de salaire.

......

4. Vous avez l'intention d'**écrire** un roman, mais
vous attendez pour cela d'**être** en vacances.

......

5. Vous avez l'intention de **faire** un cadeau à vos
parents, mais vous attendez de **savoir** ce qu'ils
veulent !

......

6. Vous voulez **partir** travailler en France comme
ingénieur, mais vous attendez la réponse de la
compagnie EDF-GDF.

......

7. Vous avez l'intention de **prendre** dans votre
société un nouvel employé, mais vous attendez
de **recevoir** ses lettres de références.

......

8. Vous désirez **acheter** la maison de votre cousin, mais vous voulez, auparavant, **connaître** le prix de vente définitif.

......

 Messages écrits

Choisissez une de ces situations et rédigez un bref message pour dire quelles sont vos intentions.

Vous devez **aller** voir un(e) ami(e) à Bruxelles, mais pour cela, vous avez besoin de **connaître** la date de ses vacances.

J'**irai** te voir à Bruxelles **quand** je **connaîtrai** la date exacte de tes vacances.

1. Un ami doit venir vous voir. Vous lui proposez d'**aller** le chercher à la gare. Mais pour cela, vous avez besoin de **savoir** quel jour et à quelle heure il peut arriver.

......

2. Vous êtes prêt(e) à **accepter** un stage d'été dans une entreprise française de transports, mais pour cela, vous attendez de **connaître** les dates exactes de ce stage.

......

3. Vous êtes prêt à **accueillir** dans votre famille un jeune Français, mais pour cela, vous attendez d'**être** en vacances.

......

 C'est trop beau pour être vrai !

Dans les situations suivantes, vos amis refusent des propositions très intéressantes. Vous dites que vous les accepteriez si vous étiez à leur place. *Utilisez si + imparfait, ... conditionnel.*

Un ami refuse de faire un stage d'informatique pour obtenir une augmentation de salaire.

Si j'**étais** à sa place, je **ferais** ce stage pour obtenir une augmentation de salaire.

1. On propose un emploi à Lyon à un de vos collègues. Il refuse parce qu'il n'aime pas voyager.

......

Exercices

2. Vous entendez parler de quelqu'un qui s'ennuie parce qu'il est trop riche.

......

3. On propose une traversée gratuite Bordeaux-Montréal à votre ami, il refuse.

......

4. Un ami refuse un emploi parce qu'il faut faire cinquante kilomètres par jour pour avoir ce travail.

......

5. Un emploi de traducteur est disponible, mais il faut partir au Canada.

......

6. Une place d'interprète est disponible à la Communauté Économique Européenne. Votre ami la refuse parce qu'il faut habiter Bruxelles.

......

Comme c'est dommage !

Vous refusez les invitations suivantes. Dites d'abord que l'invitation vous ferait plaisir (utilisez le *conditionnel*), puis inventez la raison de votre refus.

— Viens me voir ce week-end.

— J'**aimerais** bien aller te voir ce week-end (*souhait*), mais je **dois recevoir** la visite de ma tante (*raison du refus*).

1. — Viens au concert dimanche prochain, je t'invite.

— ......

2. — Nous vous proposons un stage de formation au mois de juillet.

— ......

3. — Mes parents t'invitent à faire un séjour en Irlande au mois de juin.

— ......

4. — Viens dîner à la maison jeudi soir.

— ......

5. — Passe à la maison lundi après-midi : on jouera aux cartes.

— ......

Pour exprimer un souhait :

aimer bien

être heureux de

vouloir

être content de

souhaiter

rêver de

7 *A une condition !*

Vous acceptez une proposition (employez le *futur*), mais vous donnez vos conditions (employez *si + présent*).

Vous voulez bien aller voir un(e) ami(e) lundi, mais vous attendez de savoir si vous êtes libre.

Je **viendrai** te voir lundi **si** je n'**ai** pas de réunion.

1. Vous voulez bien partir à l'étranger l'année prochaine, mais vous demandez une indemnisation importante.

......

2. Vous voulez bien vendre prochainement votre maison de famille, mais vous demandez au futur acheteur un prix élevé.

......

3. Vous voulez bien assister à une fête dimanche prochain, mais vous demandez un orchestre qui vous plaît.

......

4. Vous acceptez de jouer dans un orchestre cet hiver, mais vous demandez à jouer uniquement du rock.

......

5. Vous acceptez de travailler en équipe cette année, mais vous demandez que le travail se termine à dix-huit heures.

......

6. Vous voulez bien aller à la campagne ce week-end, mais fera-t-il beau ?

......

Exercices

 Messages écrits

Écrivez que vous acceptez, mais donnez vos conditions.

> Invitation d'un(e) ami(e), lundi soir.
> Vous avez l'intention d'y aller, mais à une condition.
> Je **viendrai** te voir lundi **si** je n'**ai** pas de réunion.

1. Invitation au théâtre, mardi soir.

Vous avez l'intention d'accepter, mais réservez-vous une excuse de dernière minute.

......

2. Location d'été en Bourgogne.

Vous avez l'intention d'y aller, mais posez vos conditions.

......

3. Voyage en Inde cet été.

Bien sûr, cela vous intéresse ! mais on ne sait jamais ! Prenez vos précautions !

......

 La prudence est la mère de la sûreté.

Faites une proposition éventuelle (*si + présent*) pour obtenir une réaction ferme de votre interlocuteur (*futur*).

> Vous voulez **inviter** un(e) ami(e) mardi, mais avant vous voulez savoir s'il (elle) est libre.
> **Si** je vous **invite** mardi, **serez**-vous libre ?

1. Vous voulez bien **prendre** deux places de théâtre pour mercredi, mais avant vous désirez avoir une réponse positive de votre ami(e).

......

2. Vous voulez bien **prêter** vos nouveaux disques de rock mais votre ami(e) doit vous les rendre.

......

3. Vous voulez bien **aider** vos amis à déménager, mais eux, en retour, peuvent-ils vous prêter leur voiture samedi soir ?

......

4. Vous voulez **écrire aujourd'hui** à Montréal, mais vous avez besoin de savoir quand cette lettre doit arriver au Canada.

......

5. Vous voulez bien **donner** votre walkman à un copain, mais lui, en retour, peut-il vous laisser sa mobylette ?

......

10 *Il ne faut pas prendre ses désirs pour des réalités.*

Formulez un souhait irréalisable (*si + imparfait, ... conditionnel*), et justifiez pourquoi il vous est impossible de le réaliser.

Aller voir un ami ?

Si je **pouvais**, j'**irais** te voir avec plaisir (*souhait irréalisable*), mais malheureusement j'**ai** une réunion ce jour-là (*justification*).

1. Partir à l'étranger ?

......

2. Aller au mondial de foot ?

......

3. Faire le tour du monde en voilier ?

......

4. Être classé premier du tennis mondial ?

......

5. Prendre douze mois de vacances ?

......

6. Avoir un orchestre personnel ?

......

7. Savoir jouer comme un professionnel ?

......

VOTRE grammaire

Actif – Passif

- *Actif* : La population **a acclamé** le roi.
- *Passif* : Le roi **a été acclamé par** la population.

Le sujet « la population » est un ***agent*** (quelqu'un ou quelque chose qui fait l'action).

Dans la phrase passive, le verbe est conjugué avec l'auxiliaire **« être »** et l'agent est placé après le verbe et précédé de la préposition **« par »**.

> La rue   **est décorée**   de drapeaux.
> Les rues   **sont plantées** d'arbres.

Dans ces phrases, il n'y a pas d'agent, on n'indique pas qui a décoré la rue, qui a planté les arbres. Le mot qui suit la préposition **« de »** n'est pas l'agent. L'***agent*** est ***indéfini*** : quelqu'un a décoré la rue, quelqu'un a planté les rues d'arbres.

Condition

● Si, condition réalisable

| Futur | | Si | Présent |

> Je **pourrai** vous voir lundi   **si** je n'**ai** pas de réunion.
> Je **viendrai**   **si** je **peux.**

● Si, condition non réalisable (irréel)

| Conditionnel | | Si | Imparfait |

> Je   **viendrais**   **si** je **pouvais**   (mais je ne peux pas venir).
> Je   **ferais** le tour du monde   **si** j' **étais** riche   (mais je ne suis pas riche).
> Je lui **décrocherais** la lune   **si** je **pouvais**   (mais je ne peux pas).

● Si et quand

> Je viendrai **si**   je **peux.**
> Je viendrai **quand** je **pourrai.**

« Si » indique la ***condition***, **« quand »** indique le ***temps***.
« Si », indiquant la ***condition***, n'est jamais suivi d'un futur ni d'un conditionnel.
« Quand » est suivi d'un ***futur***.

DÉCOUVREZ les sons

■ **La prononciation du « r »**

Attention, pour prononcer le « r », il faut s'exercer à tenir sa langue **à plat,** avec la pointe de la langue **bloquée** contre les dents inférieures.

Maintenant, soufflez lentement : RRRRRRRRRR, sans faire d'effort !

1 ▶ Répétez après le modèle.

Refus définitif.

2 ▶ Répétez après le modèle.

Se**riez** vous li**bre** ce **soir** ?

3 ▶ Écoutez l'enregistrement et marquez une croix (✕) dans la bonne colonne.

	J'entends [R]	Je n'entends pas [R]
1.	✕	
2.		
3.		
4.		✕
5.		
6.		
7.		
8.		
9.		
10.		

4 ▶ Répétez après le modèle.

Drapeau **fran**çais.

5 ▶ Répondez aux questions suivantes selon le modèle.

—À quelle heure viendras-tu ?

—Je viend**rai** quand je pou**rrai**.

6 ▶ Écoutez l'enregistrement et marquez une croix (×) dans la bonne colonne.

	Justification «de façon subjective»	Justification «de façon objective»
1.		
2.		
3.		
4.		
5.		
6.		
7.		
8.		
9.		
10.		

FRAPAR.

Amusement sonore

Au clair de ma rue

Dehors il y a de la neige
et des glaçons de peur.
Vraiment, vous n'avez pas froid ?
Chez moi, il y a un feu de bois
et des braises de joie.
Voudriez-vous de la chaleur ?
J'aurai aussi du vin frais
et des idées de bonheur,
quelque part dans un coin.
Ah vraiment ?
vous ne boirez pas de vin ?
vous n'aurez besoin de rien ?
Alors, je resterai seul,
et vous, dehors, vous glacerez de peur.

Ouvrez-moi la porte,
j'ai froid,
et des glaçons de mort
blessent mon corps.
Vraiment,
j'ai très peur dehors.
Ouvrez-moi la porte,
chez vous je vois des braises
ou des flammes de colère.
Pardon, madame,
n'auriez-vous pas de cœur ?

47

Refuser une invitation et se justifier

Concert dans une église.

Dîner aux chandelles.

Ce soir, ce ne serait pas raisonnable...

Ah ! c'est gentil d'avoir pensé à moi, mais ce soir...

Si ! j'adore le théâtre, je vous assure ! ...

Si je pouvais sortir ce soir, c'est avec plaisir que j'accepterais votre invitation...

Je vous promets de vous rappeler bientôt...

Activités

• **Repérages**

Relevez les différentes manières de remercier, de s'excuser, de justifier son refus.

• Jouez une scène d'invitation et de refus au téléphone.

Termes d'adresse

Pour commencer

- Vous écrivez à quelqu'un que **vous ne connaissez pas** :
  - Vous êtes renseigné sur sa fonction : « Monsieur le Directeur ».
  - Il n'a pas de fonction de direction : « Monsieur » ou « Madame ».

- Vous écrivez à quelqu'un que **vous connaissez** : « Cher Monsieur » ou « Chère Madame »

- Vous écrivez à quelqu'un que **vous connaissez bien** :
  « Cher ami » ou « Chère amie ».
  « Cher Pierre » ou « Chère Marie ».

Pour terminer

- Vous écrivez à quelqu'un que **vous ne connaissez pas** :
  « Veuillez croire, Monsieur, à l'assurance de ma considération distinguée ».
  Ou
  « Je vous prie d'accepter, Madame, l'expression de mes sentiments les meilleurs ».

- Vous écrivez à quelqu'un que **vous connaissez bien** :
  « Bien cordialement ».
  Ou
  « Bien amicalement ».
  Ou
  « Très amicalement ».

Correspondance

> Paris, le 3 septembre
>
> Mon cher Jean-Charles,
>
> Je suis très touchée par votre invitation inattendue au concert que vous allez donner ce mardi à la Salle Pleyel. C'est gentil d'avoir pensé à moi, cette fois !
>
> Malheureusement, je ne serai pas libre. Je prépare une conférence sur le théâtre de Jean Giraudoux et ce ne serait pas raisonnable de sortir la veille de cette conférence. Je penserai bien à vous et, pendant que vous jouerez les Adieux de Beethoven, je serai en train d'analyser les traits d'humour de Giraudoux ! Rappelez-vous : "Un seul être vous manque et tout est repeuplé !"
>
> Je regrette vivement de ne pouvoir aller vous applaudir. Je vous souhaite tout le succès que mérite votre talent.
>
> Votre fidèle admiratrice,
> Hélène

Une soirée à l'Opéra.

Activités

Lisez ces télégrammes.

TÉLÉGRAMMES

1. <u>Destinataire</u> : M. et Mme Dupuy, 140, rue Leroyer, 94130 – Vincennes, France.
Texte : « Désolée. Impossible assister mariage Jacques. Félicitations. Lettre suit. Marie. »
<u>Expéditeur</u> : Marie Somanges, 10, rue Charles Street, London, England.

2. <u>Destinataire</u> : Pierre Dubreuil, 17 rue Samson, 75013 – Paris.
Texte : « Mari malade, rendez-vous mardi annulé. Lettre suit. »
<u>Expéditeur</u> : Sophie.

3. <u>Destinataire</u> : Professeur Paul Durand, 13 rue de l'Espérance, 38000 – Grenoble.
Texte : « Ouvrage très intéressant. Félicitations. Malheureusement édition impossible cette année. Lettre suit. »
<u>Expéditeur</u> : Éditions Domylinn, 18 rue de Tolbiac, 75014 – Paris.

Mettez-vous à la place de l'expéditeur pour écrire la lettre justifiant le refus.

CIVILISATION

Bruges

Le plat pays

Les Flamands et les Wallons

Il existe une frontière invisible qui partage la Belgique en deux : la Belgique de langue flamande, au Nord, la Belgique francophone, au Sud.

Bruxelles, la capitale, située en Flandre, est bilingue mais ses habitants sont en majorité francophones.

Résidence du roi, Bruxelles est aussi le siège d'organismes internationaux :

– La CEE (Communauté Économique Européenne).

– L'OTAN (Organisation du Traité de l'Atlantique Nord).

Bruxelles est une ville très animée et un haut lieu de tourisme avec sa Grand Place, unique au monde par son architecture et célèbre par son marché aux fleurs et son marché aux oiseaux, aux couleurs flamboyantes.

Le plat pays

Avec la mer du Nord pour dernier
terrain vague
Et des vagues de dunes pour
arrêter les vagues
Et de vagues rochers que les marées
dépassent
Et qui ont à jamais le cœur à marée
basse
Avec infiniment de brumes à venir
Avec le vent d'ouest écoutez-le
tenir
Le plat pays qui est le mien [...]

Jacques Brel, *Le plat pays*,
© SEMI/Éditions musicales Patricia.

Canal près de Dixmude.

Quelques Belges célèbres

La peinture surréaliste en Belgique

Magritte, *La boîte de Pandore*, 1951.

« Une toile vraiment poétique est un rêve éveillé ».

Paul Delvaux, *Le cortège en dentelles*, 1936.

« On m'a dit que j'étais surréaliste ; je ne dis pas non, mais je ne suis pas sûr de l'être vraiment ».

Hergé, le père de Tintin

Georges Simenon, le père du commissaire Maigret

Célèbre auteur de romans policiers, traduits dans le monde entier, Georges Simenon est très apprécié pour le climat psychologique qu'il donne à ses ouvrages et ses descriptions des milieux sociaux.

Maurice Grévisse, l'auteur du *Bon Usage*

Ce grammairien a écrit la grammaire la plus connue de tous les professeurs et de tous les étudiants de français.
« Le *Bon Usage*, vade-mecum des grammairiens, devrait être la bible des écrivains », écrivait le *Figaro Littéraire* (8-14 septembre 1969).

La Bruxelles bruxellante

Les Belges savent apprécier la bonne nourriture et les tables bien garnies. Ils sont fiers de leurs spécialités gastronomiques : lapin aux pruneaux, carbonades, flamiches et surtout les chocolats fourrés à la crème fraîche, les délicieux « manons ».
Le plat national, les « moules-frites », a été importé en France où il n'est pas rare de voir de jeunes couples faire des soirées « moules-frites ».
Les Belges sont gais, sociables et fidèles à leurs traditions. Ils aiment beaucoup les fêtes folkloriques, les défilés et les carnavals du Mardi gras.

Les feux

« Plaisir d'amour

Julien Clerc

l'amour impossible

Le soleil a rendez-vous avec la lune
Mais la lune n'est pas là
Et le soleil l'attend,
Ici-bas souvent chacun pour sa chacune
Chacun doit en faire autant.
La lune est là, la lune est là,
La lune est là, mais le soleil ne la voit pas.
Pour la trouver, il faut la nuit.
Il faut la nuit, mais le soleil ne le sait pas
          et toujours luit [...]
      Charles Trenet, *Le soleil et la lune*
           © Éditions Vianelly.

---

* Premier vers d'une chanson écrite par Florian,
auteur du XVIIIe siècle.

l'amour désiré

Hélène, je n' suis pas Verlaine
Mais j' t'écris quand même
que j't'aime, Hélène
Laisse-moi devenir ton amant [...]
Oh Hélène,
J'vais perdre haleine
Mais j'te crie quand même
Que j't'aime Hélène [...]
Si tu jettes* pas tous ces Don Juan
Moi je retourne chez ma maman [...]
      Musique Julien Clerc, *Hélène*,
        Paroles David Mc Neil,
      © Crecelles et Sidonie, 1986.

---

* « Jeter » quelqu'un signifie en argot « laisser
tomber », abandonner.

Charles Trenet

l'amour irrésistible

Ça fait des nuits
Que j't'aime d'amour
Ça fait du temps
Qu'on se dit bonjour
Qu'on a du mal à s' retrouver
Qu'on a du mal à s' séparer [...]
Et qu'on se caresse les yeux
Qu'on ait raison, qu'on ait tort
L'amour a ouvert le feu [...]
     Florent Pagny, *Ça fait des nuits*,
         © GLEM.

Florent Pagny

de l'amour

ne dure qu'un moment... » *

l'amour qui n'en finit pas de mourir

« Les feuilles mortes se ramassent à la pelle,
les souvenirs et les regrets aussi. »

Prévert

Oh ! je voudrais tant que tu te souviennes
Cette chanson était la tienne
C'était ta préférée
Je crois
Qu'elle est de Prévert et Kosma
Et chaque fois «Les feuilles mortes»
Te rappelle à mon souvenir
Jour après jour les amours mortes
N'en finissent pas de mourir [...]
Peut-on jamais savoir par où commence
Et quand finit l'indifférence
Passe l'automne vienne
L'hiver
Et que la chanson de Prévert,
Cette chanson «Les feuilles mortes»
S'efface de mon souvenir
Et ce jour-là mes amours mortes
En auront fini de mourir [...]

Serge Gainsbourg, *La chanson de Prévert*,
© Intersong.

Serge Gainsbourg.

l'amour mort

Seule devant ta glace
Tu te vois triste sans savoir pourquoi
Et tu ferais n'importe quoi
Pour ne pas être à ta place
Si tu t'appelles mélancolie
Si l'amour n'est plus qu'une habitude
Ne me raconte pas ta vie
Je la connais ta solitude
Si tu t'appelles mélancolie
On est fait pour l'oublier ensemble
Les chiens perdus, les incompris
On les connaît, on leur ressemble

Joe Dassin, *Si tu t'appelles mélancolie*,
© Step four musique France.

Activités

• **Recherchez dans les textes des chansons**
l'expression des idées suivantes :
– L'amour est une guerre (chez Florent Pagny).
– La vie est triste sans amour (chez Joe Dassin).
– Il faut longtemps pour oublier l'amour (chez Serge Gainsbourg).
– Parfois il est impossible de se rencontrer (chez Charles Trenet).

• **Reformulations**
Retrouvez dans les chansons la manière de dire :
– « Je t'aime » (chez Julien Clerc et chez Florent Pagny).
– « Je n'arrive pas à t'oublier » (chez Serge Gainsbourg).
– « Je vais partir si tu ne m'aimes pas » (chez Julien Clerc).
– « Moi aussi je suis seul » (chez Joe Dassin).

Notes grammaticales

Serge Gainsbourg
• *Te souviennes* est le subjonctif du verbe *se souvenir*. On utilise ici le *subjonctif* parce qu'il suit le verbe *vouloir* (je voudrais) qui indique le désir.
• *Passe l'automne, vienne l'hiver*. Les deux verbes « *passe* » et « *vienne* » sont au subjonctif parce que la phrase suppose un verbe sous-jacent : *Je voudrais que l'automne passe, que l'hiver vienne*.
Après l'expression du désir, on emploie le *subjonctif*.

((C))ULTURE

« ... Chagrin d'amour dure toute la vie ! »

Comment la chanson et la littérature nous parlent de la rupture

« Un seul être vous manque et tout est dépeuplé. »
Lamartine, *L'Isolement*, 1820.

« Sous le pont Mirabeau coule la Seine
Et nos amours...
L'amour s'en va comme cette eau courante
L'amour s'en va. »
Apollinaire, *Alcools*, 1913.

Manon Lescaut par Hortense Richard.

Pour les uns, la rupture est douloureuse

J' te jure que ça va pas
Depuis que t'es plus là
J'peux pas être loin de toi
Je vis très mal tout ça [...]
J'en peux plus d' pas pouvoir
Entendre le son d' ta voix
C'est toi qui devras me dire
Que tu m'aimes ou que tu m' vires
Mais cette voix j' veux l'entendre
J'en peux plus de l'attendre.

Florent Pagny, *J' te jure*,
© GLEM.

Graver l'écorce
jusqu'à saigner
clouer les portes
s'emprisonner [...]
j'ai beau me dire
qu'il faut du temps
j'ai beau l'écrire
si noir sur blanc
Quoi que je fasse,
où que je sois,
Rien ne t'efface,
je pense à toi [...]
Quoi que j'apprenne
je ne sais pas
Pourquoi je saigne
et pas toi
et pas toi.

Jean-Jacques Goldman,
Pas toi. © JRG/NEF,
Marc Lumbroso.

Pour d'autres la rupture est facile

« C'est une sotte vertu que la fidélité. »

J'aperçus [...] une lettre cachetée qui était sur la table. L'adresse était à moi, et l'écriture de sa main.
Je l'ouvris avec un frisson mortel ; elle était dans ces termes :

« Je te jure, mon cher chevalier, que tu es l'idole de mon cœur, et qu'il n'y a que toi au monde que je puisse aimer de la façon dont je t'aime ; mais ne vois-tu pas, ma pauvre chère âme, que, dans l'état où nous sommes réduits, c'est une sotte vertu que la fidélité ? Crois-tu qu'on puisse être bien tendre lorsqu'on manque de pain ? [...] »*

Je demeurai, après cette lecture, dans un état qui me serait difficile à décrire [...] Elle appréhende la faim. Dieu d'amour ! quelle grossièreté de sentiments ! et que c'est répondre mal à ma délicatesse ! [...] Si tu m'adorais, ingrate, tu ne m'aurais pas quitté, du moins, sans me dire adieu.

L'abbé Prévost,
Histoire du chevalier des Grieux
et de Manon Lescaut, 1733.

Bette Davis et George Sanders
dans *Ève* de F. Zanuck.

---

* *Puisse* est le subjonctif du verbe *pouvoir*.

Et pour d'autre encore, la rupture est agréable

« Un seul être vous manque et tout est repeuplé. »

Hector : Ce n'est pas la première séparation que tu acceptes.

Pâris : Mon cher Hector, c'est vrai. Jusqu'ici, j'ai toujours accepté d'assez bon cœur les séparations. La séparation d'avec une femme [...] comporte un agrément que je sais goûter mieux que personne. La première promenade solitaire dans les rues de la ville au sortir de la dernière étreinte, la vue du premier visage de couturière, tout indifférent et tout frais, après le départ de l'amante adorée [...] constituent une jouissance à laquelle je sacrifie bien volontiers les autres... Un seul être vous manque, et tout est repeuplé [...] Oui, tu as raison, l'amour comporte des moments exaltants, ce sont les ruptures [...]

© Jean Giraudoux,
La guerre de Troie n'aura pas lieu,
Acte 1, scène IV, Grasset, 1935.

La guerre de Troie n'aura pas lieu, à la Comédie française.

Lexique

virer : renvoyer

frisson : tremblement

appréhender : craindre, avoir peur

de bon cœur : volontiers

étreinte : du verbe *étreindre*, serrer dans ses bras

Notes grammaticales

Jean-Jacques Goldman

Fasse, sois, apprenne, sont les subjonctifs des verbes *faire, être, apprendre*. Le **subjonctif** est le mode du **virtuel**, du **possible**, opposé au mode **indicatif** qui est celui du **réel**. Les expressions *quoi que..., où que...* indiquent des possibilités d'action.

Activités

• **Recherchez dans les textes** l'expression qui vous plaît le plus pour dire :

– La peine de l'absence.

– La joie de l'amour partagé.

– La souffrance de l'abandon.

– La joie de la liberté retrouvée.

– Les promesses faites pour retenir celui ou celle qui part.

Ces textes parlent un langage poétique, mais aussi un langage quotidien. Relevez des expressions poétiques, et des expressions quotidiennes.

• **Reformulations**

Trouvez dans les textes l'équivalent des mots ou des expressions en italique gras.

– Je **ne supporte plus** de ne pas entendre ta voix.

– *Je n'aime que toi au monde.*

– Peut-on être heureux **quand on n'a plus de pain ?**

– J'ai accepté **facilement** la séparation.

– *Je me prive facilement* des autres jouissances.

– L'amour **a** des moments exaltants.

COMPORTEMENT

Savoir refuser

Si, pour bien communiquer, il faut d'abord bien se comprendre, pour bien communiquer, il faut aussi se respecter mutuellement. C'est pourquoi, dans toutes les langues du monde, on se fait de petites cérémonies de politesse.

Les salutations : « *Bonjour ! comment allez-vous ?* » sont très fréquentes. Mais aussi les compliments :
– *Comme cette robe vous va bien !*
– *Vous trouvez ? ça ne fait pas trop…*
– *Ah non ! vous êtes très bien comme ça !*
– *Vraiment ?*
– *Oui, je vous assure, vous êtes très bien !*
– *Ah, ça me fait plaisir !*

Vous avez remarqué que les compliments ne sont pas acceptés du pre-

Cadeaux de Noël.

mier coup ! Il vous faut d'abord les refuser… Il faut faire *comme si* on les refusait, c'est donc un moyen de communication, une sorte de politesse qui montre bien qu'on se respecte mutuellement.

Un dialogue du genre :
– *Comme cette robe vous va bien !*
– *Oui, elle me va très bien,*
serait bizarre pour nous. On trouverait la personne prétentieuse, on penserait même qu'elle n'est pas polie parce qu'elle accepte tout de suite un compliment !

En France, on doit refuser une ou deux fois un compliment avant de l'accepter. En revanche, on peut accepter tout de suite une boisson qu'on nous offre :
– *Je t'offre un café ?*
– *Oui, je veux bien, si tu en as de fait.*
Cette acceptation est accompagnée d'une condition : « Si ton café est déjà fait ». Cette condition est une forme polie qui signifie : « Je ne veux pas que tu te donnes la peine de me préparer un café ».
Au Japon, il faut, paraît-il, refuser trois fois une boisson avant de l'accepter. Alors, les pauvres Japonais n'ont généralement rien à boire en France…

Quand on nous offre ou qu'on nous propose quelque chose, on ne doit pas refuser trop vite. Il faut donc utiliser une stratégie de refus qui ne vexe pas l'autre, sinon, on fait une « gaffe » ou un « faux pas » :
– *Tiens, je te donne cette bague.*
– *Non, je n'en veux pas.*
Une telle réponse gêne tout le monde ! On a honte, on rougit si, par hasard, on entend ce refus catégorique.

Il faut donc « atténuer » son refus :
– *Ah ! c'est très gentil, mais j'ai déjà la même.*
Cette réponse n'est pas trop méchante et ne blesse personne.
– *Comme c'est gentil ! je la trouve très belle mais, tu sais, je ne porte jamais de bague.*
Ce second refus est encore plus poli : c'est une bonne stratégie !

Parfois, on ne peut pas du tout refuser, il faut accepter :
– *Quel joli cadeau ! ça me fait très plaisir.*
Même si on trouve la bague très laide...

Quand c'est tout à fait impossible d'accepter, il faut trouver une excuse, une justification, même si c'est une sorte de mensonge poli :
– *Je t'invite à dîner mardi, d'accord ?*
– *Mardi ? ah non ! je regrette, c'est impossible. Ce jour-là, mes parents arrivent.*
Bien sûr, on doit accompagner ce refus d'une voix navrée, désolée, comme si l'arrivée des parents était une catastrophe !
La plupart du temps, tout le monde sait bien que l'explication d'un refus est un petit mensonge poli...
Heureusement, personne ne viendra vérifier si oui ou non les « parents » sont bien venus ce mardi-là !
Mais on peut parfois entendre celui ou celle qui invite demander d'un ton amusé :
– *C'est vrai ce mensonge ?*
Et alors, on rougit de honte parce que notre stratégie de refus n'a pas bien marché.

Discussion

Comment se passe chez vous la cérémonie des compliments ? Est-ce la même chose qu'en France ?

Quelles sont les stratégies que vous utilisez pour refuser un cadeau, une invitation, etc ?

Est-ce que, chez vous, vous seriez gênés d'offrir du café déjà fait ? Est-ce que ce serait une impolitesse ?

COMPRÉHENSION orale

France-Télécom et les technologies nouvelles

❶ Approche globale

Écoutez l'enregistrement plusieurs fois. Ensuite, relevez ce que vous avez compris à propos des différents points traités dans le document.

1. Type de document écouté :
......

2. Thème traité :
......

3. Moyen de transport d'où l'on peut téléphoner :
......

4. Avantage :
......

- 5. Prochain projet de France-Télécom :
......
- 6. Autre projet en vue :
......
- 7. Avantages du futur appareil :
......

❷ Approche détaillée

Recherchez dans l'enregistrement les expressions et les mots précis qui correspondent aux formulations indiquées en italique gras.

1. Les hommes d'affaires peuvent déjà *téléphoner* à leur femme du TGV.
......

2. *On peut payer* par télécarte ou par carte bancaire.
......

3. Pour *téléphoner*, il faudra attendre un petit peu plus longtemps.
......

4. Les avions *auront* un téléphone.
......

5. Si France-Télécom *va vite*, nous aurons, nous aussi, notre téléphone de poche.
......

6. Vous ne voulez pas *aller* à la *fête* que donne votre *patron*.
......

7. *Ma voiture ne marche plus,* je ne peux pas venir.
......

8. Votre femme *invite* ce soir ses camarades de bureau.
......

9. Vous êtes en train d'*attraper des poissons* au bord de la rivière.
......

10. Le téléphone de poche sera un excellent moyen d'*expliquer* ses retards ou de *prévenir* de son arrivée imprévue.
......

❸ Résumé

Résumez à votre manière ce que dit la journaliste.

Famille Je vous aime

Conflits de génération

A Il faut bien que jeunesse se passe !

Éric : Bon alors, je sors. Passez une bonne soirée et à bientôt !

Pierre : Décidément ! oh ! il a cassé ma statuette étrusque ! La semaine dernière, il avait déjà brisé ma poterie marocaine ! Tu sais, celle que j'avais achetée quand j'étais allé à Rabat en 1970.

Michel : Qu'est-ce que tu veux, « il faut bien que jeunesse se passe ! ». Mais, Éric, il a au moins 21 ans. Il n'a pas envie de partir ailleurs, à son âge ?

Pierre : Moi, je voudrais bien ! J'aurais bien envie qu'il prenne un studio. Tu sais, je commence à en avoir marre !

Michel : Comment ça se passe entre vous ?

Pierre : Tout va bien. Dans le fond, je trouve que c'est un garçon facile. On s'entend bien tous les deux.

Michel : Oui, mais tu veux qu'il aille habiter ailleurs !

Pierre : Bof, il ne me dérange pas beaucoup. Je suis à Bruxelles la plupart du temps. Au fond, j'aime autant avoir quelqu'un ici, pendant mon absence !

Michel : C'est évident !

Pierre : Mais quand je reviens à Paris, j'aimerais bien retrouver mon frigo plein ! J'aimerais aussi que l'appartement soit en ordre et qu'Éric aille faire la fête ailleurs, avec ses copains !

Michel : Remarque, c'est normal, « quand le chat n'est pas là, les souris dansent ! ».

B Grands enfants, grands tourments !

Pierre : C'est quand même pénible, l'égoïsme des jeunes. Éric pense surtout à lui.

Michel : Oui, tandis que nous, quand on était jeunes, il fallait qu'on fasse nos études en travaillant !

Pierre : Tu te souviens ? on vendait des journaux !

Michel : Oui, et avant ça, on avait travaillé dans un resto !

Pierre : Quelle vie !

Michel : Mais qu'est-ce que ton fils veut faire plus tard ? Il a une idée ?

Pierre : Je n'en sais rien. Il vit au jour le jour. Moi, je souhaiterais qu'il finisse ses études et qu'il devienne fonctionnaire européen !

Michel : Comme son père !

Pierre : Et j'aimerais surtout qu'il soit indépendant !

Michel : Mais il est indépendant ! Il a tout ce qu'il veut !

Pierre : Tu as raison. Non mais, je voudrais qu'il soit autonome, adulte quoi.

Michel : Ne t'inquiète pas, ça viendra. Mais dis-moi, j'aimerais bien aller dîner, sauf si toi tu n'as pas encore faim.

Pierre : Oh ! excuse-moi ! je parle, je parle, et j'oublie que l'heure tourne.

Michel : Non, mais, je te comprends ! Ce n'est pas simple d'élever les enfants « petits enfants, petits tourments ; grands enfants, grands tourments ! ».

Pierre : Oh ! décidément ! il faut absolument réparer cette porte.

DÉCOUVREZ les règles

- Il a cassé ma statuette étrusque. La semaine dernière, il avait déjà brisé ma poterie marocaine.

- Celle que j'avais achetée quand j'étais allé à Rabat en 1970.

- Tu te souviens ? on vendait des journaux !

- Oui, et avant ça, on avait travaillé dans un resto !

Relevez les différents temps des verbes et comparez leur valeur.

- Il faut bien que jeunesse se passe !

- Il fallait qu'on fasse nos études en travaillant !

- Il faut absolument réparer cette porte.

Comparez les constructions de « *il faut* ».

- Tu veux qu'il aille habiter ailleurs !

- Qu'est-ce que ton fils veut faire plus tard ?

- Je voudrais qu'il soit autonome.

Comparez les deux constructions du verbe *vouloir*.

- J'aimerais bien retrouver mon frigo plein !

- J'aimerais aussi que l'appartement soit en ordre et qu'Éric aille faire la fête ailleurs.

- Je souhaiterais qu'il finisse ses études et qu'il devienne fonctionnaire européen.

- J'aimerais surtout qu'il soit indépendant !

- J'aimerais bien aller dîner.

Comparez les différentes constructions des verbes de souhait.

- Il n'a pas envie de partir ailleurs, à son âge ?

- J'aurais bien envie qu'il prenne un studio.

Comparez les deux constructions avec *avoir envie de*.

MANIÈRES de dire

*Q*uand on discute des personnes ou des situations, il faut pouvoir exprimer son point de vue de façon positive ou négative.

1 **Relevez dans la situation pages 60 et 61 les points de vue positifs et négatifs sur les personnes ou sur les situations.**

Le positif :

......

......

......

Le négatif :

......

......

......

2 **Relevez l'expression du désir ou du souhait à propos de quelqu'un ou de quelque chose.**

Désirs et souhaits :

......

......

......

3 **Autres manières d'exprimer un désir ou un souhait :**

1. Si je pouvais sècher ce cours !
2. « J' » voudrais bien être ailleurs !
3. Pourvu que je ne sois pas interrogé(e) !
4. Vivement les vacances !
5. S'ils pouvaient enfin me payer !
6. Je souhaiterais que ce travail soit terminé dans les plus brefs délais !
7. Pouvoir enfin prendre un jour de repos !
8. Quand est-ce qu'ils vont enfin partir ?
9. Pourvu qu'il ne me voie pas !
10. Vivement l'heure de la « récré » !

• Trouvez à laquelle de ces deux situations peuvent correspondre ces dix souhaits ou désirs.

• Imaginez d'autres situations dans lesquelles on souhaiterait être ailleurs... Jouez la scène.

À VOUS de parler

1 Canevas de jeux de rôles.

Deux jeunes gens **A** et **B** discutent.
A *est bien chez ses parents.*
B *n'est pas bien.*

B dit qu'il en a marre d'habiter chez ses parents.
A demande ce qui ne va pas.
B donne une raison.
A explique que chez lui c'est différent.
B donne une autre raison.
A dit que c'est la même chose chez lui mais que ça ne le dérange pas.
B n'est pas du même avis. Il dit pourquoi.
A lui demande ce qu'il compte faire pour supporter la situation à l'avenir.
B répond.
A fait un commentaire.

Deux parents **A** et **B** discutent.
A *a un enfant qui veut quitter la maison, mais il est trop jeune.*
B *a un enfant plus âgé qui veut rester.*

A explique la situation en général.
B demande des détails.
A donne un exemple du comportement de l'enfant.
B dit que son enfant se comporte de la même façon, mais qu'il trouve cela normal.
A n'est pas d'accord, il a d'autres conceptions de l'éducation.
B donne ses conceptions à lui.
A fait un commentaire.
B répond.

2 Faites-les parler :

Exercices

1 *Quelle vie ! ça ne s'arrange pas !*

Pierre raconte à Michel tous ses malheurs.

Complétez en employant le *passé composé* ou le *plus-que-parfait* selon les cas.

Éric **a cassé** ma statuette étrusque !
La semaine dernière, il **avait** déjà **brisé** ma poterie marocaine.

perdre
sortir
inviter
acheter
donner
demander
boire
vider
partir
aller
sortir

1. Hier, on m'a volé mon attaché-case !
Vendredi dernier, ... ma valise !

2. Éric ...... en cassant ma statuette !
Hier, ... en cassant ma glace !

3. Tu te rends compte ? il ...... toute son équipe de foot-ball à la maison ! Dimanche dernier ...... six copains à dîner !

4. Cette année, il ...... une Renault 5.
L'année dernière, ... une moto Yamaha !

5. Ce matin, je lui ...... cinq cents francs.
...... quatre cents francs, hier soir !

6. Cette semaine, ils ...... toutes mes bouteilles !
La semaine dernière, ils ...... mon frigo !

7. Ce soir, Éric ...... faire de la moto à la Bastille !
Hier soir, ... danser à la discothèque !

8. Oh ! regarde ! il ...... sans ses papiers !
L'autre jour, ... sans ses clés, décidément !

2 *Un calendrier bien chargé !*

Aujourd'hui, Éric raconte ses vacances de l'année dernière (*passé composé*) et les compare à celles de l'année précédente (*plus-que-parfait*).

A Noël :
– l'année dernière : séjour à Tanger au Maroc ;
– l'année précédente : ski à Courchevel.
Éric : A Noël, l'année dernière, j'**ai fait** un séjour au Maroc, je **suis allé** à Tanger.
L'année précédente, j'**avais fait** du ski ; j'**étais allé** à Courchevel.

1. En février :
– l'année dernière : voyage linguistique à Bologne en Italie ;
– l'année précédente : stage de tennis à Cannes.
Éric : ......

2. A Pâques :
– l'année dernière : achat d'une Renault 5, tour en Hollande ;
– l'année précédente : deux semaines à Saint-Malo, stage de voile.
Éric : ......

Exercices

3. En juillet/août :
– l'année dernière : voyage linguistique aux USA ;
– l'année précédente : tour de la Bretagne en moto en juillet, vacances à Santander en Espagne en août.
Éric : ......

4. En septembre :
– l'année dernière : inscription à l'université, choix des cours, rencontre avec les professeurs ;
– l'année précédente : trois semaines en Bourgogne pour les vendanges.
Éric : ......

3 | **Mais qu'est-ce qu'il a dans la tête, ce garçon ?**

Éric ne retrouve aucune de ses affaires, pourtant il les a cherchées et il sait qu'il les avait bien mises quelque part ! (Attention à l'accord du participe passé au *plus-que-parfait*).

Mais où est ma montre ? je **l'avais laissée** dans la salle de bain, ce matin !

laisser
oublier
mettre
offrir
poser
acheter
vendre

1. Papa, tu as vu mes **baskets blanches** ? je ne les trouve plus ! Pourtant, je suis sûr que je ...... dans la cuisine, hier soir.

2. Qui a pris mes **clés** ? je ...... près de la porte d'entrée !

3. Mais où sont mes **raquettes de tennis** ? tu les as vues, papa ? Moi, je sais que je ...... sur le balcon, l'autre jour !

4. Tu as pris mon **carnet d'adresses**, papa ? je ...... à côté du téléphone, tout à l'heure !

5. Tu te rappelles, papa, les **disques** que tu ...... pour mon dernier anniversaire ? Eh bien, ce matin, je ...... dans l'autobus !

6. Tu sais, papa, les **chemises** qu'on ...... pour mon séjour à Bologne, je ...... à mes copains la semaine dernière. Elles étaient trop petites pour moi.

7. Eh papa ? tu te souviens ? l'autre jour, ... mes **papiers d'identité** à la maison. Eh bien, ce soir-là, la police m'a arrêté !

8. Papa, c'est toi qui as pris ma **cravate** ! je ...... dans ta chambre, sur ton lit, et je ne la retrouve plus.

L'art de vivre ensemble

Des règles à suivre : en général, elles sont obligatoires pour tout le monde ! Utilisez *il faut + infinitif*.

Faire trop de bruit.
Il ne **faut** pas **faire** trop de bruit.

1. Claquer les portes en sortant.
......

2. Laisser ses affaires traîner.
......

3. Prendre les affaires des autres.
......

4. S'en aller sans prévenir.
......

Proposez d'autres règles à suivre.

5. ......

6. ......

7. ......

8. ......

9. ......

5 **Les recommandations d'un père**

**Avant de quitter Paris, Pierre laisse à Éric une liste de messages écrits : il faudra bien qu'Éric lui obéisse !
Rédigez les messages en employant le *subjonctif*.**

Il ne faut pas que tu **fasses** trop de bruit.
Je ne veux pas que tu **ailles** dans ma chambre.

Éric n'oublie pas !
1. Il faut que tu ......

2. J'aimerais bien que tu ......

3. Je souhaiterais que tu ......

4. Il ne faut pas que tu ......
Bonne semaine et travaille bien !

Ton père qui t'aime,
Pierre.

Exercices

6 *Souhaits, désirs, volontés !*

**Vous vous trouvez dans les situations suivantes.
Exprimez vos désirs et vos obligations avec les verbes
proposés, suivis du *subjonctif* ou de l'*infinitif* selon les
cas.**

> Vous attendez quelqu'un mais il ne vient toujours pas :
> Je voudrais qu'il **vienne** le plus vite possible.
> Je n'aime pas **attendre**.

falloir
vouloir
aimer
souhaiter
avoir envie

1. Il est midi, vous avez faim :

......

2. Votre ami(e) passe aujourd'hui un examen très
difficile :

......

3. Vous êtes en vacances, malheureusement, il fait
très mauvais temps :

......

4. Vous passez devant un cinéma, il y a un bon
film à l'affiche :

......

5. On vous invite à sortir. Vous ne pouvez pas
accepter, vous faites du babysitting :

......

6. Votre petit frère prend vos cassettes ; vous
n'êtes pas du tout content(e) :

......

7. Votre ami(e) est en vacances en Suède. Vous
attendez une lettre qui ne vient pas :

......

8. Votre ami vient de recevoir une superbe moto :

......

7 *Une lettre d'invitation*

Employez le *subjonctif* ou l'*infinitif* selon les cas.

> J'aurais bien envie de te **voir**.
> J'aimerais beaucoup que tu **viennes**.

1. Chère Marie,

Comment vas-tu ? J'aurais bien envie ... chez
moi pendant ces vacances. J'aimerais beaucoup
...... une ou deux semaines dans ma famille.

2. Tu ne voudrais pas ...... entre le 10 et le 25 août ?

3. Pour arriver à ma maison de campagne, tu n'auras pas de problème : il faut que ...... le train à la gare Montparnasse, en direction de Quimper. Il faudra que ...... à Lorient.

4. À la gare de Lorient, il faudra que tu ...... un taxi parce que ma maison est à 8 km de là.

5. Ah oui, j'oubliais l'essentiel ! Il faudra que ...... des bottes, des pulls et un imper, parce que chez nous, il pleut souvent.

6. J'aimerais bien aussi ...... ta raquette de tennis. Il y a un court chez mes parents.

7. A propos de mes parents, avec eux, il faudra que ...... de la patience : ils sont vieux !

8. Mes parents ont envie ...... ma meilleure amie et moi, j'ai vraiment envie ...... ma famille.

Je t'embrasse et je te dis « à bientôt »,

Gaétane.

8 *Exprimez vos souhaits !*

Rédigez quelques lignes sur un des sujets suivants en employant le *subjonctif* ou l'*infinitif* selon les cas.

Qu'est-ce que vous aimeriez ou souhaiteriez changer dans la façon de vivre de vos parents ?
J'aimerais que mes parents **aient** plus de temps libre.
Je souhaiterais **pouvoir** les voir plus souvent.

1. Si vous pouviez changer votre maison, comment voudriez-vous qu'elle soit ?

......

2. Si vous pouviez changer votre vie, qu'est-ce que vous voudriez qu'elle soit ?

......

3. Quelles sont les règles de vie que vous aimeriez donner à vos enfants ? Qu'est-ce qu'il faudra qu'ils fassent ?

......

4. Si vous étiez chef d'État, que souhaiteriez-vous changer dans votre pays ?

......

VOTRE grammaire

Plus-que-parfait

- *Maintenant :*   Il **a cassé** ma statuette.

- *La semaine dernière (avant) :* il **avait** déjà **brisé** ma poterie, celle que j'**avais achetée** quand j'**étais allé** à Rabat.

Le plus-que-parfait représente une action vue comme antérieure au moment du passé dont on parle.
Il se forme avec l'auxiliaire **« avoir »** ou **« être »** (cf. Libre échange 1, page 171).

Conjugaison						
Avoir			*Être*			
J'	**avais**	**acheté** une statue	J'	**étais**	**allé(e)**	au Maroc
tu	**avais**	**cassé** ma statue	Tu	**étais**	**venu(e)**	avec moi
Il/elle	**avait**	**recollé** la statue	Il	**était**	**resté**	à la maison
Nous	**avions**	**passé** une bonne soirée	Elle	**était**	**restée**	chez elle
Vous	**aviez**	**joué** de la guitare	Nous	**étions**	**rentré(e)s**	content(e)s
Ils/elles	**avaient**	**chanté**	Vous	**étiez**	**sorti(e)s**	fatigué(e)s
			Ils	**étaient**	**sortis**	ensemble
			Elles	**étaient**	**sorties**	seules

Subjonctif

Il **fallait** qu'on **fasse** nos études en travaillant.
     « fasse » est le *subjonctif* du verbe **« faire »**.

Il **faut** qu'il **trouve** un studio.
     « trouve » est le *subjonctif* du verbe **« trouver »**.

● Le *subjonctif* s'emploie lorsqu'on envisage une action comme *nécessaire* (pour obtenir un résultat) :
     Il **faut** que jeunesse **se passe** ! (Pour être heureux à l'âge adulte).
     Il **fallait** qu'on **fasse** nos études en travaillant ! (Pour payer nos études).
     Tu **veux** qu'il **aille** habiter ailleurs ?
     J'**aimerais** qu'il **finisse** ses études.
         « aille » est le *subjonctif* du verbe **« aller »**.
         « finisse » est le *subjonctif* du verbe **« finir »**.

● Le *subjonctif* s'emploie après les verbes qui expriment la **volonté**, le **désir**, le **souhait**.
     J'aimerais (je voudrais, je souhaiterais) qu'il **soit** indépendant.
     J'ai envie qu'il **prenne** un studio.
         « soit » est le *subjonctif* du verbe **« être »**.
         « prenne » est le *subjonctif* du verbe **« prendre »**.

Conjugaison			
Faire	*Aller*	*Trouver*	*Finir*
que je **fasse**	que j' **aille**	que je trouve	que je **finisse**
que tu **fasses**	que tu **ailles**	que tu trouv**es**	que tu **finisses**
qu'il/elle **fasse**	qu'il/elle **aille**	qu'il/elle trouve	qu'il/elle **finisse**
que nous **fassions**	que nous **allions**	que nous trouv**ions**	que nous **finissions**
que vous **fassiez**	que vous **alliez**	que vous trouv**iez**	que vous **finissiez**
qu'ils/elles **fassent**	qu'ils/elles **aillent**	qu'ils/elles trouv**ent**	qu'ils/elles **finissent**

Construction avec l'infinitif et avec le subjonctif

- *Infinitif :*   Je voudrais **partir**.
    J'aimerais **aller dîner**.
    Tu veux **sortir ?**
    Il souhaite **travailler** à Paris.

- *Subjonctif :*   Je voudrais qu'il **parte**.
    J'aimerais que nous **allions** dîner.
    Tu veux qu'on **sorte ?**
    Je souhaite qu'il **travaille** à Bruxelles.

On emploie l'*infinitif* lorsqu'il y a un *sujet unique* pour les actions représentées par les verbes, et le *subjonctif* quand les sujets grammaticaux sont *différents*.

Je voudrais **partir** : c'est moi qui veux, c'est moi qui partirai.
Je voudrais qu'il **parte** : c'est moi qui veux, c'est lui qui partira.

Verbes pronominaux : quelques observations

- Parfois, lorsqu'un *verbe* est employé à la forme pronominale, il *change de sens* :
    Passer / **se passer** (arriver : quelque chose arrive).
    Entendre / **s'entendre** (se comprendre, vivre en harmonie avec quelqu'un).
    Féliciter / **se féliciter** (être content de quelque chose).

- Parfois les deux pronoms renvoient à la *même personne* :
    Je me souviens / **Je m'**inquiète.
Dans ce cas, on les appelle « *pronominaux réfléchis* ».

- Parfois les deux pronoms renvoient à des *personnes différentes* :
    On s'entend bien (je m'entends bien avec lui, il s'entend bien avec moi).
Dans ce cas, on les appelle « *pronominaux réciproques* ».

DÉCOUVREZ les sons

1 ▶ **Écoutez l'intonation qui marque le souhait ou le désir.**
Répétez après le modèle.
Je voudrais **tellement** partir en vacances !

2 ▶ **Écoutez l'intonation qui marque la plainte ou le reproche.**
Répétez après le modèle.
Il a **encore** cassé quelque chose !

3 ▶ **Écoutez l'intonation qui marque, dans une conversation, les proverbes ou les dictons.**
Répétez après le modèle.
Quand le chat n'est pas là, les souris dansent !

4 ▶ **Écoutez l'enregistrement et réagissez en utilisant un des proverbes suivants :**
1. Il faut bien que jeunesse se passe !
2. Après la pluie, le beau temps !
3. Grands enfants, grands tourments !
4. Quand le chat n'est pas là, les souris dansent !

5 ▶ **Écoutez l'intonation qui marque la relance dans une conversation.**
Répétez après le modèle.
Et ..., vous vous entendez bien ?

6 ▶ **Écoutez l'enregistrement et relancez la conversation en utilisant un des exemples suivants :**
1. Et ..., comment ça se passe entre vous ?
2. Et ..., qu'est-ce qu'il veut faire plus tard ?
3. Et ..., vous n'avez pas trop de problèmes ?
4. Non mais ..., tu acceptes ça ?
5. Et alors ..., qu'est-ce que tu vas faire ?
6. Oui mais ..., il n'a pas envie de partir ailleurs ?

Amusement sonore

J'aimerais
qu'elle prenne
un café crème
rue de Rennes.
Et là,
soudain,
je la retrouverais.

Elle souhaiterait
que je la comprenne
sans peine.
Et là,
enfin,
on se parlerait
sans haine.

Moi, Irène,
elle, ma mère…

*F*amille,
père,
mère,
grand-père,
grand-mère,
ensemble,
le jour de l'An,
je vous aime.
Mais,
père,
mère,
grand-père,
grand-mère,
en semaine,
fichez-moi la paix,
sinon, je vous hais !

Itinéraire Bis

Ce que les 13/17 ans n'osent pas dire à leurs parents

Quand les parents parlent des adolescents, on dirait qu'ils parlent de bêtes curieuses...

Y' a les profs qui nous parlent comme si on avait douze ans...

Mes copains, y' a rien de plus important ! ...

Je leur parle de tout ce que n'ai pas envie de raconter à mes parents...

Ce que les 18/25 ans pensent de leurs parents

Finalement, j'aime bien être chez mes parents...

Mes parents sont des gens que j'admire beaucoup, et ce qu'ils disent c'est en général vrai...

Activités

• Repérages
Relevez dans l'enregistrement quelques points de vue positifs et négatifs sur les *parents*, les *enseignants*, les *copains*.

• Choisissez le point de vue qui vous choque le plus et avec lequel vous n'êtes pas du tout d'accord. Préparez une réponse (orale ou écrite) pour contredire ce point de vue.

La presse parle des jeunes

Les 18-25 ans sont plus gâtés, mais plus stressés. Ils sont plus libres, mais moins autonomes, plus studieux, mais moins sûrs de l'avenir.

Le cocon familial.

Un groupe d'âge qui a peur d'entrer dans un monde où tout est dur.

En raison des calamités telles que la crise, le prix des loyers et la prolongation des études, le fils et la fille restent plus longtemps à la maison. Dehors, ce sont des adultes précoces, chez eux ce sont des adolescents prolongés. Ils détestent sortir et attirent leurs copains à la maison. Les copains viennent avec leurs copines. Actuellement, les enfants vivent chez leurs parents avec leurs copains.

Ceux qui choisissent la solution familiale facile.

La famille est là, protectrice et généreuse. Aujourd'hui, 53 % des 20-24 ans habitent encore chez leurs parents. Les conflits de génération n'ont pas disparu, mais on les évite en ne parlant pas de ce qui fâche. Parents et enfants se livrent à une sorte de marchandage : les premiers apportent une aide matérielle, les seconds donnent de l'affection. Les couples qui vieillissent ont peur de se retrouver face à face. Même si les parents ne sont pas contents de voir le frigo dévasté, au fond, ils ne sont pas mécontents de garder leurs enfants à la maison.

Il n'est pas facile de trouver un studio.

Ceux qui ont choisi l'indépendance sont « stressés ».

Emmanuel est parti après son bac, pour vivre avec une copine. Résultat : quatre ans pour passer le DEUG, des dettes, plus de sport, plus de musique, plus de vacances : c'est le prix de la liberté.
« Aujourd'hui, c'est les études ou l'indépendance », affirme Cécile. « En faisant des petits boulots, je gagne à peine deux mille francs par mois ! Pour bien faire, je devrais travailler à plein temps, mais alors plus d'études. »
« Mon père a arrêté ses études avant le bac. Aujourd'hui, il est cadre supérieur et donne des cours en fac. Moi, avec ma licence (bac + 3) je ne peux rien faire », affirme Ewan, étudiant en lettres à Paris III.

Activités

- **Faites un sondage sur les relations parents-enfants.**
1. Rédigez un questionnaire. Les questions doivent permettre des réponses précises.
2. Corrigez les questions en classe et sélectionnez les questions qui composeront le questionnaire général.
3. Passez le sondage et analysez les résultats.
4. Écrivez un résumé des résultats.
5. Comparez les résultats en classe.

- **Discussion :**
Un enfant gâté, bien dans sa famille, est-il mieux ou moins bien préparé à faire face aux difficultés de la vie d'adulte ?

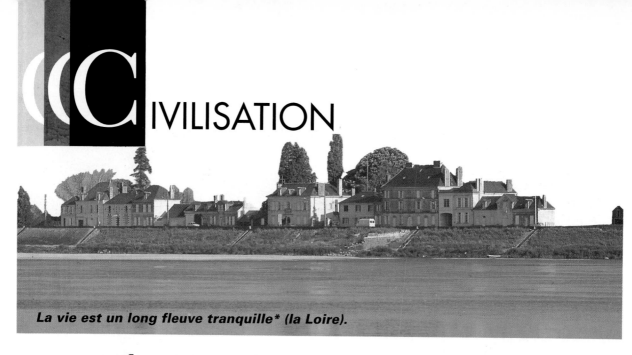

La vie est un long fleuve tranquille* (la Loire).

Au pays des nouveaux parents

Les « nouveaux pères »

Dans *Trois hommes et un couffin*, film de Colinne Serreau.

Il n'y a pas que les femmes qui sachent élever les enfants, et donner des soins quotidiens aux enfants.

Ces pères font souvent des tâches jadis réservées aux mères :

> – changer le bébé (52 %) ;
> – lui donner le bain (47 %) ;
> – lui faire à manger (53 %) ;
> – le faire lire (52 %).

D'après un sondage de L'*Express*, Louis Harris, 1987

_____

* Titre du film d'E. Chatilez traitant des relations familiales.

Un million de familles monoparentales

Les familles n'ont (souvent) qu'un seul parent. On les appelle monoparentales. Dans la majorité des cas (80 %), ce parent est la mère. Les femmes qui élèvent seules leurs enfants sont :

– des mères célibataires (10 %) ;

– des veuves (30 %) ;

– des divorcées (60 %).

D'après l'INSEE, 1989

Un bus de « ramassage scolaire ».

Comment les parents envisagent leur rôle

Les parents s'occupent beaucoup des enfants qui ont moins de 15 ans. Ils pensent que c'est l'âge où il faut stimuler l'enfant. C'est à cet âge que se creusent les différences entre les enfants qui ont une

famille responsable et exigeante et ceux qui sont laissés seuls :
– 83 % des parents encouragent les enfants à faire du sport ;
– 69 % les encouragent à lire ;
– 35 % les encouragent à faire de la musique, du dessin ou de la peinture ;
– 78 % surveillent le choix des amis de leurs enfants ;
– 76 % leur interdisent de fumer ;
– 55 % pensent que la télé est bonne parce qu'elle donne une ouverture sur le monde ;
– 45 % pensent que la télé empêche les enfants de travailler.

D'après l'INSEE, 1989.

. . . .

Du côté des jeunes

« Famille, je vous aime »

La célèbre formule de Gide « Famille, je vous hais* » a tendance à être remplacée aujourd'hui par « Famille, je vous aime ».

Sécurité et confiance

Il fait bon vivre en famille puisque les jeunes quittent leur famille de plus en plus tard, parfois à 25 ans. Les jeunes pensent que les parents respectent leur vie personnelle, qu'ils les aident dans leurs études et qu'ils peuvent communiquer avec eux facilement.

_____
* A. Gide, *Les nourritures terrestres*, 1897.

Quelques points noirs

• Avant quinze ans, les jeunes se sentent un peu étouffés, ils aimeraient être plus autonomes. Mais les parents veulent fournir à leurs enfants une protection contre l'environnement souvent agressif (drogue, délinquance, compétition à l'école).

• Après 16 ans, l'âge difficile de l'adolescence, le dialogue parents-enfants n'est plus aussi facile. On s'oppose assez souvent sur des problèmes matériels (argent de poche, façon de s'habiller ou programmes de télévision).

Mais on s'entend bien quand même, les conceptions de la vie ne sont pas opposées et il est si pratique d'habiter chez ses parents plutôt que de payer un

loyer. Quant aux parents, même s'ils trouvent souvent le frigo vide, ils ne sont pas mécontents d'avoir l'affection des enfants.

Familles
Comment deux jeunes chanteurs

La famille parentale

Un berceau du temps jadis.

Six novembre dix neuf cent soixante et un
Maternité des berceaux midi moins vingt
T'arrives sur cette terre
Tu n'y vois pas bien clair
Ils viennent de te donner la vie
Merci
A tous les deux
T'as pas toujours été très calme comme enfant
C'est sûr t'as pas été toujours très reposant
Mais eux ils ont su rire
Et ils ont su grandir
Et ils ont su comprendre en même temps qu'toi
Merci pour ça [...]

Quinze ans et d'mi tu débarques tout seul à Paris
Et ils t'ont laissé faire malgré c'qu'on leur a dit
C'était là ta seule chance
Et ils t'ont fait confiance
Tu n'les as pas trahis et aujourd'hui
Mille fois Merci [...]

On me trait'ra de démago certainement
On se moqu'ra « dis merci à papa-maman »
Mais tout ça on s'en fout
Ce qui compte après tout
C'est que je puisse graver dans une chanson
Ces quelques mots
J' vous aime

Florent Pagny, *Merci*, © GLEM.

Activités

• **Recherchez dans le texte de la chanson** de Florent Pagny l'expression des idées ou des événements suivants :

– la naissance (la date et l'heure) ;
– le caractère de l'enfant ;
– l'éducation donnée par les parents ;
– jusqu'à quel âge il est resté dans sa famille, ses parents ont-ils été d'accord ?
– le fait que lorsqu'on dit qu'on aime ses parents, on paraît ridicule ;
– est-ce que c'est important d'avoir l'air ridicule ?

de cœur

populaires voient la famille

L'autre famille : ceux ou celles qui vous ressemblent

[...] **J'** connais pas ta maison
Ni ta ville, ni ton nom
Pauvre ou riche ou bâtard
Blanc tout noir ou bizarre
Je reconnais ton regard

Et tu cherches une image
Et tu cherches un endroit
Où je dérive parfois

Tu es de ma famille.
De mon ordre et de mon rang
Celle que j'ai choisie,
Celle que je ressens.
Dans cette armée de simples gens.

Tu es de ma famille
Bien plus que celle du sang [...]

Tu sais pas bien où tu vas
Ni bien comment ni pourquoi
Tu crois pas à grand-chose
Ni tout gris ni tout rose
Mais ce que tu crois, c'est à toi [...]

T'es du parti des perdants
Consciemment, viscéralement
Et tu regardes en bas
Mais tu tomberas pas
Tant qu'on aura besoin de toi.

Et tu prends les bonheurs
Comme grains de raisin
Petits bouts de petits riens

Tu es de ma famille, tu es de ma famille
Du même rang, du même vent
Tu es de ma famille, tu es de ma famille
Même habitant du même temps
Tu es de ma famille, tu es de ma famille
Croisons nos vies de temps en temps.

Jean-Jacques Goldman, *Famille*,
© JRG/NEF Marc Lumbroso.

Activités

• **Recherchez dans le texte de la chanson** de Jean-Jacques Goldman l'expression des idées suivantes :
– tu me ressembles ;
– tu n'as pas d'ambition ;
– tu n'as pas de certitudes ;
– tu ne réussiras pas dans la société ;
– on peut compter sur toi ;
– les autres sont importants pour toi ;
– tu te contentes de petits bonheurs ;
– passons quelque temps ensemble.

• Laquelle de ces deux chansons préférez-vous et pourquoi ?

CULTURE

Les combats du cœur

**Les jeunes ont besoin de modèles,
il leur faut un combat... mais lequel ?**

Affiche de sensibilisation à l'écologie.

Sauver **la terre** suscite l'enthousiasme de beaucoup de jeunes. Le slogan utilisé dans cette affiche est calqué sur la devise de l'Ordre de la Jarretière : « *Honni soit qui mal y pense* » qui signifie « *honte à celui qui y voit du mal* ».

Que signifie le slogan choisi par les Humains associés ?

Les Restos du Cœur

Coluche dans un *Resto du Cœur*.

Coluche, un comique très populaire, mort en 1986, a laissé son nom associé à cette œuvre charitable : « **les Restos du Cœur** » qui ont servi vingt-cinq millions de repas en 1989. Mais la charité peut-elle suffire à vaincre les inégalités sociales ?

Fondé en octobre 1984 par Harlem Désir, le **mouvement SOS-RACISME** rassemble un grand nombre de jeunes qui luttent contre la discrimination raciale.

Manifestation de lycéens.

L'Université pour tous

Les jeunes se sont élevés en grand nombre contre les réformes visant à introduire la sélection à l'Université. Ils ressentent le modèle qu'on leur propose actuellement comme un modèle de compétition excessive. Il faut réussir à tout prix : réussir le bac, entrer dans une Grande École, gagner de l'argent, monter dans l'échelle sociale. La lutte est inégale, car tous ne partent pas avec les mêmes avantages, si bien qu'actuellement le taux de suicide des adolescents est élevé.

Activités

- Parmi ces combats, lequel vous paraît :
  – le plus utile ?
  – le plus urgent ?
  – le plus généreux ?

- Choisissez le combat qui vous paraît le plus important et dites pourquoi.

Lexique

« **Pote** » (argot) : copain

excessif : exagéré

à tout prix : malgré la difficulté, quelle que soit la difficulté

le bac : le baccalauréat, examen de fin d'études secondaires qui permet de s'inscrire dans une faculté

si bien que... : la conséquence est que...

Pour le Resto du Cœur

Joseph Périgot

J'ai eu une scène très triste, le dimanche, avec ma mère.

Une scène trop triste, à dix heures du matin.

Freddie et Monie donnaient un concert au Resto du Cœur. Tous les Quatre-Quarts étaient mobilisés. On m'attendait pour la décoration. J'avais bourré une valise de vieilles guirlandes.

Mon père était parti pour la banque à l'heure habituelle, confondant dimanche et jour de semaine.

J'embrassai ma mère, qui se tenait raide dans l'entrée, le visage fermé.

Fermé comme la porte de sortie était fermée. Ma mère serrait la clé dans une main. Ses lèvres tremblaient. Elle allait pleurer. Je l'implorai doucement :

— Maman...

Une larme roula sur sa joue. Je lui pris la main, pour la consoler. Croyant que je cherchais à m'emparer de la clé, elle rejeta les bras en arrière, comme une tragédienne, et cria :

— Il est hors de question que tu ailles manger chez les clochards !

— Maman... il n'y a pas que des clochards, au Resto du Cœur. Il y a des gens comme tout le monde. Ils ont perdu leur travail et puis...

Elle ne m'écoutait pas, elle marchait d'un pas militaire, vers la cuisine. Elle remua des casseroles, disposa un couvert, me servit un reste de lapin aux carottes.

Du lapin aux carottes à dix heures du matin !

Ma mère s'était installée en bout de table, tête basse. Elle tournicotait son mouchoir.

— Encore passer le dimanche toute seule... murmurait-elle.

Je mangeais du bout des dents. Je serrais les poings pour avaler. Elle marmonnait :

— Je vais me remettre à la dactylo. Je vais retravailler. Ton père pourra dire ce qu'il veut, je m'en moque ...

Elle avait gâché ma journée. [...]

Extrait de *L'Escrocœur*, coll. Je bouquine,
© Bayard Presse Jeune, février 1990.

Notes grammaticales

- « *croyant* » est le participe présent du verbe *croire*. Le participe présent a, ici, une valeur causale : parce qu'elle croyait.

- « *d'un pas militaire* » : cette construction indique l'attitude, la manière de faire.

- « *j'implorai* », « *je mangeai* » sont les passés simples des verbes *implorer* et *manger*.

Lexique

bourrer : remplir complètement

guirlande : cordon de papiers ou de fleurs qui sert à la décoration

s'emparer de : prendre de force

clochard : personne qui est sans domicile

tournicoter (du verbe *tourner*) : tourner machinalement sans but

marmonner : parler « entre ses dents » (d'une manière indistincte)

CULTURE

Activités

• Questions

En vous aidant du texte, répondez par écrit aux questions suivantes :
– Pourquoi Josse doit-il aller au Resto du Cœur ?
– Que ressent sa mère ? Relevez les expressions qui indiquent son attitude.
– Quelle est l'attitude de Josse ?
– Pourquoi sa mère jette-t-elle les bras en arrière ?
– Où est le père de Josse ?
– Qui sont les gens qui vont manger au Resto du Cœur, d'après la mère de Josse ? Et d'après Josse ?
– Pourquoi la mère de Josse lui sert-elle du lapin aux carottes ?
– Quelle heure est-il à ce moment-là ?
– Est-ce que Josse refuse de manger le lapin ?
– Pourquoi sa mère est-elle malheureuse ?
– Son père est-il d'accord pour que sa mère travaille en dehors du foyer ?
– Quel métier veut-elle faire ?

• Reformulations

Réécrivez les phrases suivantes en utilisant un synonyme pour les mots ou les expressions en italique gras (ces synonymes se trouvent dans le texte).
– J'avais **rempli complètement** ma valise.
– Mon père **ne fait pas de différence** entre le dimanche et les jours de semaine.
– Elle **tenait très fort** la clé dans sa main.
– Il lui prend la main pour qu'elle **ne soit plus triste**.
– **Il n'est pas question** que tu ailles chez les clochards.
– Ma mère était **assise** au bout de la table.
– Elle **parlait tout bas**.
– Je mangeais **peu et sans appétit**.
– Ton père dira ce qu'il veut, **ça m'est égal**.
– Ma journée était **perdue**.

• Questionnaire « prenez parti »

1. Qu'est-ce qui est le plus important vis-à-vis des enfants :
   – savoir donner des ordres et se faire obéir ? .... ☐
   – savoir donner des conseils ? .... ☐

2. Lorsque l'enfant a reçu un conseil, les parents doivent-ils :
   – laisser l'enfant décider seul ? .... ☐
   – l'empêcher de faire ce qu'il a décidé s'ils ne sont pas d'accord avec sa décision ? .... ☐

3. Avec laquelle des décisions suivantes êtes-vous d'accord :
   – L'enfant doit faire ses expériences lui-même pour mieux apprendre la vie ? .... ☐
   – les initiatives personnelles des enfants sont dangereuses ? .... ☐

4. Qu'est-ce qui est le plus important pour le développement personnel :
   – la pratique d'un sport ? .... ☐
   – la pratique d'un art ? .... ☐

5. Avec quelle opinion êtes-vous d'accord :
   – la télévision empêche de faire ses devoirs ? .... ☐
   – la télévision apprend quelque chose sur le monde ? .... ☐

6. Les familles monoparentales peuvent-elles assurer le développement de l'enfant ?
   Justifiez votre opinion.

7. Pensez-vous qu'on peut éviter la compétition ? comment ?

a) Remplissez le questionnaire, donnez votre opinion par écrit.

b) Retenez le point de vue qui vous intéresse le plus.

c) Donnez ce point de vue à la classe. Ceux ou celles qui ne sont pas d'accord avec vous diront pourquoi ils ne sont pas d'accord.

Après la fête

Joseph Périgot

J e suis sorti avec Monsieur Blanchet*, après le tournoi de dominos. Le jour déclinait. Les rares passants allaient furtivement, avec l'air de s'excuser. Les voitures glissaient sans bruit. C'était un sale dimanche, à l'heure dite « entre chien et loup ». Monsieur Blanchet marchait avec difficulté. Je rapetissais mes pas, pour rester à sa hauteur. Il s'arrêta et dit, l'air inspiré :

— Nous ne sommes que des visiteurs et des enquêteurs dans un monde vraiment étrange... Vois-tu, Josse, plus je vieillis, moins je comprends ce qui m'entoure. La vieillesse, ce n'est pas du tout la sagesse. À moins que la sagesse, ce soit de ne plus rien savoir... Tout m'étonne. L'amour. La guerre. La richesse. La pauvreté. Les riches courent après quoi ? Et comment se fait-il que les pauvres se tiennent bien tranquilles, à côté des riches qui courent après on ne sait quoi ?...

Il hocha la tête et rit pour lui-même et m'attrapa la main, pour repartir de son pas lent, incertain. Nous avons marché en silence jusqu'à la Banque de l'Ouest, où je devais retrouver mon père.

— Ah ! ton père est banquier ! dit Monsieur Blanchet. Drôle de métier ! Il ne pourrait pas, quelquefois, faire un petit virement à l'auberge de Max ?

Il riait encore de sa plaisanterie, quand il a disparu au coin de la rue. Et moi, j'hésitais à appuyer sur la sonnette de la Banque de l'Ouest. J'apercevais mon père, de dos, devant l'ordinateur, dans un rectangle de lumière, à travers un massif de plantes exotiques. Des plantes superbes mais fausses. En plastique. Des plantes qui n'étaient pas des plantes. Je regardais mon père comme s'il n'était pas mon père. Je pensais à ma mère qui pleurait dans notre grande maison vide.

Extrait de *L'Escroceur*, coll. Je bouquine,
© Bayard Presse Jeune, février 1990.

---

* Note : Monsieur Blanchet est un clochard de soixante-dix ans qui fréquente les Restos du Cœur.

Activités

• Questions

– A quel moment de la journée Josse est-il sorti avec Monsieur Blanchet ? Citez les expressions qui indiquent ce moment de la journée.

– Pourquoi dit-il : « C'était un sale dimanche » ?

– Monsieur Blanchet donne-t-il une définition de la sagesse ?

– Quel est votre point de vue personnel ?

– Quelle différence Monsieur Blanchet fait-il entre les pauvres et les riches ?

– A votre avis, que pense-t-il du métier du père de Josse ?

– Que signifie ici : « Tout m'étonne » ?

– Dessinez l'image du dernier paragraphe : « J'apercevais mon père [...] Des plantes qui n'étaient pas des plantes ».

• Discussion

Connaissez-vous des parents qui ressemblent aux parents de Josse ?

Si vous êtes parent, vos enfants ressemblent-ils à Josse ?

• Reformulations

Trouvez dans le texte l'équivalent des mots ou des expressions en italique gras :

– Le jour *tombait*.

– Les voitures *roulaient silencieusement*.

– *Que recherchent les riches ?*

– *Pourquoi* les pauvres se tiennent-ils tranquilles ?

– Monsieur Blanchet *fit* un signe de la tête*.

– Je *distinguais* mon père de dos.

---

* « fit » est le passé simple du verbe *faire*.

La guerre des âges

En France, comme ailleurs, l'éducation de l'enfant ne se fait pas sans peine...

Avant de devenir un long fleuve tranquille, la vie des parents et des enfants est souvent une longue course d'obstacles.

Chaque âge se caractérise par des sanctions et des récompenses qui marquent les différentes étapes de la socialisation.

D'abord les récompenses : *« oh ! comme il est mignon, ce petit enfant ! »*

« il est adorable ! », *« il marche déjà ? ah ! il est en avance ! »*. Et la maman, sans arrêt, appelle son enfant : *« mon petit chéri »*, *« l'amour de ma vie »*, *« mon petit chou »*, *« ma puce »*, termes d'affection qui réjouissent le bébé.

De temps en temps, on peut aussi entendre : *« oh ! le vilain ! ce n'est pas beau ! »*, *« quel petit cochon ! »* et ces paroles sévères apprennent au bébé à devenir plus propre...

Pendant la petite enfance, si l'enfant est très sage, il n'entend pas grand chose, à part : *« tu as été très sage, maman est fière de toi »*. Mais la plupart du temps, l'enfant entend toute la journée : *« ne réponds pas à ta mère ! »*, *« va te coucher »*, *« si tu continues à crier, je te donne une bonne fessée ! »*, *« tu vas voir, je vais le dire à ton père ! »*, *« tu vas arrêter de courir ? »*, *« arrête de faire du bruit, ou je te mets au lit ! »*, sans oublier l'horrible menace : *« puisque tu n'es pas sage, tu n'auras pas de dessert ! »*.

À force de sanctions verbales et physiques, l'enfant s'améliore ou n'écoute plus que d'une oreille...

Quand il reçoit un cadeau, aussitôt, sa mère lui demande : *« qu'est-ce qu'on dit ? »*, ou quand quelqu'un vient à la maison : *« tu as dit bonjour à la dame ? dis bonjour poliment ! »*

Bientôt, l'enfant préférera courir avec ses camarades, mais dès qu'il rentrera à la maison : *« d'où viens-tu ? Qu'est-ce que tu as fait encore ? Où étais-tu passé ? je t'ai cherché partout ! Allez oust ! monte dans ta chambre ! »*.

Peut-être pour adoucir ces paroles sévères, les parents gâtent bien l'enfant pour sa fête, son anniversaire, Noël et le Premier de l'an. Les récompenses font oublier un peu les nombreuses pénitences…

Pendant toute sa scolarité, l'enfant recevra des bonnes et des mauvaises notes. Si le carnet scolaire est mauvais : « *tu ne fais jamais rien, tu seras un bon à rien, combien de fois je t'ai dit d'étudier ? Puisque c'est comme ça, tu n'iras pas au ski cet hiver !* »

Mais, si les résultats sont bons ou excellents, la famille entière se réjouit : « *dix-huit sur vingt en math, ça mérite une récompense ! Qu'est-ce que tu veux avoir comme cadeau ?* »

À la fin de l'adolescence, l'enfant n'aime pas rester en compagnie de ses « vieux ». Il se sent mieux avec son groupe d'âge. « *Où vas-tu encore ?* » lui demande sa mère, « *ici, ce n'est pas un hôtel* », gronde son père.

Lorsque le jeune a besoin d'argent, ses parents lui disent : « *mais tu crois que nous sommes millionnaires ? Si tu as besoin d'argent, tu n'as qu'à gagner ta vie !* », et la formule magique : « *moi, à ton âge, je gagnais déjà ma croûte* »…

Un peu fatigué de la vie de famille, l'adolescent ne parle plus ou, au contraire, commence à prendre un air arrogant : « *vous ne comprenez rien au monde actuel, ce n'est pas la peine de discuter avec vous !* »

En famille, ils s'aiment bien encore, mais décidément ils n'arrivent plus à se supporter. Alors un jour, c'est le jeune qui dit : « *puisque c'est comme ça, je vais habiter ailleurs !* »

S'il tarde un peu trop à prendre cette décision, c'est son père qui la lui suggérera : « *mais dis donc ? personne ne te retient ici ! Va donc voir ailleurs si c'est mieux !* »

Heureusement, le jeune reviendra bientôt. Tous unis, devant le bon repas dominical, préparé avec amour par la mère de famille, ils pourront se plaindre du patron, de la vie chère et des impôts.

Jusqu'au jour où l'on entendra le fils dire à son tour : « *mais qu'est-ce qu'on dit à sa grand-mère ? allez, donne un gros bisou à grand-mère* ».

Et pour la suite des événements, relisez le premier paragraphe !

Discussion

Trouvez-vous que les phrases éducatives des parents français ressemblent tout à fait à celles de votre culture ?

Dans votre culture, la socialisation des filles est-elle semblable à celle des garçons ?

COMPRÉHENSION orale

Interview de Benoît, 20 ans, étudiant en informatique.

❶ Approche globale

Écoutez l'enregistrement plusieurs fois. Ensuite, relevez ce que vous avez compris à propos des différents points traités dans l'interview.

1. Thème traité dans l'interview :
   ......

2. Opinion générale de Benoît :
   ......

3. Ses trois problèmes principaux :
   ......

4. Les reproches de Benoît, vis-à-vis de ses parents :
   ......

5. Les avantages qu'il tire de sa situation actuelle :
   ......

6. Ce qu'il pense faire pour ses parents dans le futur :
   ......

❷ Approche détaillée

Recherchez dans l'enregistrement les expressions et les mots précis qui correspondent aux formulations indiquées en italique gras.

1. Mes parents et moi, *on se comprend bien*.
   ......

2. J'essaie de ne pas *poser de problèmes à mes parents*.
   ......

3. On se dispute parfois pour des *petites choses*.
   ......

4. Mais *on trouve toujours une solution*.
   ......

5. *Vous n'êtes pas d'accord et vous criez fort* à propos de quoi ?
   ......

6. *Ils ont l'air fâché* quand je rentre tard.
   ......

7. Je suis souvent *excité* à cause des idées de mon père.
   ......

8. On dirait, pour lui, que les jeunes *ne sont pas intéressants*.
   ......

9. Ma mère *lave et repasse mes vêtements*.
   ......

10. Tu *tires des avantages* de tes parents, alors ?
    ......

❸ Activité

Pensez-vous que Benoît est représentatif des jeunes de votre pays ?

Évaluez vos compétences

A. Compréhension orale : Entendu à la radio

• Compréhension globale

Ecoutez deux fois l'enregistrement à propos du film *Le cercle des poètes disparus* et répondez aux questions suivantes :

1. Vous entendez combien de points de vue ? Combien de personnes sont interviewées ?
2. Avez-vous retenu la profession des personnes interviewées ?
3. Sont-elles du même avis ?
4. Principal reproche adressé au film ?
5. Principale qualité attribuée au film ?

• Compréhension détaillée

Ecoutez trois fois la deuxième partie de l'interview et répondez aux questions suivantes :

1. L'interviewé est allé directement voir le film.

2. Avant d'y aller :
   – Il pensait qu'il aimerait le film ☐
   – Il avait des idées peu favorables ☐

3. Il a trouvé le film : bon ☐   assez bon ☐   très bon ☐

4. Il a trouvé le film :
   – bien fait   oui ☐   non ☐
   – démagogique   oui ☐   non ☐

5. Une certaine partie du public a trouvé le film démagogue :
   Oui ☐   Non ☐

6. Le film lui a rappelé un épisode de l'histoire des États-Unis, lequel ?

7. Le film se passe avant/pendant/après cet épisode ?

8. Dans les scènes de la fin, les jeunes sont amenés à défendre leur professeur :
   Oui ☐   Non ☐

9. Il a été sensible à ces scènes :
   – parce qu'il les a vécues ☐
   – pour une autre raison ☐

10. Le film donne :
    – une leçon d'histoire ☐
    – une leçon de morale ☐

B. Compréhension écrite

Les adolescents 1990 tout va très bien

Par Charles Rebois

[...] L'harmonie entre parents et adolescents reste le fondement de la cellule familiale. 78 % des parents disent que l'entente avec leurs enfants adolescents est excellente ou très bonne. Le pourcentage atteint même 85 % dans les foyers de cadres ou de commerçants, mais il n'est que de 70 % dans le milieu des employés et des ouvriers.

Les réponses des parents sont souvent confirmées par celles des adolescents, garçons ou filles. Les jeunes de treize à quinze ans se sentent plus en harmonie avec leurs parents que les adolescents de seize à dix-sept ans – ce qui ne saurait surprendre – et les filles plus que les garçons.

Si les réponses des parents et des adolescents concordent s'agissant du choix des amis, c'est moins le cas pour les relations amoureuses, les sorties du soir, l'argent de poche et le choix des émissions de télévision. Mais, même dans ces domaines, les rapports restent bons. Les causes réelles de frictions concernent davantage les résultats scolaires et la participation aux tâches de la maison.

58 % des garçons admettent qu'ils ont des problèmes avec leurs parents au sujet de leur scolarité, alors que, pour seulement 48 % des filles, c'est un sujet de conflit. La mère est toujours l'interlocutrice privilégiée.

Sur quelle base repose l'entente parents-adolescents ?

D'abord, sur l'affection (51 %), disent les parents. Puis, sur l'indépendance des enfants (40 %) et leur sens des responsabilités (37 %), mais l'indépendance est plus facilement consentie aux garçons qu'aux filles, lesquelles, en revanche, doivent être plus responsables.

Un des mérites de cette enquête est justement de mettre en évidence le souci des classes les moins favorisées de veiller à la bonne éducation des enfants. A défaut de la joie de vivre, ces derniers apprennent la politesse et le sens de la famille.

S'agissant précisément de l'éducation, parents et enfants n'ont pas les mêmes priorités.

Les parents placent en tête l'honnêteté et la loyauté et en deuxième le goût du travail. La débrouillardise ne vient qu'en sixième et dernier rang. Or c'est elle que les adolescents auraient souhaité qu'on leur apprît, en même temps que le goût du travail. A leurs yeux, et alors qu'ils ne connaissent pas encore, pour la plupart, les difficultés de la vie, savoir se débrouiller est primordial.

Le Figaro, 3 avril 1990.

Lisez le texte et répondez aux questions suivantes :

1. Est-ce que le pourcentage d'entente entre les parents et les enfants est plus élevé dans les classes favorisées ?

   Oui ☐   Non ☐

2. Les enfants et les parents sont d'accord sur les points suivants :

– les fréquentations des amis :

entièrement d'accord ☐   pas entièrement d'accord ☐

– le choix d'une émission de télévision :

entièrement d'accord ☐   pas entièrement d'accord ☐

3. Dans les domaines suivants ont-ils de bons rapports ?

– l'argent   oui ☐   non ☐
– les études   oui ☐   non ☐

4. Les garçons parlent-ils plus difficilement à leur mère que les filles ?

Oui ☐   Non ☐

5. L'entente des parents et des enfants repose-t-elle sur la scolarité ou la vie familiale ?

la scolarité ☐   la vie familiale ☐

6. Parmi les points suivants, quel est celui qui présente la plus forte base d'entente? donnez les pourcentages :

– l'indépendance ......%   – les responsabilités......%
– l'affection   ......%   – la scolarité   ......%

7. Est-ce que les familles les moins favorisées ont exactement les mêmes demandes que les familles favorisées ?

Oui ☐   Non ☐

8. Observez le mot "débrouillardise" (dernier paragraphe). Il signifie plutôt :

– savoir-faire   ☐

– savoir trouver le meilleur moyen d'obtenir ce qu'on veut ☐

– s'adapter comme on peut   ☐

9. Cochez les demandes éducatives des parents et des enfants :

	enfants	parents
• le goût du travail,		
• la débrouillardise,		
• l'honnêteté,		
• la loyauté,		
• la politesse,		
• le sens de la famille.		

10. Mettez en rapport les mots des deux listes qui ont le même sens :

Entente	Fondamental
Être semblable	Friction
Conflit	Concorder
Priorité	Harmonie
Primordial	Exigence première

C Production écrite libre

Choisissez un des trois sujets suivants :

1. Écrivez une lettre à un(e) ami(e) étranger(e) pour l'inviter à venir faire un séjour dans votre famille aux prochaines vacances. Décrivez brièvement votre situation familiale.

2. Écrivez une lettre de rupture. Donnez (avec délicatesse) les raisons pour lesquelles ça ne peut plus continuer.

3. Écrivez une lettre de remerciements après un séjour chez des amis français.

D Chanson : *Le poinçonneur des Lilas*

Ecoutez la chanson plusieurs fois et essayez de retrouver les mots (ou groupes de mots) manquants :

[...]

J'suis l'poinçonneur des Lilas

Pour Invalides changer à Opéra

Je vis au ...... d'la planète

J'ai dans la tête

Un carnaval de confettis

J'...... jusque dans mon lit

Et sous mon ...... de faïence

Je ...... briller que les correspondances

Parfois je rêve je divague

Je vois des ......

Et dans la brume ...... du quai

...... un bateau qui vient ......

Pour m'sortir de ce trou ...... des trous

Des p'tits trous, des p'tits trous, toujours des p'tits trous

Mais l'bateau se taille

Et j'vois qu'je déraille

Et je reste dans mon trou ...... des p'tits trous [...]

Paroles et musique de Serge Gainsbourg,
© Éditions Musicales Intersong, 1958.

unité

4

Et voilà comme on écrit l'histoire

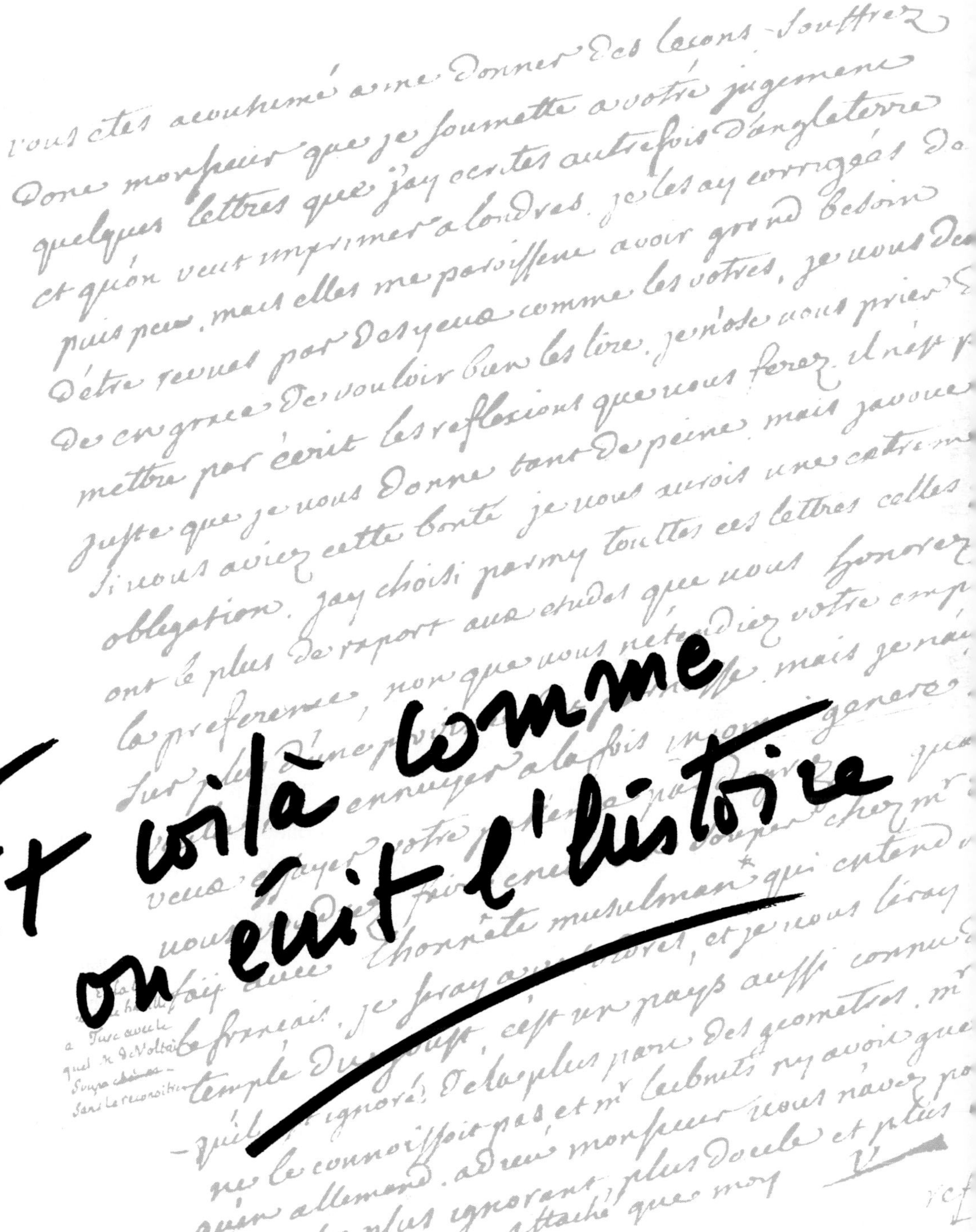

J'ai rencontré l'homme de ma vie*

A Comment est-ce que tu l'as connu ?

À l'aéroport Charles de Gaulle.

Cécile : Tu as dit quelle heure exactement ?

Jacky : Dix-neuf heures quarante-cinq. Huit heures moins le quart.

Cécile : On est en avance, alors. Il arrive dans vingt minutes.

Jacky : Oui, ça va.

Cécile : Alors, maintenant, tu me racontes tout.

Jacky : Tout quoi ?

Cécile : Eh bien, Gilles ! comment est-ce que tu l'as connu ?

Jacky : L'été dernier. J'étais allée au Congrès « Informatique et enseignement » à New York. C'est là que je l'ai rencontré.

Cécile : Qu'est-ce qu'il faisait au Congrès ?

Jacky : Il est informaticien… C'est un Canadien… C'est lui qui avait créé le logiciel d'un programme EAO dont je t'ai parlé…

Cécile : J'ai oublié… EAO, c'est quoi ça ?

Jacky : Ça veut dire Enseignement Assisté par Ordinateur.

Cécile : Ah oui ! c'est le programme que tu m'as montré au lycée !

Jacky : Oui. Et alors, on a sympathisé et il a fini par m'inviter au Canada. J'y suis allée après le Congrès.

Cécile : Et ensuite, c'est toi qui l'as invité à venir en France ?

Jacky : Oui, et alors ?

Cécile : Tu t'intéresses beaucoup à l'informatique !

Jacky : Ben…, tu sais bien que je m'y intéresse depuis longtemps !

* Chanson de Diane Dufresne « Aujourd'hui, j'ai rencontré l'homme de ma vie ».

Attente à l'aéroport.

B Vous avez fait bon voyage !

« Le vol en provenance de Montréal est arrivé porte numéro 14 ».

Gilles : Bonjour Jacky.

Jacky : Bonjour Gilles. Cécile, une amie.

Gilles et
Cécile : Bonjour, bonjour.

Gilles : Je suis heureux de vous revoir.

Jacky : Moi aussi. Vous avez fait bon voyage ?

Gilles : Ben…, avec tout ce retard ! Vous ne m'avez pas attendu trop longtemps, j'espère ?

Jacky : Non, on vous attend depuis vingt minutes seulement.

Gilles : Vous saviez que l'avion avait du retard ?

Jacky : Oui, j'avais téléphoné avant de partir.

Gilles : Je ne sais pas ce qui s'est passé. On a attendu pendant des heures avant de s'embarquer.

Jacky : Vous n'êtes pas trop fatigué ?

Gilles : Eh bien, écoutez, je suis parti de Montréal il y a douze heures, et je n'ai pas dormi depuis deux jours, mais ça va !

Jacky : Venez, on vous emmène à votre hôtel.

Cécile : Vous avez tout à fait l'accent du Québec.

Gilles : Ce n'est pas étonnant, puisque j'en viens. Mais quand même, vous n'entendez pas parler le vrai québécois…, c'est un québécois amélioré que je parle. Si je parlais le vrai québécois, ce serait beaucoup plus accentué.

Cécile : Comment avez-vous perdu votre accent ?

Gilles : Ah ! ça, c'est une longue histoire !

Jacky : Venez, on en parlera dans la voiture.

Gilles : Vous savez, Cécile, avant de connaître Jacky, je n'avais pas imaginé que je viendrais en France.

DÉCOUVREZ les règles

Observez les temps utilisés avec *dans* et *il y a.*

- L'avion arrive dans vingt minutes.
- Je suis parti de Montréal, il y a douze heures.

Observez les temps utilisés avec *pendant, depuis* et *il y a... que.*

- – Vous ne m'avez pas attendu trop longtemps ?
  – On a attendu pendant des heures.
- Je m'y intéresse depuis longtemps.
- Je n'ai pas dormi depuis deux jours.
- Il y a longtemps que je m'y intéresse.

Observez les trois temps du passé.

- Vous saviez que l'avion avait du retard ?
- J'avais téléphoné avant de partir.
- C'est lui qui avait créé le logiciel dont je t'ai parlé.

Observez la construction *c'est + nom/pronom + pronom relatif.*

- **C'est** lui **qui** avait créé le logiciel.
- **C'est** toi **qui** l'as invité.
- **C'est** le programme **dont** je t'ai parlé.
- **C'est** le programme **que** tu m'as montré.
- **C'est** un québécois amélioré **que** je parle.

Observez la construction *c'est... que* et comparez-la avec la précédente.

- **C'est** là **que** je l'ai rencontré.
- **C'est** à New York **qu'**elle l'a rencontré.

Observez l'emploi des pronoms *y* et *en.*

- – Tu t'intéresses beaucoup à l'informatique ?
  – Je m'**y** intéresse depuis longtemps !
- Il a fini par m'inviter au Canada.
  J'**y** suis allée après le congrès.
- – Je t'ai parlé du logiciel.
  – On **en** reparlera dans la voiture.
- – Gilles vient du Québec.
  – Moi aussi, j'**en** viens.

92

MANIÈRES de dire

Quand on rencontre des gens , il faut savoir leur raconter tout ce qui nous est arrivé, et savoir aussi leur demander des détails sur leur vie.

1 **Relevez dans la situation pages 90 et 91 différentes manières de :**

raconter des **événements** passés :

......

demander des détails sur des **événements** ou des **situations** passés :

......

2 **Autres manières de demander des détails sur des événements ou des situations passés :**

1. Qu'est-ce que tu as fait à ce moment-là ?

2. Pourquoi ne leur avez-vous pas répondu ?

3. Mais où est-ce que tu étais à ce moment-là ?

4. Quand est-ce que tu les as vus ?

5. Où est-ce qu'ils allaient ?

6. Ils partaient avec qui ?

7. Mais que voulaient-ils exactement ?

8. Comment avez-vous réagi ?

9. « T'as fait quoi », alors ?

10. Que voulaient-ils savoir ?

• Trouvez à laquelle de ces deux situations peuvent correspondre ces dix manières de demander des détails sur des événements ou des situations passés.

• Imaginez une situation de récit où vous pouvez réemployer un de ces dix énoncés.

À VOUS de parler

1 Jeu de rôles à trois personnages : un journaliste et un couple célèbre.

Ils ne sont pas encore mariés mais ont décidé de le faire. Ils sont interviewés à leur descente d'avion par le journaliste.

– Le journaliste les interpelle.

– Il leur demande s'ils acceptent de répondre aux questions.

– Réponse du couple.

– Le journaliste demande d'où ils viennent.

– Ils répondent en donnant des détails.

– Le journaliste demande depuis combien de temps ils se connaissent.

– Il (ou elle) répond.

– Le journaliste demande des détails sur les circonstances de leur rencontre : où, quand et à quelle occasion se sont-ils rencontrés ?

– Il (ou elle) répond.

– Le journaliste demande pourquoi ils ont décidé de se marier.

– Il (ou elle) répond.

– Le journaliste demande s'ils ont une déclaration à faire pour les auditeurs de sa station radio.

– Il (ou elle) répond.

2 Faites-les parler :

Exercices

1 ***L'horloge parlante***

L'horloge parlante vous donne l'heure officielle mais, dans la vie de tous les jours, les Français disent l'heure d'une manière informelle.

a) Donnez l'équivalent de l'heure officielle en heure informelle.

> **Heure officielle :** dix-neuf heures quarante-cinq.
> **Heure informelle :** huit heures moins le quart (soir).

1. Douze heures.

......

2. Treize heures trente.

......

3. Quatorze heures quarante-cinq.

......

4. Dix-sept heures cinquante-cinq.

......

5. Vingt-trois heures quarante.

......

6. Vingt-quatre heures.

......

7. Zéro heure quinze.

......

8. Dix heures vingt-cinq.

......

b) Donnez l'équivalent de l'heure informelle en heure officielle.

> **Heure informelle :** deux heures et quart.
> **Heure officielle :** quatorze heures quinze.

1. Onze heures vingt (matin).

......

2. Quatre heures dix (soir).

......

3. Trois heures moins cinq (soir).

......

4. Dix heures et demie (soir).

......

5. Neuf heures moins le quart (soir).

......

6. Six heures et quart (soir).

......

7. Minuit et quart (soir).

......

8. Midi moins le quart.

......

Exercices

2 *Jeu de l'horloge parlante*

Vous téléphonez à l'horloge parlante au « 36.99 » qui vous donne l'heure officielle. Vous raccrochez et vous dites l'heure informelle à vos camarades.

Celui de vos camarades qui joue l'horloge parlante doit obligatoirement dire : « Au quatrième top, il sera exactement... (heure officielle) top, top, top, top. »

3 *Coup de téléphone*

Gilles téléphone à un collègue informaticien, Yann, à Montpellier.

Complétez leur conversation en utilisant *dans, il y a*, selon les cas.

> *Yann* : Gilles, quand est-ce que tu es parti ?
> *Gilles* : Je suis parti de Montréal **il y a** huit jours, j'arriverai à Montpellier **dans** trois jours.

1. *Yann* : Ah ! Gilles ! quand est-ce que tu es arrivé à Paris ?
   Gilles : ......

2. *Yann* : Déjà huit jours ! et est-ce que tu as terminé ton nouveau logiciel ?
   Gilles : Oui, oui.
   Yann : Quand ça ?
   Gilles : ...... et je l'ai vendu aux Américains ......

3. *Yann* : Trois semaines ! et ils t'ont déjà payé ?
   Gilles : Ah non ! pas encore. Ils doivent me payer ......

4. *Yann* : Six mois ? ils ne sont pas pressés ! Tu sais qu'à Montpellier, on t'attend.
   Gilles : Oui, je pense descendre à Montpellier ...... Je te téléphonerai la veille de mon départ.

5. *Yann* : Donc, j'attends ton coup de téléphone la semaine prochaine. Tu vas rester quelques mois en France, j'espère ?
   Gilles : Non, il faut que je rentre ......

6. *Yann* : Deux mois ? pourquoi dois-tu partir si vite ?
   Gilles : Parce que j'ai un congrès à Vancouver. On m'a invité ...... et j'ai promis d'y aller. Mais ne t'inquiète pas, je reviendrai sûrement à Paris ......

Conversation dans un café

Trois personnes discutent dans un café. Le premier, monsieur Actuel, parle de la vie actuelle (*présent*). Le second, monsieur Tradition, se rappelle la vie d'autrefois (*imparfait*). Le troisième , monsieur Progrès, envisage l'avenir (*futur*).

M. Actuel : Aujourd'hui, tout le monde apprend une deuxième langue.

M. Tradition : **Il y a** un siècle, on n'**apprenait** pas les langues.

M. Progrès : **Dans** un siècle, vous verrez, on **parlera** tous quatre ou cinq langues !

1. *M. Actuel* : Aujourd'hui, tout le monde sait conduire une voiture !

   M. Tradition : ......

   M. Progrès : ......

2. *M. Actuel* : Maintenant, tout le monde a la télé !

   M. Tradition : ......

   M. Progrès : ......

3. *M. Actuel* : De nos jours, tout le monde fait des études !

   M. Tradition : ......

   M. Progrès : ......

4. *M. Actuel* : Tout le monde prend l'avion, aujourd'hui !

   M. Tradition : ......

   M. Progrès : ......

5. *M. Actuel* : Tout le monde va une fois par semaine au cinéma !

   M. Tradition : ......

   M. Progrès : ......

6. *M. Actuel* : Tout le monde lit au moins un journal par jour !

   M. Tradition : ......

   M. Progrès : ......

Exercices

5 *Interview d'un centenaire*

Un journaliste interviewe Monsieur Soulé qui vient d'avoir cent ans. Faites parler ce centenaire en employant les temps voulus après *depuis* et *pendant*.

> *Le journaliste* : Vous avez toujours mangé des légumes et bu de l'eau ?
>
> *Le centenaire* : Non, **pendant** ma jeunesse, j'**ai mangé** de la viande et j'**ai bu** du vin ! Mais, **depuis** quelques années, je **mange** et je **bois** très peu. D'ailleurs, je **n'ai pas mangé** de viande et je **n'ai pas bu** d'alcool **depuis** 1980.

1. *Le journaliste* : Vous avez toujours vécu en France ?

   Le centenaire : Non, **pendant** ma jeunesse, j' ...... au Canada, mais **depuis** l'âge de 25 ans, je ...... en France. Je ...... à l'étranger **depuis** l'âge de 25 ans.

2. *Le journaliste* : Vous avez toujours travaillé dans le commerce ?

   Le centenaire : Non, **pendant** 35 ans, j' ...... dans la fonction publique et puis j'ai pris ma retraite. C'est **depuis** ma retraite que je ......

   Le journaliste : Vous travaillez encore ?

   Le centenaire : Oui, mais je ...... **depuis** deux jours parce que c'est mon anniversaire !

3. *Le journaliste* : Vous avez fait beaucoup de sport ?

   Le centenaire : **Pendant** ma jeunesse, j' .... Malheureusement, **depuis** quelques années je ...... parce que j'ai mal aux jambes. Je faisais de la bicyclette. C'est affreux, je ...... **depuis** mon accident, en 1985.

4. *Le journaliste* : Je suppose que vous n'avez jamais fumé ?

   Le centenaire : Si, j' ...... **pendant** mon service militaire, et puis je me suis arrêté. **Depuis** cette époque, je .... Je crois que je ...... une seule cigarette **depuis** l'âge de 22 ans !

5. *Le journaliste* : Il paraît que vous connaissez bien le président de la République ?

   Le centenaire : Oui, je ...... **depuis** longtemps ! Je ...... **pendant** la dernière Guerre mondiale.

Conversation en écho

Deux personnes se rencontrent. L'une raconte un événement de sa vie (*passé composé*). L'autre considère le résultat de cet événement (*présent*).

Faites parler ces deux personnes en employant *il y a* et *depuis*, selon les cas.

> Événement : Se marier.
> — Je **me suis mariée**, il y a trois mois.
> Résultat : être marié(e)
> — Ah bon ! **vous êtes mariée depuis** trois mois !

1. Événement : s'installer à Paris.
— ......
Résultat : habiter à Paris.
— ......

2. Événement : trouver un travail.
— ......
Résultat : travailler.
— ......

3. Événement : cesser de fumer.
— ......
Résultat : ne plus fumer.
— ......

4. Événement : rencontrer Gilles Durand.
— ......
Résultat : connaître Gilles Durand.
— ......

5. Événement : s'inscrire à un cours de français.
— ......
Résultat : suivre un cours de français.
— ......

 Avec le temps tout s'explique !

Complétez les informations suivantes en employant l'*imparfait* et le *plus-que-parfait* selon les cas.

Le *plus-que-parfait* marque qu'une action a eu lieu avant le moment passé dont on parle (*imparfait* ou *passé composé*).

> Gilles **savait** qu'il y **avait** une grève à l'aéroport parce qu'il l'**avait lu** dans les journaux du matin.

venir

inviter

savoir

arriver

écrire

savoir

attendre

prévenir

1. Gilles ...... en France parce que Jacky l'......

2. Jacky ...... à quelle heure Gilles ...... parce qu'il lui ...... la semaine précédente.

3. Gilles ne ...... pas que Cécile l' ...... à l'aéroport.
Jacky ne l' ......

Exercices

4. Gilles ...... Jacky aux États-Unis, mais il ne ...... Cécile.

5. En arrivant à l'aéroport, Cécile a demandé à Jacky comment elle ...... Gilles.

6. Jacky lui a raconté qu'ils ...... au congrès d'informatique.

7. Puisque les jeunes femmes ...... à Air-Canada, elles ...... que l'avion ......

8. Gilles n' ...... Jacky qu'il ...... partir pour Montpellier.

rencontrer
connaître
connaître
se rencontrer
s'informer
savoir
avoir du retard
prévenir
vouloir

 Le roman de Gilles

Complétez le roman de Gilles en employant le *plus-que-parfait*.

Enfin l'avion atterrissait. Les passagers étaient fatigués parce qu'ils n'**avaient** pas **pu** dormir pendant le voyage.

quitter
voir
changer
attendre
entendre
oublier
voler
acheter

1. Il était enfin à Paris. Il ...... Montréal la veille.

2. Il découvrait une ville qu'il ......

3. Quand il a reconnu Jacky, il s'est dit qu'elle...... depuis le congrès de New York.

4. Il est allé tout de suite vers Jacky et Cécile, qui l' ...... depuis vingt minutes parce que l'avion avait du retard.

5. Cécile a été surprise par l'accent de Gilles. Elle ...... parler québécois avant.

6. En arrivant à l'hôtel, Gilles a eu un petit problème. Il s'est rendu compte qu'il ...... une de ses valises à l'aéroport.

7. Le lendemain, ils sont retournés pour récupérer cette valise. Malheureusement, elle ...... par un inconnu.

8. Gilles était très malheureux parce que cette valise contenait tous les cadeaux qu'il ...... pour ses amis français.

9 *Encore quelques questions, s'il vous plaît ?*

Complétez ces dialogues en employant un pronom relatif *qui, que, dont, où,* selon les cas.

— Jacky, qui est Gilles ?
— C'est un Canadien **que** j'ai rencontré à New York, et **qui** est informaticien

1. — Gilles, qu'est-ce que vous lisez, là ?
   — C'est un ouvrage d'informatique ...... à Montréal et ...... je vous ...... il y a six mois.

2. — Mais qui est Jacky ?
   — C'est un prof d'anglais ...... à New York et ...... à l'informatique.

3. — L'informatique ? qu'est-ce que c'est ?
   — C'est une science ...... beaucoup en ce moment ! C'est une science ...... la face du monde !

4. — Je vous emmène à l'hôtel ?
   — Quel hôtel est-ce ?
   — C'est un hôtel ...... le long de la Seine et ...... pour vous.

5. — Qui est Cécile ?
   — C'est une amie ...... dans la publicité et ...... , il y a deux ans, à Expo-Langues.

6. — Gilles, qu'est-ce que c'est que ce nouveau logiciel ?
   — C'est un logiciel ...... les Américains ...... , et ...... spécialement pour eux.

7. — Gilles, vous allez à Montpellier ?
   — Oui, parce que c'est la ville ...... la meilleure équipe d'informatique.

8. — Qui sont Pierre et Michel ?
   — Ce sont des amis ...... je vous ...... et ...... je vous ...... dans quelques jours.

acheter

parler de

aller

s'intéresser

parler de

changer

se trouver

choisir

travailler

connaître

avoir besoin de

créer

se trouver

parler de

présenter

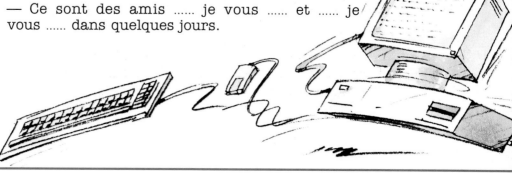

VOTRE grammaire

Deux manières d'indiquer la durée

● **Il y a / dans**

L'avion arrive (arrivera) **dans** vingt minutes.
Je suis parti **il y a** vingt-quatre heures.

il y a ⟵ × ⟶ dans	
Passé composé	*Présent/futur*

● **Il y a ... que / Depuis / pendant**

• **Il y a... que – depuis :** *l'action dure encore.*

Il y a longtemps **que** je m'intéresse à l'informatique.
Je m'y intéresse **depuis** longtemps.
Je n'ai pas dormi **depuis** vingt-quatre heures.
Il y a vingt-quatre heures **que** je n'ai pas dormi.

il y a + *durée* + **que** + *présent / passé composé négatif*
Présent / passé composé négatif + **depuis** + *durée*

• **Pendant :** *l'action est terminée.*

On a attendu **pendant** des heures.

Passé composé + **pendant** + *durée*

Remarque : avec certains verbes : *attendre, vivre, rester, habiter…* , il n'est **pas nécessaire** d'utiliser la préposition **« pendant »** : Vous n'avez pas attendu trop longtemps.

Emploi du plus-que-parfait*

Vous saviez que l'avion avait du retard ?
J'**avais téléphoné** avant de partir.
C'est lui qui **avait créé** le logiciel dont je t'ai parlé.

Le *plus-que-parfait* renvoie à une action qui a eu lieu ***avant le moment du passé auquel on se situe*** :

Je savais que l'avion avait du retard parce que j'avais téléphoné (*avant*).
Je t'ai parlé du logiciel qu'il avait créé (*avant*).

---

* Cf.Unité 3 p. 70.

Mise en relief

La mise en relief est un procédé très employé à l'oral.

● **Personnes et objets :**

C'est lui   **qui**   a créé le logiciel.
C'est toi   **qui**   l'as invité.
C'est le logiciel **que**   tu m'as montré.
C'est le logiciel **dont** je t'ai parlé.

On met en relief les personnes et les objets en utilisant un ***pronom relatif*** qui varie selon la fonction :

C'est ... **qui** (*sujet*).
C'est ... **que** (*objet direct*).
C'est ... **dont** (*objet indirect*).

● **Circonstances :**

C'est là   **que**   je l'ai rencontré.
C'est ici   **que**   j'habite.
C'est à Paris   **qu'**   il travaille.
C'est à dix heures **que**   l'avion part.

On met en relief les circonstances en utilisant la ***conjonction*** « que ».

Pronom « y »

— Tu **t'intéresses à l'informatique** ?
— Je m'**y** intéresse depuis longtemps.

Le pronom « **y** » ***remplace un complément d'objet*** lorsque le verbe est régi par la préposition « **à** ».

NB : Ne pas confondre avec *demander, dire, parler à quelqu'un.* Exemples : Il **lui** demande, il **lui** parle.

— Tu **es allée au Canada** ?
— Oui, j'**y** suis allée après le congrès.

Le pronom « **y** » ***remplace un complément de lieu*** employé avec la préposition « **à** ».

Pronom « en »

— Je t'**ai parlé du logiciel**.
— On **en** parlera dans la voiture.

— Tu **viens du Canada**.
— J'**en** viens.

Le pronom « **en** » ***remplace un complément d'objet ou de lieu*** employé avec la préposition « **de** ».

DÉCOUVREZ les sons

1 ▶ **Écoutez l'enregistrement et mettez une croix (✕) dans la bonne colonne.**

	J'entends [ɛ] : Il **est** parti	J'entends [a] : Il l'**a** pris.
1.		
2.		
3.		
4.		
5.		
6.		
7.		
8.		
9.		
10.		

2 ▶ **Écoutez l'enregistrement et mettez une croix (✕) dans la bonne colonne.**

	J'entends [e] : vous l'av**ez** porté *(Passé composé)*	J'entends [je] : vous l'av**iez** porté *(Plus-que-parfait)*
1.		
2.		
3.		
4.		
5.		
6.		
7.		
8.		
9.		
10.		

3 ▶ Écoutez l'enregistrement et mettez une croix (✕) dans la bonne colonne.

	J'entends [i] : Part**i** !	J'entends [e] : Part**ez** !
1.		
2.		
3.		
4.		
5.		
6.		
7.		
8.		
9.		
10.		

4 ▶ Écoutez les questions enregistrées et répondez selon le modèle.
— Vous l'avez **lu** ou **entendu** ?
— **Entendu**, ça c'est **sûr** !

5 ▶ Écoutez les questions enregistrées et répondez selon le modèle.
— C'est la première fois que vous **voyiez** ce film ?
— Non, je l'avais déjà **vu** en **quatre-vingt huit**.

6 ▶ L'intonation de la mise en relief.
La voix monte sur le mot mis en relief. Répétez après le modèle.
C'est à **New York** que je l'ai rencontré.

7 ▶ Répondez aux questions en mettant l'information correcte en relief.
— Ils se sont rencontrés à Montpellier ? (New York)
— Ah non ! c'est à **New York** qu'ils se sont rencontrés !

Amusement sonore

Amnésie voulue ?

On s'était bien connus
et puis, un jour,
je ne sais plus quand...
il a disparu.

Mais, depuis, j'en suis sûre,
je l'ai parfois aperçu
dans la rue.
Je ne sais plus...
s'il m'a reconnue.

Mais moi, du moins,
j'étais sûre que c'était lui...
J'ai dû l'appeler...
mais il n'a pas répondu.
Pourtant...
j'ai cru parfois
que je l'avais entendu.

Je ne sais plus...
ce qu'il est devenu
mais...
depuis qu'on s'est perdu de vue,
je ne l'ai plus attendu.

Raconter son passé professionnel

La pause café dans une grande entreprise de construction

 Vous aviez à cette époque l'intention d'enseigner à l'université, n'est-ce pas ? ...

En fait, j'y ai enseigné quelque temps...

Je ne m'entendais pas très bien avec mon patron. Nous n'avions pas les mêmes conceptions en matière d'urbanisme...

Non, je suis pris. Je reçois l'équipe allemande...

Celle de Munich ? ...

Oui, c'est ça ...

Activités

• **Repérages**
Relevez les principales étapes professionnelles de la vie de Jacques Maris (ce qu'il a fait, où il a travaillé,...).
Notez les termes qui désignent :
– la fonction professionnelle ou la relation professionnelle ;
– les lieux spécifiques de travail.

• Essayez de définir entre vous les responsabilités de chaque membre d'une entreprise.

Biographie d'un jeune financier

Un brillant jeune loup de la haute finance : L. A. Adamov

De jeunes « Énarques » à la sortie de l'École.

Financier et homme de marketing, L. A. Adamov n'a que trente-deux ans, mais avec ses lunettes et son début de calvitie, on lui en donne bien trente-cinq !

Ce brillant jeune cadre vient de réussir à négocier le rachat de Abiba pour le compte de J.T. Romy.

Pourtant, L. A. Adamov ne sort ni de l'ENA* ni de Polytechnique, ces prestigieuses grandes écoles qui forment les cadres supérieurs français. Il n'est pas encore très connu de l'« establishment » et son nom ne figure toujours pas dans le « Who's Who », cependant il ne sort pas de n'importe où ! Ses débuts d'homme d'affaires, il les a faits aux États-Unis, dans la puissante banque Estlark.

Dès 1979, L. A. Adamov avait créé à Paris sa propre entreprise avec deux camarades de l'école de commerce, Sup de Co**, dont ils étaient tous les trois diplômés. C'était une petite société d'édition spécialisée dans la fabrication de guides touristiques.

Son « Paris s'éveille », distribué gratuitement dans les grands magasins, fut diffusé à quatre cent mille exemplaires dès la première année.

C'était la publicité qui couvrait les frais, mais les trois associés eurent quand même de quoi se payer, cette année-là, un bon repas à la Tour d'Argent !

Bientôt, la petite maison d'édition réalisa un chiffre d'affaires de trois millions de francs. L. A. Adamov vendit alors toutes ses parts à ses associés et partit étudier aux États-Unis.

En 1984, il obtint le diplôme d'une prestigieuse école de commerce (Wharton). C'est alors qu'il entra à la banque Estlark où il se spécialisa dans l'achat et la vente d'entreprises pour le compte de grandes sociétés.

Il perfectionna son expérience de grand financier dans la filiale de Paris-Banque à New York.

Il y a dix-huit mois, Paris-Banque l'a appelé en France et voilà comment, un beau jour, il a pu proposer le rachat de Abiba à J. T. Romy !

Mais L. A. Adamov ne fait que commencer sa carrière.

---

* ENA : École Nationale d'Administration.

** Sup de Co : École Supérieure de Commerce.

Activités

• *Jeu de rôle :* « *Le nouveau* ».

Dans une entreprise dont vous choisirez la spécificité, le directeur présente un nouveau cadre à trois anciens de la maison : vous donnerez à ces quatre personnes une spécialité dans l'entreprise.

Après le départ du directeur, les quatre cadres discutent :

– Le premier interroge le nouveau sur son cursus universitaire et ses publications.

– Le second l'interroge sur son expérience professionnelle passée.

– Le troisième essaie de savoir comment le nouveau a fait pour entrer dans la compagnie.

• Rédigez la biographie d'une personne actuellement connue dans un domaine professionnel (finance, gestion, informatique, etc.).

Montréal vu de l'île Sainte-Hélène.

Bienvenue dans la « belle province »

**Le Canada ? non, ce n'est pas du tout « *quelques arpents de neige* »
comme l'écrivait Voltaire !**

Le Canada, c'est un immense pays presque aussi vaste que l'Europe entière. Un pays vingt fois plus grand que la France.

Malgré une superficie immense, le Canada est peu peuplé : vingt-cinq millions d'habitants dont six millions sont de langue française.
La majeure partie des Francophones vivent dans la province du Québec, mais il existe des communautés de langue française dans les neuf autres provinces, comme, par exemple, les Franco-Ontariens de Sudbury dans l'Ontario.

« *Mon pays, ce n'est pas un pays, c'est l'hiver* » chantait Gilles Vignault !
Le Canada, pays de climat continental, a de longs hivers très enneigés, d'où l'intérêt prononcé des Canadiens pour des sports tels que le hockey sur glace, le patinage, le ski, la luge, le moto-ski et la « pêche sous glace ».

◀ Un pêcheur dans la glace.

Le Canada, c'est aussi :
d'immenses réserves naturelles
avec des lacs, grands comme des mers,
de splendides étendues de forêts
qui attirent les amoureux de la nature,
des territoires encore sauvages
et peu peuplés
où le touriste peut rencontrer
le castor, l'orignal
ou l'ours noir en liberté.

La « belle province »

Les Québécois sont fiers de leur « belle province ». Ils veulent conserver leur identité culturelle et leur tradition linguistique. L'accent québécois, et parfois les « mots » québécois, ne sont pas tout de suite compris par un Français de France. C'est parce que les Québécois parlent entre eux un argot qui s'appelle le *joual*.

Les grandes villes francophones, Montréal et Québec, attirent beaucoup de touristes parce qu'on s'y amuse bien et qu'on y retrouve, dans certains quartiers, l'atmosphère des « Vieux pays ».

La fête nationale du Québec a lieu le 24 juin, c'est la Saint-Jean. Mais il y a aussi le carnaval en février et les « parties de sucre » qui réunissent familles et amis.

Le parc d'Algonquin au Canada.

Un pays bilingue

Dans ce pays bilingue, l'anglais et le français sont les deux langues officielles. Tous les textes administratifs sont écrits dans les deux langues. On doit normalement pouvoir obtenir des renseignements publics dans l'une ou l'autre langue…

Malgré cela, un grand nombre de Québécois revendiquent leur indépendance et, périodiquement, cette question provoque des tensions dans le pays.

Le château Frontenac dans le vieux Québec.

Informations administratives bilingues

À TOUS LES VOYAGEURS PAR AVION

Afin d'accélérer les procédures douanières au Canada, vous devez remplir la carte bleue qui vous est distribuée. Vous devez ensuite remettre cette carte à un inspecteur de douane dès l'arrivée au Canada.

Pour les enfants et les personnes handicapées, la déclaration peut être remplie par un parent ou un compagnon de voyage.

Si vous avez des questions concernant la déclaration ou les règlements canadiens, veuillez consulter l'inspecteur de douane à votre arrivée à l'aéroport.

ATTENTION ALL AIR TRAVELLERS

To speed up Canadian Customs formalities, you must complete the Blue Declaration Card which will be given to you on your flight to Canada.

You must hand the card to a Customs Inspector upon arrival in Canada.

Declaration Cards for children or handicapped persons may be completed by family members or fellow passengers.

If you have any questions about the Card or Canadian regulations, please ask the Customs Inspector when you arrive at the airport.

Comment on écrit l'histoire

Wolinski,
Le Nouvel Observateur,
22 mars 1985.

— A peine m'enfonçai-je dans les steppes orientales de la Mandchourie que, tout de suite, un problème — terrible — se posa : « pourrai-je supporter cette absence de contact, cette effarante solitude ? »

Sempé,
La grande panique,
© Denoël, 1965.

Histoires drôles

Raymond Devos

Directions faussées

Je vois mon gosse...
Il a cinq ans !
Il sort du catéchisme.
Il me dit :
— Papa !... Ce n'est pas bien ce que tu as fait !
Je lui dis :
— Qu'est-ce que j'ai fait ?
Il me dit :
— Tu m'as menti !
Je lui dis :
— Comment... je t'ai menti ? Qu'est-ce que je t'ai dit ?
Il me dit :
— Tu m'as dit que le Bon Dieu n'avait jamais eu de femme !
Je lui dis :
— Eh bien, oui ! C'est vrai, quoi... Le Bon Dieu n'a jamais eu de femme !
Il me dit :
— Alors, pourquoi au catéchisme, le curé dit toujours : « Le Bon Dieu et sa grande clémence* » ? [...]

---

* Jeu de mot sur *clémence* (nom commun qui signifie bonté, miséricorde) et *Clémence* (nom propre qui est un prénom féminin).

Raymond Devos

Les parcmètres

Les parcmètres, c'est une tricherie !
Vous savez que ça rapporte une fortune
aux pouvoirs publics ?
Une fortune !
Je le sais parce que mon voisin
s'est fait installer un
petit parcmètre* clandestin devant chez lui...
Tous les soirs, il va retirer la recette...
Il vit bien !
Il s'est même acheté une voiture !
Evidemment, il l'a mise devant
son parcmètre.
Depuis, il ne fait plus un rond.
Mais ça, c'est de sa faute !

---

* *Je me suis fait installer un parcmètre* : j'ai fait installer un parcmètre pour moi.

Le visage en feu

J'arrive à un carrefour,
le feu était au rouge.
Il n'y avait pas de voitures,
je passe !
Seulement, il y avait
un agent qui faisait le guet.
Il me siffle.
Il me dit :
— Vous êtes passé au rouge !
— Oui ! il n'y avait pas de voitures !
— Ce n'est pas une raison !
Je dis :
— Ah si ! quelquefois, le feu est
au vert... Il y a des voitures et...
je ne peux pas passer !
Stupeur de l'agent !
Il est devenu tout rouge.
Je lui dis :
— Vous avez le visage en feu !
Il est devenu tout vert !
Alors, je suis passé !

Félicité

Il y a des expressions
curieuses !
Hier au soir,
en sortant de scène,
un monsieur me dit :
— Je me félicite* de votre
succès !
Je lui dis :
— ... Mais... vous n'y êtes
pour rien !
Et puis,
à la réflexion,
je me suis dit qu'il y était
tout de même pour quelque
chose !
Alors, j'ai rectifié.
Je lui ai dit :
— Monsieur... je vous
félicite de mon succès !

---

* *Se féliciter de quelque chose* : être heureux que quelque chose existe.

Activités

Les temps du récit

Observez les récits et relevez tous les temps/verbes qui servent à rapporter une action passée. Combien de temps sont utilisés ?

Par groupes de deux, faites un court récit. Choisissez le thème, les personnages, les actions. Vous devez utiliser tous les temps qui sont employés ci-dessus.

Raymond Devos, *Sens dessus dessous*, © Stock, 1976.

CULTURE

Être né quelque part ...

Chateaubriand

*Pour Chateaubriand, le lieu de naissance
est un lieu sinistre,
mais aussi un lieu de grandeur.*

La maison qu'habitaient alors mes parents est située dans une rue sombre et étroite de Saint-Malo, appelée la rue des Juifs : cette maison est aujourd'hui transformée en auberge. La chambre où ma mère accoucha domine une partie déserte des murs de la ville, et à travers les fenêtres de cette chambre on aperçoit une mer qui s'étend à perte de vue, en se brisant sur des écueils. J'eus pour parrain, comme on le voit dans mon extrait de baptême, mon frère, et pour marraine la comtesse de Plouër, fille du maréchal de Contades. J'étais presque mort quand je vins au jour. Le mugissement des vagues, soulevées par une bourrasque annonçant l'équinoxe d'automne, empêchait d'entendre mes cris : on m'a souvent conté ces détails ; leur tristesse ne s'est jamais effacée de ma mémoire. Il n'y a pas de jour où, rêvant à ce que j'ai été, je ne revoie en pensée le rocher sur lequel je suis né, la chambre où ma mère m'infligea la vie, la tempête dont le bruit berça mon premier sommeil, le frère infortuné qui me donna un nom que j'ai presque toujours traîné dans le malheur. Le Ciel sembla réunir ces diverses circonstances pour placer dans mon berceau une image de mes destinées.

Chateaubriand, *Mémoires d'Outre-tombe*, 1841.

Aïvazouski, *Tempête sur la mer la nuit.*

Activités

• Recherchez dans le texte le ou les adjectifs, noms ou verbes qui résument pour vous la « couleur » du texte.

• Relevez les caractéristiques suivantes :
– le lieu de la ville,
– le paysage,
– le temps,
– les événements de la naissance.

• Quelle phrase résume pour l'auteur le sentiment relatif à sa naissance ?

• **Reformulations**
Retrouvez dans le texte l'équivalent des mots ou des expressions en italique gras :
– La mer s'étendait ***jusqu'à l'horizon***.
– Le ***bruit*** des vagues.
– Je revois la chambre où ***j'ai eu le malheur de naître***.
– ***Je n'ai jamais pu oublier*** cette histoire.

Pour Bachelard, le lieu de naissance est un lieu qui incite à la rêverie poétique, un lieu de douceur.

Je suis né dans un pays de ruisseaux et de rivières, dans un coin de la Champagne vallonnée, dans le Vallage, ainsi nommé à cause du grand nombre de ses vallons. La plus belle des demeures serait pour moi au creux d'un vallon, au bord d'une eau vive, dans l'ombre courte des saules et des osières. Et quand octobre viendrait, avec ses brumes sur la rivière...
Mon plaisir est encore d'accompagner le ruisseau, de marcher le long des berges, dans le bon sens, dans le sens de l'eau qui coule, de l'eau qui mène la vie ailleurs, au village voisin. Mon « ailleurs » ne va pas plus loin. J'avais presque trente ans quand j'ai vu l'Océan pour la première fois. Aussi, dans ce livre, je parlerai mal de la mer, j'en parlerai indirectement en écoutant ce que disent les livres des poètes, j'en parlerai en restant sous l'influence des poncifs scolaires relatifs à l'infini. En ce qui touche ma rêverie, ce n'est pas l'infini que je trouve dans les eaux, c'est la profondeur [...]

Corot, *Souvenirs de Mortefontaine.*

Mais le pays natal est moins une étendue qu'une matière ; c'est un granit ou une terre, un vent ou une sécheresse, une eau ou une lumière. C'est en lui que nous matérialisons nos rêveries ; c'est par lui que notre rêve prend sa juste substance ; c'est à lui que nous demandons notre couleur fondamentale. En rêvant près de la rivière, j'ai voué mon imagination à l'eau, à l'eau verte et claire, à l'eau qui verdit les prés. Je ne puis m'asseoir près d'un ruisseau sans tomber dans une rêverie profonde, sans revoir mon bonheur... Il n'est pas nécessaire que ce soit le ruisseau de chez nous, l'eau de chez nous. L'eau anonyme sait tous mes secrets. Le même souvenir sort de toutes les fontaines.

Bachelard, *L'eau et les rêves,* © José Corti, 1942.

Activités

• Recherchez dans le texte le ou les adjectifs, noms ou verbes qui vous paraissent donner le mieux la « couleur » du texte.

• Quelle est la signification de l'eau pour Bachelard ?

• Est-ce qu'il suit la pensée courante en ce qui concerne l'eau de mer ? Quel mot signifie son point de vue sur cette pensée courante ?

• Relevez les éléments du lieu de naissance qui influencent la pensée.

• Ces éléments ont un caractère universel : quelle phrase de Bachelard résume cette idée ?

• **Reformulations**
Retrouvez dans le texte l'équivalent des mots ou des expressions en italique gras:
– J'**aimerais habiter** dans **le fond** d'une vallée.
– J'**aime beaucoup marcher le long** d'une rivière.
– **Cela suffit** pour satisfaire mon désir.
– Le pays natal est un **élément**.

Chronos : le temps...

"*C*'est différent, étrange, bizarre, incompréhensible !"
Voilà la première impression que l'on peut avoir, quand on arrive dans un pays dont on ne partage pas la culture.

Une chose qui peut paraître « *bizarre* », par exemple, c'est la fonction sociale du temps... Regardez les Parisiens : ils n'ont pas le temps, ils sont toujours pressés, ils courent dans le métro, ils se dépêchent vers les gares, ils n'ont pas un instant à perdre.

« *Vite, vite, vite* » tout va vite à Paris. Et pourtant, les Parisiens trouvent presque normal de faire attendre les autres. « *Vous me donnez une petite minute ?* » demandent-ils pour aller faire autre chose, même pendant un rendez-vous d'affaires. Ou encore : « *Excusez-moi, je passe un coup de téléphone, je n'en ai que pour un petit moment* ».

Le petit moment, la petite minute, peuvent paraître très longs pour celui qui attend, surtout s'il vient d'un autre pays...

Le non-Parisien pense alors qu'une des bizarreries des Parisiens c'est de faire attendre les autres.

Dans les bureaux, à neuf heures du matin, il est très difficile de joindre un responsable : « *il n'est pas encore arrivé* » ou « *il est en réunion* ». Entre midi et trois heures, le responsable n'est pas là : « *il a un déjeuner d'affaires* ». Après cinq heures, il est sûrement au travail, mais le standard téléphonique ne répond plus. Les standardistes qui travaillent, elles, depuis neuf heures du matin, sont maintenant rentrées chez elles.

Dans une même administration parisienne, le travail des uns et des autres n'est pas toujours synchronisé. Ceux qui sont là pour vous répondre à neuf heures n'ont pas le pouvoir, et ceux qui ont le pouvoir, vous ne pouvez pas souvent les contacter dans leur bureau : ils sont « *absents* » ou « *occupés* ».

Et dans la vie privée ? est-ce la même chose ? Faites donc l'expérience de téléphoner chez quelqu'un à partir de six heures du soir. En général, vous tomberez sur un enfant qui vous dira : « *papa et maman ne sont pas encore rentrés* » et il ajoutera très poliment : « *vous ne voulez pas laisser un message ?* ».

Mais le plus bizarre encore, c'est de trouver un Parisien qui arrive à l'heure. Le soir, par exemple, vous fixez un rendez-vous à vingt et une heures, pour dîner au restaurant.

Ne soyez pas surpris si monsieur Parisien ou madame Parisienne sont en retard : « *pardon, excusez-moi ! mais quelle circulation ! j'ai tourné une demi-heure avant de trouver une place pour garer ma voiture* ».

Enfin, une dernière particularité qui étonnera sans doute le voyageur : ne téléphonez surtout pas chez quelqu'un après vingt-deux heures, « *ce ne sont pas des façons !* » et vous seriez mal considéré...

Discussion

Trouvez les expressions qui, chez vous, parlent du temps et des horaires en particulier.

Est-ce que ces expressions indiquent un comportement semblable ou différent de celui des Français ?

COMPRÉHENSION orale

Interviews

❶ Approche globale

Écoutez l'enregistrement plusieurs fois. Ensuite, relevez ce que vous avez compris à propos des différents points traités dans les interviews.

1. Sujet global de ces documents :
......

2. Pour le premier cas :
– lieu de la rencontre :
......
– circonstances du moment décisif :
......
– résultats :
......

3. Pour le deuxième cas :
– lieu de la rencontre :
......

– circonstances du moment décisif :
......
– résultats :
......

4. Pour le troisième cas :
– lieu de la rencontre :
......
– circonstances du moment décisif :
......
– résultats :
......

❷ Approche détaillée

Recherchez dans l'enregistrement les expressions et les mots précis qui correspondent aux formulations indiquées en italique gras.

1. Pour le premier cas :
– On était ensemble *à la faculté* de droit : ......
– Tu vois *ces garçons*, là-bas ? : ......
– J'ai remarqué que Jef m'invitait à danser *toutes les danses lentes* : ......
– Il *est venu avec moi* jusqu'à la maison : ......
– Il faisait *très très froid*, mais nous ne sentions rien : ......
– Je *ressentais beaucoup d'émotion* parce que Jef me plaisait bien : ......
– A partir de ce moment *nous sommes toujours restés ensemble* : ......

2. Pour le second cas :
– On *est allés à l'école primaire* ensemble : ......
– Je la *protégeais* contre les autres *enfants* : ......
– Son père *est allé travailler* à Toulon : ......
– J'étais tout de suite *devenu une seconde fois* amoureux d'elle : ......
– Je suis allé *chez elle* avec *vingt-quatre roses rouges* : ......

3. Pour le troisième cas :
– Je *suis tout de suite tombée amoureuse* de lui : ......
– C'était le *dernier descendant* d'une famille très connue : ......
– Il *travaillait avec beaucoup de succès* dans la diplomatie : ......
– J'*ai été tout de suite* follement amoureuse de lui : ......
– Je *me suis mariée* avec un notaire : ......

❸ Activité
Racontez à votre manière l'histoire d'une rencontre amoureuse.

Magritte, *la Grande Guerre*, 1964.

Vous avez dit bizarre ?

Dans le TGV, Paris-Montpellier

A **« Si vous n'êtes pas content, vous pouvez toujours protester ! »**

Le contrôleur : Contrôle des billets. Vous n'avez pas de réservation ?

Gilles : Une réservation ? mais pour quoi faire ? J'ai trouvé une place libre ici.

Le contrôleur : Dans le TGV, la réservation est obligatoire, monsieur.

Gilles : Même s'il y a des places libres ?

Le contrôleur : Oui, monsieur. Et vous n'avez pas composté votre billet. Vous n'êtes pas en règle.

Gilles : Composter ? mais qu'est-ce que ça veut dire ?

Le contrôleur : Vous devez faire passer votre billet dans la machine à composter, avant de monter dans le train.

Gilles : Je ne comprends pas. Puisque c'est valable pour deux mois, mon billet est bon, non ?

Le contrôleur : Monsieur, c'est écrit sur le billet : « À COM POS TER » !

Gilles : Je ne pouvais pas savoir puisqu'on ne m'a rien dit quand j'ai acheté mon billet. C'est incroyable !

Le contrôleur : Vous devez payer une double amende. Soixante-quinze francs pour avoir oublié de composter et cent trente-sept francs pour ne pas avoir pris de réservation.

Gilles : Je ne paierai pas ! c'est inadmissible.

Le contrôleur : Si vous ne payez pas maintenant, ça vous coûtera trois fois plus cher.

Gilles : Quand on est étranger, on ne peut pas tout savoir, quand même !

Le contrôleur : Si vous n'êtes pas content, vous pouvez toujours protester auprès de la SNCF.

Contrôle de police, boulevard Saint-Michel à Paris.

B Il y a beaucoup de choses qui m'étonnent ici !

Gilles : Ah ! ce n'est pas possible ! deux cent douze francs d'amende ! Vous vous rendez compte ? C'est ridicule des choses pareilles.

Le voyageur : Vous avez raison, mais que voulez-vous, c'est le règlement.

Gilles : C'est complètement fou. Je ne suis pas d'accord avec ce système...

Le voyageur : Oui, mais qu'est-ce qu'on peut faire ? Le règlement, c'est le règlement.

Gilles : Moi, en France, il y a beaucoup de choses qui m'étonnent !

Le voyageur : Quoi, par exemple ?

Gilles : J'ai fait la queue au moins six heures pour obtenir un formulaire administratif.

Le voyageur : Ça ne m'étonne pas. Ils ne sont pas pressés dans l'administration.

Gilles : Mais le plus grave, c'est que la police m'a arrêté en plein Paris, boulevard Saint-Michel ! Je n'ai pourtant pas l'air d'un criminel.

Le voyageur : Pourquoi est-ce qu'on vous a arrêté ? Vous n'aviez pas vos papiers ?

Gilles : Non, bien sûr ! parce que chez nous il n'y a jamais de contrôle d'identité.

Le voyageur : Oui, mais ici, il y a beaucoup de clandestins, des gens qui n'ont pas de permis de séjour, alors vous comprenez !

Gilles : Ce qui est bizarre, c'est que, malgré tous vos règlements, il y a quand même beaucoup de fraude...

Le voyageur : Justement, ce n'est pas malgré, c'est à cause de nos règlements qu'il y a beaucoup de fraude !

DÉCOUVREZ les règles

Observez le sens
des mots en gras.

- Une réservation ? mais **pour quoi** faire ?

- **Pourquoi** est-ce qu'on vous a arrêté ?

Comparez l'emploi
des mots en gras.

- **Puisque** c'est valable pour deux mois, mon billet est bon, non ?

- Je ne pouvais pas savoir **puisqu**'on ne m'a rien dit.

- Je n'avais pas mes papiers, **parce que** chez nous il n'y a jamais de contrôle d'identité.

- C'est **à cause de** nos règlements qu'il y a beaucoup de fraude.

Observez les deux emplois
de *pour* et les deux formes
des *infinitifs*.

- Vous devez payer une double amende : soixante-quinze francs **pour** avoir oublié de composter et cent trente-sept francs **pour** ne pas avoir pris de réservation.

- J'ai fait la queue au moins six heures **pour** obtenir un formulaire administratif.

Observez les marques
de la concession.

- Quand on est étranger, on ne peut pas tout savoir, **quand même** !

- Je n'ai **pourtant** pas l'air d'un criminel.

- **Malgré** tous vos règlements, il y a **quand même** beaucoup de fraude.

MANIÈRES de dire

*Q*uand on a affaire à l'administration, il est indispensable de comprendre les règlements, il est aussi parfois nécessaire de dire que l'on n'est pas content et pourquoi.

1 **Relevez dans la situation pages 118 et 119 différentes formules servant à :**

exprimer l'**obligation** :

......

exprimer son **mécontentement** :

......

justifier son **comportement** :

......

2 **Autres manières d'exprimer son mécontentement :**

1. « Ça va pas la tête ? »
2. Et puis quoi encore ?
3. C'est quand même exagéré !
4. Vous dépassez les bornes !
5. Je me plaindrai à qui de droit !
6. Vous ne manquez pas de toupet !
7. C'est totalement injustifié !
8. Vous entendrez parler de moi !
9. Vous aurez de mes nouvelles !
10. Vous avez « un sacré culot », vous !

• Trouvez à laquelle de ces deux situations peuvent correspondre les dix expressions du mécontentement.

• Imaginez qui parle à qui et jouez la scène en respectant les registres de langue.

À VOUS de parler

1 **Jeu de rôles.**

1. Deux jeunes motocyclistes, sans casque, sont arrêtés par un agent de ville :
— l'agent de ville donne un coup de sifflet ;
— la moto s'arrête ;
— l'agent salue les jeunes sur la moto et il leur fait remarquer qu'ils ne portent pas de casque ;
— les jeunes expliquent que les casques sont dans le porte-bagages ;
— l'agent dit que le port du casque est obligatoire ;
— les jeunes justifient leur comportement comme ils peuvent ;
— l'agent donne ou ne donne pas de contravention.

2. La file d'attente à une station de taxi : un monsieur BC-BG (« bon chic, bon genre »), une dame d'un certain âge (ou une jeune femme), un chauffeur de taxi :
— la dame, qui est la première, appelle le taxi ;
— le monsieur se précipite et arrive le premier au taxi ;
— le chauffeur lui demande où il va ;
— le monsieur donne une adresse ;
— la dame proteste ;
— le monsieur justifie son comportement ;
— la dame répond. Elle n'est pas d'accord ;
— le monsieur propose une solution ;
— la dame accepte ou refuse.

2 **Faites-les parler :**

FRAPAR.

1 Des mots pour argumenter

Répondez aux questions suivantes en exprimant la cause avec *parce que, puisque*, **selon les cas.**

Sur le billet de Gilles, il est écrit « Valable pour deux mois ». Alors que dit Gilles au contrôleur ?
— **Puisque** c'est valable pour deux mois, mon billet est bon, non ?
Pourquoi Gilles n'avait-il pas ses papiers ?
— Je n'avais pas mes papiers **parce que**, au Canada, il n'y a jamais de contrôle d'identité.

1. Pourquoi Gilles a-t-il eu une double amende ?

......

2. Le billet de Gilles n'est pas composté, n'est-ce-pas ? Que lui dit le contrôleur ?

......

3. Gilles refuse de payer son amende immédiatement. Que lui dit le contrôleur ?

......

4. Pourquoi Gilles refuse-t-il de payer immédiatement son amende ?

......

5. Gilles n'est pas content et il le dit. Que lui répond le contrôleur ?

......

6. Pourquoi le voyageur est-il surpris en apprenant que Gilles a été arrêté par la police ?

......

7. C'est un fait : Gilles n'a pas pris de réservation. Que lui dit le contrôleur ?

......

8. Pourquoi Gilles n'a-t-il pas pris de réservation ?

......

2 « Un train peut en cacher un autre »

Répondez aux questions suivantes en utilisant *pour + infinitif présent* **lorsqu'il signifie le but et** *pour + infinitif passé* **marquant la cause.**

— **Pourquoi** avez-vous fait la queue pendant six heures ?
— J'ai fait la queue **pour obtenir** un formulaire (*but*).
Pourquoi Gilles a-t-il payé une amende ?
Gilles a payé une amende **pour** ne pas **avoir composté** son billet (*cause*).

Exercices

1. Gilles prend le TGV **pour quoi** faire ?

......

2. Gilles va à Montpellier, **pour quoi** faire ?

......

3. Pourquoi Gilles doit-il payer une amende de cent trente-sept francs ?

......

4. Pourquoi Gilles a-t-il eu des problèmes avec la police ?

......

5. Gilles a fait la queue pendant six heures, **pour quoi** faire ?

......

5. Pourquoi Gilles payera-t-il son amende trois fois plus cher ?

......

7. Gilles va écrire à la SNCF, **pour quoi** faire ?

......

8. Gilles n'a pas respecté le règlement. Il devra donc payer une double amende. Que lui dit le contrôleur ?

......

Pour vous aider :

Gilles :

– va à Montpellier,

– doit rencontrer des informaticiens français,

– a oublié de prendre une réservation de TGV,

– est sorti sans ses papiers d'identité,

– a obtenu un formulaire administratif,

– a refusé de payer son amende immédiatement,

– va se plaindre à la SNCF.

3 *Gilles raconte ses malheurs à Jacky.*

Terminez les phrases de Gilles en marquant la concession avec *pourtant, quand même* **et** *malgré.*

Gilles pense que, parce qu'il ne connaissait pas le règlement, il ne devrait pas payer d'amende, mais :

— J'ai expliqué au contrôleur que personne ne m'avait rien dit, **pourtant** il m'a donné une amende.

— J'ai expliqué au contrôleur que personne ne m'avait rien dit, il m'a **quand même** donné une amende.

— J'ai expliqué au contrôleur que personne ne m'avait rien dit, **malgré mon explication**, il m'a donné une amende (ou : **malgré cela**, il m'a donné une amende).

1. Je n'ai pas l'air d'un criminel, ...

2. J'avais un rendez-vous à neuf heures pour obtenir un formulaire, ...

3. Je leur ai expliqué qu'au Canada on n'avait pas besoin de carte d'identité, ...

4. Mon billet était bien valable deux mois, ...

5. Il y avait beaucoup de places libres dans le TGV, ...

Pour vous aider :

Gilles a été arrêté par la police.

Il a fait la queue au moins deux heures.

Les policiers l'ont arrêté et conduit au poste de police.

Il a reçu une amende dans le TGV.

Il faut prendre une réservation pour voyager en TGV.

4 « *Il n'y a pas d'effet sans cause* ».

Transformez les énoncés suivants en utilisant *à cause de* + *un nom*.

> Cécile et Jacky ont attendu vingt minutes à l'aéroport **parce que** l'avion avait du retard.
> Cécile et Jacky ont attendu vingt minutes à l'aéroport **à cause du retard de l'avion** (ou : **à cause de l'avion qui avait du retard**).

1. Il y a beaucoup de fraude **parce qu'**il y a trop de règlements !

......

2. Cécile ne comprend pas bien Gilles **parce qu'**il a un drôle d'accent.

......

3. Gilles doit payer une amende **parce que** son billet n'est pas composté.

......

4. Gilles n'est pas content **parce qu'**il doit payer une amende.

......

5. Selon le voyageur, la police fait des contrôles d'identité **parce qu'**il y a beaucoup de clandestins.

......

5 *Lettre aux amis du Québec*

Gilles rédige une lettre à ses amis québécois pour leur raconter ce qu'il a trouvé de bizarre en France.
Relisez la situation (A et B) avant d'écrire cette lettre.

......

6 *Lettre de protestation à la SNCF*

Rédigez la lettre que Gilles doit écrire à la SNCF en exprimant les causes de son mécontentement (*puisque/parce que/à cause de...*), et en mettant en opposition le règlement et ses bonnes intentions (*pourtant/quand même/malgré...*).
Pour terminer, vous montrerez votre étonnement que de telles choses se produisent (*je suis surpris/je ne comprends pas/cela m'étonne...*).

......

VOTRE grammaire

Finalité et cause

pour

« **Pour** » peut exprimer la *finalité* :

> Je suis venu à Paris **pour** mes affaires.
> Je suis venu à Paris **pour** vous.
> Je suis venu à Paris **pour** travailler.

« **Pour** » peut s'employer avec un *nom*, un *pronom* ou un *verbe*. (Dans ce cas, il est suivi de *l'infinitif présent*).

Remarque : « **pour quoi** » en deux mots, comme dans l'expression :« pour quoi faire ? », signifie « pour faire quoi ? ».

« **Pour** » peut exprimer la *cause* :

> Il a eu une amende **pour** avoir oublié de composter son billet.

Dans ce cas, il est suivi de *l'infinitif passé*.

pourquoi ? parce que...

« **Pourquoi** », en un seul mot, exprime l'*interrogation sur la cause*.

> **Pourquoi** avez-vous eu une amende ?
> **Parce que** je n'avais pas composté mon billet.

Cause et conséquence

puisque – parce que – comme

> **Comme** il n'avait pas composté, il a eu une amende.
> **Parce qu'**il n'avait pas composté, il a eu une amende.
> **Puisque** c'est valable pour deux mois, mon billet est bon.

« **Puisque** » introduit une *cause* qu'on appelle « *évidente* ». Il s'utilise dans un discours plutôt affectif où le locuteur énonce la cause comme une évidence partagée par son interlocuteur.

Remarque : Dans le cas de « **puisque** » et de « **parce que** », l'*ordre des propositions est interchangeable* (la cause peut être mise au début ou à la fin de la phrase). On peut dire : « Mon billet est bon **puisque** c'est valable pour deux mois. J'ai eu une amende **parce que** je n'avais pas composté ».

à cause de

« **À cause de** » exprime la *cause* et est toujours suivi d'un *nom* ou d'un *pronom* :

>   Il a été licencié **à cause de** sa maladie.
>   Il a été malade, c'est **à cause de** cela qu'il a été licencié.
>   J'ai quitté mon travail **à cause de** lui.

Expression de la concession

bien que – malgré – pourtant (quand même)

On appelle « *concession* » une forme de raisonnement fondé sur *l'exception à la règle générale*.

Exemple de règle générale :

>   Quand on n'a pas composté, on paie une amende.

Phrases concessives :

>   **Bien qu'**il n'ait pas composté, il n'a pas eu d'amende.
>   Il n'a pas composté et **pourtant** il n'a pas eu d'amende.
>   Il n'a pas composté et **malgré** cela il n'a pas eu d'amende.

« **Bien que** » est suivi d'un verbe au *subjonctif*.
« **Pourtant** » est suivi d'un verbe à l'*indicatif*.
« **Malgré** » est suivi d'un *nom* ou d'un *pronom* :

>   **Malgré sa fatigue**, il a gagné la course.
>   Il était fatigué et, **malgré cela**, il a gagné sa course.

« **Quand même** » est une *forme atténuée de la concession*.
Il s'emploie dans le *discours affectif* :

>   Quand on est étranger, on ne peut pas tout savoir,
>   **quand même** !

La *règle générale* est :

>   Il faut connaître le règlement.

La *phrase concessive* est :

>   Je ne peux **quand même** pas tout savoir !

DÉCOUVREZ les sons

1 ▶ **Écoutez les intonations et marquez une croix (×) dans la bonne colonne.**

La graphie « **in** » se prononce [in] devant une voyelle ou un *h* muet et [ɛ̃] devant une consonne.

	J'entends [in] comme dans : **in**admissible	J'entends [ɛ̃] comme dans : **in**croyable
1.		
2.		
3.		
4.		
5.		
6.		
7.		
8.		
9.		
10.		

2 ▶ **Mettez dans la bonne colonne les mots suivants :**

		Se prononce [in]	Se prononce [ɛ̃]
1. Inhumain	**1.**		
2. Incertain	**2.**		
3. Inhabituel	**3.**		
4. Indécis	**4.**		
5. Inaudible	**5.**		
6. Incroyable	**6.**		
7. Inadmissible	**7.**		
8. Incalculable	**8.**		
9. Insupportable	**9.**		
10. Infaisable	**10.**		

3 ▶ **L'intonation exprimant l'obligation. Écoutez l'enregistrement et répétez après le modèle.**

Le règlement, c'est le règlement.

4 ▶ **L'intonation exprimant le mécontentement. Écoutez l'enregistrement et répétez après le modèle.**

Ce n'est vraiment pas juste quand même !

5 ▶ **L'intonation pour justifier son mécontentement. Écoutez l'enregistrement et répétez après le modèle.**

Mais puisque je vous dis que je ne le savais pas !

6 ▶ **Écoutez l'enregistrement et réagissez en montrant votre mécontentement selon les modèles de réaction suivants.**

1. C'est quand même incroyable !
2. C'est inadmissible !
3. Il y a de l'abus, quand même !
4. Ce n'est quand même pas juste !
5. Ce n'est pas possible des choses pareilles !

7 ▶ **Écoutez l'enregistrement et réagissez pour montrer votre mécontentement selon les modèles de réaction suivants.**

1. Mais puisque je ne savais pas !
2. Même si je paie maintenant ?
3. Il est pourtant bon mon billet !
4. Mais puisque j'attends depuis une heure !
5. Pourtant je croyais que c'était possible !

Amusement sonore   *« Montrez patte blanche et on vous ouvrira. »*

Tout est en règle

Certificat de naissance…
Certificat de nationalité…
Certificat d'études…
Certificat d'aptitude professionnelle…
Certificat de vie…
Certificat de mariage…
Certificat de divorce…
Certificat d'arrêt maladie…
Certificat de maladie…
Certificat de décès…
Tout est certifié conforme !
Vous êtes bien mort.
Adieu, monsieur..

S'il vous plaît !

Votre carte de sécurité sociale ?
Votre carte d'identité ?
Votre carte de séjour ?
Votre carte grise ?
Votre carte orange ?
Votre carte vermeille ?
Votre carte bleue ?
Votre carte professionnelle ?
Ah ! bleu, blanc, rouge !
passez, monsieur,
je vous donne
carte blanche…

Voyageur sans permis

Permis de séjour ?
Permis de travail ?
Permis de transport ?
Permis de conduire ?
Permis de construire ?

Permis d'inhumer ?
Ah ! je regrette,
vous ne serez pas enterré.
Revenez avec le permis.
Au revoir, monsieur.

Itinéraire Bis

Obtenir des renseignements administratifs

La Bibliothèque nationale.

Ce n'est pas toujours facile d'avoir le bon service !

Pourriez-vous me passer le service des reproductions, s'il vous plaît ? ...

Ne quittez pas ...

Je suis bien au service des microfilms ? ...

Quel numéro avez-vous demandé ? ...

Ah ! ici, c'est le 82-29, et je ne peux pas vous répondre. Il faut appeler demain après dix heures ...

J'ai téléphoné trois ou quatre fois cet après-midi pour avoir le service des demandes de microfilms ...

Maquette de la future Bibliothèque de France.

Activités

• **Repérages**
Relevez les différentes formules :
– pour répondre comme standardiste d'un établissement ;
– pour demander un bureau spécifique à la standardiste ;
– pour vous assurer que vous parlez au service spécifique que vous avez demandé ;
– pour présenter la raison de votre appel téléphonique ;
– pour montrer votre mécontentement.

• Discutez entre vous pour choisir ce qui vous semble le plus bizarre dans cette communication téléphonique avec une administration.

130

Bizarrerie administrative

CAISSE D'ALLOCATIONS FAMILIALES DE LA MANCHE
63, Boulevard Amiral-Gochet   AVRANCHES

Adresse postale
50306 AVRANCHES CEDEX

Tél. : 83 68 62 70

Telex : CAF AVR 174 506 F   Télécopie : 33 56 36 92   C.C.P. PARIS 9356-48 Y

Réf. Départ.PRESTATIONS   Madame Mouchette Paulette
SECTION 3   12, rue de la Marinette
Tél. 33.68.62.78
Cq / Bm   50100 Cherbourg
Mouchette Paulette
Mle 0218456 R

Avranches, le 15 Juillet 1990

OBJET : Allocation de Logement.

Madame,

Suite à votre demande, nous vous informons que les personnes âgées accueillies à titre onéreux au domicile de particuliers doivent disposer d'une chambre d'au moins 9 m^2 pour une personne seule et de 16 m^2 pour deux personnes.

Des éléments rapportés par notre agent de contrôle, il ressort que vous occupiez, chez Madame La Mache, une chambre de 10,90 m^2 avec une autre personne.

De ce fait, nous nous trouvons dans l'obligation de rejeter votre demande.

Veuillez agréer, Madame, l'assurance de nos sentiments distingués.

Pour Le DIRECTEUR

M. Dupont

Michel DUPONT

Les folies de l'administration

C'est le grand titre de l'hebdomadaire *L'Événement du Jeudi* du 1er novembre 1990. Le dossier qui fait environ douze pages énumère différents cas de folie administrative dont voici deux exemples :

1. Chaque année, une personne âgée, Madame Suzanne L... reçoit de la Trésorerie Générale de la Seine-Maritime une lettre qui exige qu'elle aille chercher à la mairie une fiche individuelle d'état civil. Madame Suzanne L... envoie ce papier d'identité dans une enveloppe timbrée à 2,30 F. A quoi ça lui sert ? Elle obtient ainsi un chèque de 2,29 F pour une pension de retraite !
Madame Suzanne L... se demande si l'administration n'a pas perdu la tête ! Bien qu'elle écrive pour signaler qu'elle renonce à cette pension, l'administration continue à lui envoyer chaque année une lettre lui demandant d'aller chercher à la mairie une fiche individuelle d'état civil...

2. Voulez-vous en savoir encore plus sur la folie administrative ? Il paraît qu'à l'Institut National de la Consommation (INC),on n'a pas le droit d'utiliser les timbres envoyés par les consommateurs qui attendent une réponse. C'est pourquoi un employé passe son temps à les découper pour ensuite aller les faire rembourser au bureau de poste le plus proche (moins 7,50 % de leur valeur, réduction qui correspond au prix de la fabrication des timbres...). Pendant que cet employé découpe les timbres généreusement envoyés par les consommateurs, un autre employé est payé pour en coller de nouveaux. Mais ces timbres ont été officiellement achetés par l'INC qui peut ainsi toujours se justifier devant la Cour des Comptes...

L'Événement du Jeudi, 313, 1er- 7 novembre 1990.

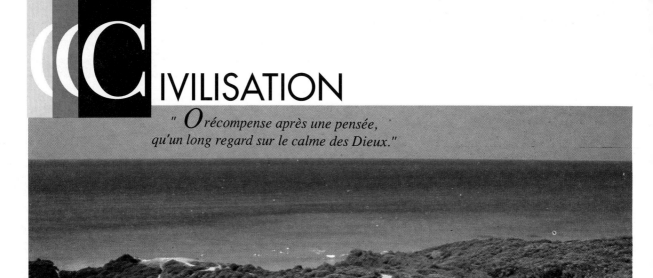

((CIVILISATION

" O récompense après une pensée,
qu'un long regard sur le calme des Dieux."

* Ce vers célèbre du « *Cimetière marin* » de Paul Valéry évoque la mer qui longe la côte du Languedoc. « *La mer toujours recommencée* » disait Valéry dans ce même poème.

Le pays occitan

Le Languedoc est une des provinces les plus riches en histoire.

Le Languedoc romain

La région fut peuplée par les Romains qui y laissèrent de magnifiques œuvres architecturales, parmi lesquelles le Pont-du-Gard (un aqueduc) et les arènes de Nîmes.

« Oc » et « Oïl »

Le nom de la province du Languedoc est tiré de la langue parlée par ses habitants pendant des siècles : la langue d'Oc. Au XIIᵉ siècle, en effet, la France comportait deux grandes unités culturelles et linguistiques : la France du Sud et la France du Nord. Dans la France du Sud, « oui » se disait « oc » du latin « *hoc* ». Au Nord, on disait « oïl », du latin « *hoc ille* ». La France du Sud était latine, la France du Nord était plus marquée par les civilisations celtes (les Gaulois) et normandes.
Au Moyen Âge, le Languedoc a créé une civilisation originale grâce à l'influence des croisades qui ont ouvert ce pays à la Méditerranée. À la cour des comtes de Toulouse, les troubadours chantaient l'amour courtois, alors que, dans le Nord, la poésie était marquée par les légendes d'origine celte : *Tristant et Iseult*, les *Chevaliers de la Table ronde*.

Un aqueduc romain : Le pont du Gard.

Les arènes de Nîmes.

La croisade des Albigeois

Albigeois est le nom des habitants de la ville d'Albi. Au Moyen Age, il désignait les hérétiques qui adoptèrent la religion cathare. Cette religion venait des communautés chrétiennes de l'Est de l'Europe. Elle était dominée par l'idée de la lutte entre le principe du bien et le principe du mal. L'homme devait viser la perfection* et retourner à la pureté des premiers chrétiens, en refusant les aspects matériels et corporels de la vie qui sont l'incarnation de Satan (le mal). C'est pourquoi les Cathares refusaient le mariage et la procréation.

Cette religion, considérée comme hérétique, fut combattue par les rois de France, Philippe Auguste et Louis VIII, qui profita de l'occasion pour écraser les puissants comtes de Toulouse et restaurer l'unité de la France.

* Les Parfaits étaient ceux qui recevaient le baptême de l'esprit.

Le rocher de Montségur. Sur ce rocher inaccessible, les Cathares résistèrent pendant un an aux Croisés qui étaient venus les assiéger. Après leur défaite, en 1244, trois cents d'entre eux furent brûlés. Ce lieu est le symbole de la résistance de la « *patrie occitane* ».

· ·

Entre mer et Garrigue

Entre la mer et la garrigue, s'étendent des étangs peuplés de flamants roses qui ont inspiré Charles Trenet, habitant du Languedoc.

De nos jours, la France est divisée en régions ou divisions administratives. La province, elle, représente une unité historique.

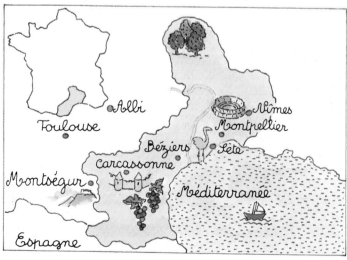

P. Daninos

Les Français vus par le major Thomson

*« La France est divisée
en 43 millions de Français. »*

Qu'est-ce qu'un Français ?

Comment définir ces gens qui passent leur dimanche à se proclamer républicains et leur semaine à adorer la Reine d'Angleterre, qui se disent modestes, mais parlent toujours de détenir le flambeau de la civilisation [...] qui placent la France dans leur cœur, mais leurs fortunes à l'étranger [...] qui détestent que l'on critique leurs travers mais ne cessent de les déni-

grer eux-mêmes [...] qui admirent chez les Anglais l'ignorance du « système D », mais se croiraient ridicules s'ils déclaraient au fisc le montant exact de leurs revenus [...] qui détestent franchir une frontière sans passer en fraude un petit quelque chose, mais répugnent à n'être pas en règle [...] qui ont un respect marqué pour les tribunaux, mais qui ne s'adressent aux avocats que pour mieux savoir comment tourner la loi, enfin qui sont sous le charme lorsqu'un de leurs grands hommes leur parle de leur grandeur, de leur grande mission civilisatrice, de leur grand pays, de leurs grandes traditions, mais dont le rêve est de se retirer, après une bonne petite vie, dans un petit coin tranquille, sur un petit bout de terre à eux, avec une petite femme qui, se contentant de petites robes pas chères, leur mitonnera de bons petits plats et saura, à l'occasion, recevoir gentiment les amis pour leur faire une petite belote.

Les Français et l'administration

On pourrait croire qu'un Français, n'étant pas mort, vit. C'est une erreur aux yeux de l'administration, il ne vit pas. Il lui faut d'abord un acte de naissance, ensuite un certificat de vie, quelquefois les deux.
Le citoyen qui pénètre dans un commissariat de police, une caisse de Sécurité Sociale, une mairie, me fait penser à un archer prêt à partir pour la guerre de Cent Ans. Armé de mauvaise humeur et pourvu de sarcasmes, il est d'avance certain qu'il n'obtiendra pas gain de cause, qu'il va être promené au bu-

Partie de cartes à la campagne.

bizarre !

reau 223 de l'entresol au guichet B du troisième étage, du troisième étage au commissariat de police, du commissariat à la préfecture, jusqu'à ce qu'il apprenne qu'un nouveau règlement le dispense du certificat demandé pour en exiger un autre, qui est le même que le précédent mais nécessite des formalités différentes.

Les Français sont galants

Quand un Français croise une jolie femme dans la rue, il regarde d'abord ses jambes pour voir si elle est aussi bien qu'elle en a l'air, se retourne pour avoir une meilleure vue de la question [...]
« *Les Français contemplent les femmes, les Anglais les croisent.* » Martine m'a raconté qu'un jour, encore jeune fille, mais déjà suivie, elle s'était précipitée vers un gardien de la paix pour lui dire : « Monsieur l'agent, cet homme me suit ! ». « Dommage que je ne puisse pas en faire autant, Mademoiselle ! » lui répondit l'agent tout en continuant à régler la circulation.

Les mœurs des Français

Le pays de la poignée de main, c'est la France [...]
Un Français de moyenne importance tel que Monsieur Taupin ou Monsieur Charnelet, passe (environ) trente minutes par jour, soit plus d'une année de vie de soixante ans, à serrer des mains à neuf heures, à midi, à deux heures, à six heures.
Pierre Daninos, *Les carnets du major Thomson*, © Hachette, 1954.

« *Les Français font des prodiges d'acrobatie pour serrer la main de personnes qui les laissent en général indifférents, mais parfois morts.* »

Lexique

Système D : de « débrouillard », qui se tire à son avantage de toutes les situations
travers : défaut
dénigrer : dire du mal de quelqu'un
fisc : contrôle fiscal (l'administration qui gère les impôts)
revenus : sommes gagnées par son travail ou ses propriétés
en fraude : sans faire de déclaration à la douane
répugner à : détester, ne pas aimer
mitonner : cuire doucement et longuement
archer : soldat qui combat avec un arc
sarcasme : moquerie méchante (malveillante)
obtenir gain de cause : avoir raison, gagner dans une discussion, un conflit
galant : qui a de la considération pour les femmes, qui est prêt à les aider
croiser : rencontrer quelqu'un qui marche en sens inverse

Notes grammaticales

- Un emploi du verbe pronominal : « *se proclamer républicain* », « *se dire modeste* » « *se croire ridicule* » ... ***Cette construction remplace une proposition complétive*** :
  – Ils proclament qu'ils sont républicains.
  – Ils disent qu'ils sont modestes.
  – Ils croiraient qu'ils sont ridicules (ils croiraient être ridicules).
- Les conjonctions de temps ***avant que*** et ***jusqu'à ce que*** sont suivies du *subjonctif*.
  Dommage que..., qui signifie le regret, est également suivi du *subjonctif*.

Activités

1. Qu'est-ce qu'un Français ?

– Citez, d'après vous, trois *défauts* des Français et trois *qualités*.

– Quel défaut vous paraît le plus grave, et quelle qualité la plus intéressante ?

– Résumez en une phrase la partie du texte qui commence par : « ... enfin qui sont sous le charme ... », et qui se termine par : « ... faire une petite belote ».

2. Les Français et l'administration

– Reformulez la première phrase du texte en utilisant la conjonction « puisque ».

– Citez les quatre administrations mentionnées dans le deuxième paragraphe.

– D'après ce texte, pour faire face à l'administration française, que faut-il : de la patience ? du courage ? ou toute autre qualité ou forme d'esprit ?

3. Les Français sont galants

– Est-ce qu'il vous paraît mal élevé ou sympathique de vous retourner sur une femme, ou sur un homme ?

– La galanterie est-elle un défaut ou une qualité ?

– Croyez-vous possible l'histoire de Martine et du gardien de la paix ?

4. Les mœurs des Français

– À quoi correspondent les heures auxquelles les Français se serrent la main ?

« *Le comportement d'un piéton français et d'un piéton anglais (psychodessin du professeur Walter Gœtz).* »

5. Activités sur l'ensemble des textes

• Dans ce portrait des Français :

Qu'est-ce qui vous surprend ?

Qu'est-ce que vous savez déjà ?

Avec quoi n'êtes-vous pas d'accord ?

– Je suis d'accord...

– Je ne suis pas d'accord...

– Je ne savais pas que ...

– Je croyais que ...

• Écrivez un paragraphe pour décrire les gens de votre pays d'une manière satirique.

6. Reformulations

Retrouvez dans les textes l'équivalent des mots ou des expressions en italique gras.

– ***Elle croit qu'elle*** est intelligente.

– ***Ils disent toujours du mal*** de leurs voisins.

– ***Elle n'aime pas*** avoir tort.

– Il ne la quitte pas, ***il est charmé par elle***.

– ***Il est faux de*** croire que les hommes naissent égaux.

– Dans ce pays, les hommes ***ne s'occupent pas beaucoup des femmes***.

– Puisque vous êtes malade, ***vous ne serez pas obligé de venir*** au cours de gymnastique.

– Je pense que tu n'es pas malade, ***je veux que*** tu fasses tes devoirs.

– En rentrant de la piscine, ***j'ai rencontré*** ton fiancé, il ne m'a pas vue.

– J'ai eu très peur, ***j'ai couru*** vers la porte.

– ***Tu parais*** très fatigué ce matin, qu'est-ce que tu as ?

Le cachet de la poste a fait mourir Amélie

Le facteur de Pécharmant aurait dû sonner deux fois à la porte d'Amélie Magne, veuve et retraitée de 62 ans. Le 4 janvier, à l'heure matinale de sa tournée, les volets étaient encore clos, ce qui lui fait songer à une vague consigne laissée la veille par son prédécesseur : « *La dame qui habitait là est morte* ». Sans autre vérification, le préposé apposa donc la mention « décédée » sur les lettres d'Amélie Magne et tout son courrier fut, à partir de ce jour, retourné à l'envoyeur. Quinze jours plus tard, bien vivante, mais étonnée d'être ainsi coupée du monde, Amélie guetta le facteur. Confus, il lui expliqua sa bévue et lui avoua que, par sa faute, elle avait été rayée du monde des vivants.

Entretemps, le décès d'Amélie Magne avait été enregistré auprès des banques et des différentes caisses de retraite et de maladie. Aucun organisme ne s'étant donné la peine de vérifier son décès, ses dossiers avaient été classés et sa pension de retraitée suspendue.

Amélie a dû remuer ciel et terre pour prouver sa résurrection administrative : « *J'ai dû*, dit-elle, *refaire tous mes papiers, les gens ne voulaient pas me croire* ». Difficile, en effet, d'expliquer à un employé de mairie qu'on vient chercher sur le registre des décès la preuve de sa bonne santé. Les PTT de Bergerac ont fini, deux mois et demi plus tard, par reconnaître leur erreur, mais Amélie en subira les conséquences jusqu'en juin, date à laquelle elle devrait de nouveau toucher sa pension de la Caisse agricole. La vieille dame n'envisage pas de poursuites, elle s'étonne finalement « *qu'un simple tampon de la poste puisse enterrer aussi vite des gens* ».

Libération, lundi 4 mai 1987.

Lexique

clos : fermés

songer : penser

consigne : mot d'ordre

décédé : mort

guetter : attendre en surveillant

bévue : erreur

avouer : admettre, reconnaître

remuer ciel et terre : faire beaucoup de démarches

toucher sa pension : recevoir l'argent de sa pension

tampon : cachet, marque administrative

poursuite : demande de réparation en justice

Activités

• **Questions :**

– Combien de fois le facteur a-t-il sonné ?

– Pourquoi a-t-il cru que la dame était morte ?

– Combien de temps est-elle restée sans courrier ?

– Comment a-t-elle fait savoir qu'elle était vivante ?

– Quelle a été la conséquence de l'erreur du facteur ?

– Comment Amélie a-t-elle fait pour prouver à l'administration qu'elle n'était pas morte ? Trouvez une seule formule pour exprimer l'idée.

– Au moment où le texte est écrit, est-ce qu'elle touche déjà sa pension ?

– Est-ce qu'elle va faire un procès à l'administration ?

– Quelle conclusion tire-t-elle de son aventure ?

• **Reformulations**

Trouvez dans le texte l'équivalent des mots ou des expressions en italique gras.

– Elle avait les yeux **fermés**, dormait, il **l'a surveillée en attendant** son réveil.

– Il a **finalement reconnu** son erreur.

– Personne n'**a essayé** de vérifier son travail.

– On m'a donné l'**ordre** de ne pas répondre au téléphone.

– Je **suis surprise** que vous n'ayez rien entendu.

– La poste est fermée, je ne peux pas aller **chercher l'argent** de mon chèque.

Notes grammaticales

• *Aurait dû* est le conditionnel passé du verbe *devoir*. Ce temps renvoie à une *action hypothétique* dans le passé, il signifie qu'elle n'a pas eu lieu : *le facteur aurait dû sonner* (mais il n'a pas sonné).

• *Aucun organisme ne s'étant donné la peine de...* s'étant donné est une *proposition participiale au passé* (participe présent + participe passé). Elle a une valeur *explicative*.

• *Lequel* est un *pronom relatif*.

• *Puisse* est le *subjonctif* du verbe *pouvoir*, ici, il dépend du verbe *s'étonner*.

A. Cohen

Albert Cohen.

Albert Cohen (1895-1981)
est né à Corfou en Grèce.
Il a fait ses études secondaires à Marseille,
et ses études universitaires à Genève
où il a obtenu la nationalité suisse.
D'abord avocat, puis fonctionnaire
à l'Organisation internationale pour les Réfugiés,
il a commencé très tôt sa vie d'écrivain
en collaborant à diverses revues,
dont la *Revue juive*.
Il a publié *Solal* (1930), *Mangeclous* (1938)
qui décrit la saga d'une famille juive orientale,
Le livre de ma mère (1954), *Belle du Seigneur* (1968),
merveilleux roman d'amour,
Les valeureux (1969), *Ô vous, frères humains* (1972)
et *Carnets* (1978).

Albert Cohen
est un des plus grands écrivains contemporains.
Son œuvre reflète son amour
de la langue française.
S'adressant à la France
dans « *Ô vous, frères humains* »,
il a écrit :
« Tu m'as formé à ton génie [...]
tu m'as donné ta langue [...]
ta langue qui est mienne et *pays de mon âme*,
ta langue qui m'est aussi une patrie. »

Belle du Seigneur

Arrivé devant le Palais des Nations, il le savoura. Levant la tête et aspirant fort par les narines, il en aima la puissance et les traitements. Un officiel, il était un officiel, nom d'un chien, et il travaillait dans un palais, un palais immense, tout neuf, archimoderne, mon cher, tout le confort ! « Et pas d'impôts à payer », murmura-t-il en se dirigeant vers la porte d'entrée. [...]

Après avoir ôté ses gants de pécari et son manteau marron pincé à la taille, il s'assit et examina aussitôt les quatre nouveaux venus, l'un après l'autre. [...] l'arrivée de nouveaux dossiers, aussitôt feuilletés avec avidité, lui apportait un peu d'air du dehors, était un événement piquant, une distraction, une diversion, et en quelque sorte la visite de touristes de passage à un solitaire cafardeux en son île déserte.
La lecture du quatrième dossier terminée, il s'offrit le plaisir de mettre en marge de la minute, devant une faute grammaticale d'un membre A, un point d'exclamation anonyme et vengeur. Il referma le dossier, soupira. Fini, le plaisir.

« Au travail ! » annonça-t-il, son veston du dehors dûment remplacé par un vieux aux manches lustrées. Avec les dents de devant, pour s'amuser, il croqua un morceau de sucre, puis saisit ses lunettes par la barre de liaison, les ôta d'un geste brusque pour ne pas en déformer les branches, en essuya les verres avec la peau de chamois qu'il gardait dans une tabatière d'écaille, les chaussa, s'empara d'un dossier sans en regarder le titre, l'ouvrit. Pas de veine, c'était le *Syrie (Djebel Druze)*, un dossier antipathique. Barrage mental pour le moment. À reprendre tout à l'heure. Il le referma, se leva et alla faire un brin de causette chez Danakis avec qui il échangea de prudentes médisances sur Pei, le Chinois récemment promu A.

Le Palais des Nations à Genève.

De retour quelques minutes plus tard, il rouvrit le *Syrie* (*Djebel Druze*), se frotta les mains, fit une provision d'air. Allons, au travail ! Il salua la solennelle décision en déclamant les vers de Lamartine.

> *Ô travail, Sainte loi du monde,*
> *Ton mystère va s'accomplir,*
> *Pour rendre la glèbe féconde,*
> *De sueur il faut l'amollir.*

Albert Cohen, *Belle du Seigneur*,
© Gallimard, 1968.

Activités

Recherchez dans le texte :

– Combien de scènes distinguez-vous dans cette description du travail d'un fonctionnaire ?

– Relevez les verbes, noms ou expressions qui désignent les sentiments du lecteur, son état d'esprit.

– Quelle métaphore résume ces sentiments ?

– Quelle est sa première réaction après la lecture ?

– Quels sont les gestes préalables au travail sur les dossiers ?

– Quelle est sa réaction au premier dossier ?

– Quelle en est la conséquence ?

– Pouvez-vous deviner le sens des mots suivants : *manches lustrées, médisances, promu A.*

– Donnez un titre à chaque paragraphe.

Notes grammaticales

La proposition au participe passé.
Le texte d'Albert Cohen illustre ce procédé utilisé en littérature. La proposition au participe passé a le sens d'une proposition complète et évite l'emploi de l'auxiliaire. Elle rend la phrase plus légère :
– « *Arrivé* devant le Palais des Nations » (quand il fut arrivé).
– « ... dossiers, aussitôt *feuilletés* avec avidité, ... »
– « La lecture du quatrième dossier *terminée*, ... »
– « *Fini*, le plaisir. »
– « ... veston du dehors, dûment *remplacé* par un vieux... »

Lexique

pécari : cuir fait avec la peau du pécari (sorte de cochon sauvage)
nouveaux venus : ici, nouveaux dossiers
cafardeux : de cafard, idées noires
chausser ses lunettes : mettre ses lunettes
veine : chance
faire un brin de causette : familièrement, bavarder
glèbe : terre

Un petit accent...

①

En France, il y a une langue nationale, le français, et des langues ou dialectes régionaux, comme l'occitan, parlé dans le Sud-Ouest, ou le breton qui se parle en Bretagne ; sans compter toutes les langues étrangères que continuent à pratiquer ceux qui ont choisi de s'installer dans l'Hexagone.

Si tout le monde parle le français, il ne faut pas croire que tous le parlent de la même façon. Les Français sont très sensibles à l'accent des autres. Quand un provincial «*monte*» à Paris, il est assuré qu'on lui fera quelques remarques sur son «*drôle d'accent*». Quand un parisien «*descend*» en province, on lui fait aussi sentir qu' «*il parle pointu*» et qu' «*il n'est pas de chez nous, celui-là*». En fait, avoir un «*accent*», cela veut surtout dire ne pas parler exactement comme les Parisiens...

②

Pourtant, à Paris même, il existe tout un éventail d'accents : l'accent «pied-noir», c'est-à-dire celui des Français d'Algérie ; l'accent des faubourgs, propre aux Parisiens des banlieues ; l'accent «beur», qui caractérise la manière de parler de certains jeunes Français d'origine maghrébine ; l'accent «titi» ou l'accent de Belleville, qui est celui des «gamins de Paris» ; l'accent «BC-BG» (bon chic-bon genre) des classes sociales aisées du 16e arrondissement ou de Neuilly.

③

Ci-dessus :
1) Un « pied-noir » célèbre : Enrico Macias.
2) Femme BC-BG.
3) L'accent parisien fleurit dans les embouteillages.

L'accent peut être jugé « *charmant* » ou « *affreux* ». Ceux qui parlent avec l'accent du Midi de la France ont de la chance, on trouve ça, en général, « *très joli* ». Tant pis pour ceux qui ont un « *fort accent* » alsacien, certains peuvent leur demander parfois de quelle ville d'Allemagne ils viennent ! « *Il parle en roulant les « r », à la manière berrichonne ou bourguignonne* », sera plutôt une critique négative. « *Il a un léger accent du Midi* » est plutôt un compliment.

et des façons de parler...

Mais il n'y a pas que l'accent qui divise les Français. Chaque classe sociale, chaque groupe d'âge possède sa manière de parler. Il existe, bien sûr, une sorte de « français standard » que tout le monde apprend à l'école et que les médias diffusent dans tout le pays. Mais chaque groupe social possède ses « tics » de langage. On distingue le parler « intello », la «langue de bois » des politiciens, le langage «distingué » et la langue «populo» qui sont comme un emblème de solidarité, une marque d'appartenance au groupe. Les gens « *branchés* », c'est-à-dire ceux qui sont au courant de tout, ont tendance à employer « *un maximum* » d'expressions américaines : «*il est in* », veut dire qu' « *il est à la mode* », il est « *cool* » se dit d'un homme plutôt «calme».

Certains jeunes parlent un argot particulier, appelé le « verlan » c'est du français mis « à l'envers ». Ils disent par exemple « *chébran* » pour dire «branché».

«*C'est galère* », «*c'est trop !* », «*c'est terrible* », «*c'est génial* », «*c'est hyper bon* » sont des expressions propres au langage des jeunes.

« *Tu m'étonnes !* » veut justement dire que celui qui parle n'est pas du tout étonné.

A vrai dire, ces différentes manières de parler sont comparables aux styles de vêtements que chacun choisit. D'ailleurs, il y a une correspondance étroite entre le style vestimentaire et le style de parole, si bien qu'on pourrait parler de style de parole « jean-baskets », très distinct du style de parole «complet-veston» ou «petit tailleur-Chanel» !

Discussion

Quand on observe une personne, est-ce que son style vestimentaire est aussi déterminant que son accent ?

Écoutez les différents accents français enregistrés et discutez entre vous pour voir lequel vous convient le mieux.

Essayez de décrire socialement chacune de ces personnes en fonction de son accent.

COMPRÉHENSION orale

Interview d'un Québécois vivant à Paris

❶ Approche globale

Écoutez l'enregistrement plusieurs fois. Ensuite, relevez ce que vous avez compris à propos des différents points traités dans l'interview.

1. La principale différence physique entre les deux pays, selon l'interviewé : ......

2. Une première caractéristique du comportement français : ......

3. Deux caractéristiques du comportement des serveurs dans les restaurants parisiens : ......

4. Une différence importante entre les Français et les Américains du Nord, dans la vie professionnelle : ......

5. « Bizarreries » du comportement des Français au travail, le matin : ......

6. Comparaison entre la journée de travail en France et au Canada : ......

❷ Approche détaillée

Recherchez dans l'enregistrement les expressions et les mots précis qui correspondent aux formulations indiquées en italique gras.

1. *Comment vous trouvez la France ?* : ......

2. Ce qui *m'a étonné* le plus : ......

3. Où *j'habitais* au Canada : ......

4. Moi et *ma femme*, on *a visité* plusieurs pays : ......

5. On peut comparer l'Europe *à* l'Amérique : ......

6. Puisque sur *l'addition* ils ont déjà 15 % de pourboire : ......

7. Chez nous le pourboire est complètement à part, il n'est pas *compris* dans l'addition : ......

8. *Le client est libre de laisser ou de ne pas laisser un pourboire* : ......

9. L'erreur en France, elle n'est pas *permise* : ......

10. Ici, c'est toujours « *donner la main* » : ......

11. Ici, avant de *commencer* à travailler, il faut du temps : ......

12. On a *beaucoup de temps* pour déjeuner : ......

❸ Activité

En petits groupes, vous préparez l'interview de quelqu'un qui revient d'un pays étranger ou de quelqu'un qui vit dans votre pays depuis peu de temps.

ILS ONT FAIT LE XXᵉ SIÈCLE

Figures de proue

La croix de Lorraine, monument à la mémoire de Charles de Gaulle à Colombey-les-Deux-Églises.

Le centenaire du général

A Ah ! pour être grand, ça il était grand !

Éric et Carmen accompagnent Achille Dumiel, étudiant haïtien à Colombey-les-Deux-Églises. Au moment où commence leur conversation, ils viennent d'arriver devant la croix de Lorraine, monument érigé à la mémoire du général de Gaulle.

Achille : C'est tout ce qu'il y a ? pour un des plus grands hommes de France ?

Carmen : Oui, c'est quand même étonnant qu'il n'y ait pas de monument plus grandiose pour le général de Gaulle...

Éric : C'est lui qui l'a voulu ainsi, vous savez.

Achille : Ce qui est surprenant, c'est qu'il n'y ait pas de gardes officiels... un soldat en uniforme, au moins...

Éric : En France, tu sais, ça ne se fait pas.

Carmen : C'est comme chez nous. On apprécie la sobriété en Espagne.

Achille : Oui, mais c'était pourtant un homme à qui la France doit son indépendance...

Éric : Et pas seulement la France, d'ailleurs. Il y a beaucoup de pays auxquels de Gaulle a donné l'indépendance.

Achille : Ce que tu veux dire, c'est que ces pays sont devenus indépendants grâce à de Gaulle.

Carmen : En tout cas, je n'aurais pas cru que vingt ans après sa mort, tous les Français soient devenus gaullistes.

Éric : Il ne faut quand même pas exagérer. En ce moment, c'est le centenaire de sa naissance et tous les Français sont bien contents de se redécouvrir un grand homme...

144

Achille : Ah ! pour être grand, ça il était grand ! et dans tous les sens du mot !

Carmen : Mais, Éric, pourquoi tu dis ça ? Tu as l'impression qu'aujourd'hui les Français recherchent une image exemplaire ? un grand homme ?

Éric : Je n'en sais rien...

La Boisserie, résidence du général de Gaulle.

B Plus d'actions et moins de discours !

Achille : Les Français ne manquent pas de grands hommes !

Éric : Ah ! c'est gentil de dire ça ! mais moi, j'en doute...

Carmen : Mais si ! dans certains domaines !

Éric : Dans lesquels ?

Carmen : En médecine, par exemple...

Achille : Dans les sciences, vous avez eu des prix Nobel et même en littérature...

Éric : Bon, d'accord, si vous voulez ! mais moi, j'estime qu'à l'heure actuelle, les grands hommes, ce sont les grands sportifs, les champions, ou alors ceux qui s'occupent des grandes causes sociales.

Carmen : De qui tu veux parler ?

Éric : Je ne sais pas, moi, Cousteau, l'abbé Pierre, Alain Prost, pourquoi pas ? Des gens qui peuvent servir d'exemple, quoi ?

Achille : D'après toi, la France serait actuellement plus orientée vers le social et le sport que vers la politique ?

Éric : Il me semble que les gens ne se passionnent pas autant qu'autrefois pour la politique.

Carmen : Alors qu'ils seraient passionnés par les grands exploits sportifs ?

Éric : Oui. Plus d'actions et moins de discours ! c'est ça que les jeunes voudraient.

Achille : Ça m'étonne qu'il y ait eu autant de changements dans les mentalités !

Carmen : Tu sais, en Europe, c'est partout pareil...

DÉCOUVREZ les règles

- Pour **un des plus** grands hommes de France ?
- C'est quand même étonnant qu'il n'y ait pas de monument **plus** grandiose.
- La France serait-elle actuellement **plus** orientée vers le sport **que** vers la politique ?
- Les gens ne se passionnent pas **autant qu'**autrefois pour la politique.
- **Plus d'**actions et **moins de** discours !
- Ça m'étonne qu'il y ait eu **autant de** changements dans les mentalités !

Observez les différentes formes de la comparaison.

- C'est quand même étonnant qu'il n'y **ait** pas de monument plus grandiose.
- Ce qui est surprenant, c'est qu'il n'y **ait** pas de gardes officiels.
- Ça m'étonne qu'il y **ait eu** autant de changements dans les mentalités !

Observez ces phrases et trouvez pourquoi elles sont au subjonctif.

- **Ce qui** est surprenant, **c'est qu'**il n'y ait pas de gardes officiels.
- **Ce que** je veux dire, **c'est que** ces pays sont devenus indépendants.

Observez bien ces deux constructions.

- C'était pourtant un homme **à qui** la France doit son indépendance.
- Il y a beaucoup de pays **auxquels** de Gaulle a donné l'indépendance.
- Dans certains domaines ! … **Dans lesquels** ?

Observez les pronoms en gras.

- Ça ne **se fait** pas.
- Les Français sont bien contents de **se redécouvrir** un grand homme.
- Les gens ne **se passionnent** pas autant qu'autrefois pour la politique.

Observez les verbes pronominaux. Quelles sont les différences d'emploi ?

- La France **serait** actuellement plus orientée vers le social ?
- C'est ça que les jeunes **voudraient**.
- Ils **seraient** passionnés par les grands exploits sportifs ?

Observez les conditionnels. Ont-ils le même sens ?

- – Pas de monument plus grandiose pour le général de Gaulle ?
  – C'est lui qui **l'**a voulu ainsi.
- – Les Français recherchent une image exemplaire ?
  – Je n'**en** sais rien.
- – Les Français ne manquent pas de grands hommes !
  – Ah ! c'est gentil de dire **ça**, mais moi, j'**en** doute.

Observez les pronoms en gras et trouvez ce qu'ils remplacent.

MANIÈRES de dire

*D*ans la plupart des circonstances sociales, il faut savoir apprécier les gens et les situations, et pouvoir exprimer à tout moment ses sentiments et ses opinions.

1 **Relevez dans la situation pages 144 et 145 différentes manières pour :**

a) apprécier quelqu'un ou quelque chose :
......

b) donner son **sentiment** ou son **opinion** sur une situation :
......

2 **Autres manières de donner son sentiment ou son opinion :**

1. A mon avis, celle-ci est bien meilleure !

2. J'ai le sentiment que les jeunes s'intéressent surtout au sport…

3. Si vous voulez mon opinion, ils pensent surtout à eux-mêmes !

4. « Bof ! ça vaut pas grand-chose ! »

5. Tu parles ! c'était nul !

6. Ça valait le déplacement.

7. Je n'aurais pas imaginé qu'il y ait autant de critiques !

8. Je n'ai pas beaucoup apprécié, c'était très moyen…

9. Croyez-moi, c'était admirable.

10. « Hyper bon, j'te dis ! »

- Trouvez à laquelle de ces deux situations correspondent le mieux les dix énoncés.

- Imaginez une situation dans laquelle vous pourriez employer un de ces énoncés et jouez la scène.

À VOUS de parler

1 Jeu de rôles à deux personnages.

1. **A et B** *regardent l'illustration ci-contre.*

A et B *font des hypothèses successives concernant cette illustration.*

Canevas possible :

A fait une supposition et justifie son opinion.

B n'est pas d'accord et dit pourquoi.

A pose une question sur l'interprétation de B.

B développe son interprétation de l'illustration.

A n'est pas convaincu et propose une nouvelle interprétation.

B demande des précisions.

etc.

A et **B** continuent jusqu'à ce qu'ils se soient mis d'accord sur une même interprétation.

Pour exécuter ce jeu de rôle, vous notez votre discussion. Relisez-la et corrigez-la avant de la jouer devant la classe.

2. Voici une liste de personnages très connus. Vous choisissez **un** des noms que vous **ne connaissez pas du tout** et vous faites des hypothèses ou des propositions concernant la vie de ce personnage.

Liste des personnages :
L'Aiglon
Dom Perignon
François Ier
Le Vert-Galant
Diane de Poitiers
Charles le Téméraire

2 Faites-les parler :

xercices

1 Les grandes familles

Monsieur et Madame Dupont

– Ils ont *neuf enfants* de dix mois à vingt ans.

– Le *père* est architecte et gagne trente cinq mille francs par mois.

– La *mère* est femme au foyer.

– Leur *domicile* est un appartement de six pièces de deux cent cinquante mètres carrés à Paris (plus deux chambres de bonne).

– Ils ont une *résidence secondaire*, une propriété, à quatre-vingts kilomètres de Paris.

– Ils ont une *employée de maison*.

– Ils passent *deux mois de vacances* au bord de la mer dans une villa louée.

– Leur *dépense mensuelle* pour l'alimentation est de dix-sept mille francs.

– Ils touchent huit mille francs d'*allocations familiales* par mois.

– Leur *consommation régulière* est de huit baguettes de pain par jour.

Monsieur et Madame Dubois

– Ils ont *seize enfants* de six ans à vingt-cinq ans.

– Le *père* est employé municipal, cantonnier, et gagne six mille quatre cents francs par mois.

– La *mère* est femme au foyer.

– Leur *domicile* est un pavillon de six pièces de deux cent cinquante mètres carrés dans le Nord de la France.

– Ils ont un *mois de vacances* qu'ils passent chez eux, à la campagne. Ils cultivent leur jardin.

– Leur *dépense mensuelle* pour l'alimentation est de douze mille francs.

– Ils touchent huit mille francs d'*allocations familiales* par mois.

– Leur *consommation régulière* est de vingt-deux kilos de pommes de terre par jour.

Comparez le niveau de vie de ces deux familles nombreuses.

La famille Dupont a **moins** d'enfants **que** la famille Dubois mais ...

1. Salaire mensuel ?

......

2. Espace vital ?

......

3. Loisirs ?

......

4. Dépense mensuelle pour l'alimentation ?

......

5. Allocations familiales ?

......

6. Niveau de vie ?

......

Exercices

2 Je n'en crois pas mes oreilles !

Manifestez votre sentiment de surprise, d'étonnement ou d'incrédulité en utilisant les expressions proposées qui demandent le *subjonctif* (variez les formes).

Il n'y **a** pas de monument grandiose pour de Gaulle.
— C'est étonnant qu'il n'y **ait** pas de monument grandiose !

Tous les Français **sont**, paraît-il, **devenus** gaullistes.
— Je n'aurais pas cru que tous les Français **soient devenus** gaullistes.

Choix d'expression :

Ça m'étonne que...

Je suis surpris que...

C'est étonnant que...

C'est surprenant que...

C'est bizarre que...

C'est incroyable que...

Ça me surprend que...

Je n'aurais pas cru que...

Je n'aurais pas pensé que...

1. Les jeunes **ont** plus d'admiration pour les acteurs que pour les hommes politiques.

......

2. Ici, on **fait** plus attention à la vie d'un comédien qu'à la vie de son pays.

......

3. Et on **connaît** mieux la vie d'un footballeur que celle d'un homme politique.

......

4. Les hommes les plus admirés **sont** ceux qui font le plus rire.

......

5. Un animateur télé **reçoit** un très gros salaire et pourtant il ne produit que de l'amusement.

......

6. Ici, les femmes ne **peuvent** presque jamais avoir le même salaire que leurs homologues masculins.

......

7. En général, les jeunes **disent** que la vie politique les ennuie.

......

8. Les gens ne **savent** plus qui est leur héros national.

......

3 Pour préparer un débat public

Lorsqu'on prend la parole en public, on utilise souvent les structures *ce qui... c'est que*, ou *ce que... c'est que*. Essayez d'employer ces structures, et trouvez si les verbes qui vous sont proposés demandent l'*indicatif* ou le *subjonctif*.

> Surprendre (quelqu'un) :
> **Ce qui** me surprend **c'est que** + *subjonctif*.
>
> Oublier (quelque chose) :
> **Ce que** vous oubliez **c'est que** + *indicatif*.

1. Étonner (quelqu'un) :

   ......

2. Être étonnant :

   ......

3. Penser (quelque chose) :

   ......

4. Croire (quelque chose) :

   ......

5. Constater (quelque chose) :

   ......

6. Être surprenant :

   ......

7. Savoir (quelque chose) :

   ......

8. Vouloir (quelque chose) :

   ......

9. Être bizarre :

   ......

10. Aimer (quelque chose) :

    ......

11. Regretter (quelque chose) :

    ......

12. Ennuyer (quelqu'un) :

    ......

Exercices

Débat ou table ronde

Choisissez un thème de débat. Préparez-vous à exprimer votre étonnement, votre opinion ou vos sentiments à propos de ce thème (préparation écrite). Vous utiliserez les structures et les verbes que vous avez étudiés dans l'exercice 3 (*ce qui... c'est que/ce que... c'est que*).

Faites ensuite ce débat en grand groupe.

Ce que je constate, **c'est qu'on lit** de moins en moins.
Ce qui est étonnant, **c'est qu'on lise** de moins en moins.

Thèmes possibles :

1. Les livres n'intéressent plus les jeunes.
......

2. Les gens écrivent de moins en moins.
......

3. Les Français lisent encore beaucoup malgré la télévision.
......

4. Les jeunes apprennent autant à la télévision qu'à l'école.
......

5. Les vrais grands hommes, maintenant, ce sont les sportifs.
......

Réflexions

Transformez les phrases suivantes en employant le *pronom relatif* qui convient (attention aux *prépositions* !).

Je **pense à** la personne qui m'a aidé(e).
La personne **à qui/à laquelle** je pense m'a aidé(e).

Je me **souviens de** l'accident qui est arrivé à mon ami(e).
L'accident **dont** je me souviens est arrivé à mon ami(e).

à qui
à laquelle
dont
auxquels
sur lequel
...

1. Je **m'intéresse à** des sujets qui n'intéressent personne.
Les sujets ...... je m'intéresse, n'intéressent personne.

2. On **réfléchit aux** questions qui nous préoccupent.
Les questions ...... on réfléchit, nous préoccupent.

3. Les gens **tiennent à** des choses qui sont souvent futiles.
Les choses ...... les gens tiennent sont souvent futiles.

4. Les gens **comptent sur** des succès qui ne viennent pas toujours.

Les succès ....

5. On **profite des** moments heureux qui s'enfuient très vite.

Les moments heureux ......

6. Les gens **oublient** les mauvaises expériences qui leur ont fait beaucoup de mal.

Les mauvaises expériences ......

7. On **habite** souvent **avec** les gens qui nous aiment assez pour vivre avec nous.

Les gens ......

8. On **a besoin des** gens qui nous sont utiles.

Les gens ......

6 *Un philosophe un peu amer*

Complétez avec les pronoms relatifs qui conviennent. (Pour vous aider, relisez l'exercice 5).

Il existe des gens **dont** on parle sans les connaître et des gens **qu'**on connaît sans jamais parler d'eux.

Les idées **auxquelles** on réfléchit beaucoup intéressent rarement les gens **à qui/auxquels** on tient le plus.

1. Il y a beaucoup de gens ...... je pense, mais ...... ne pensent jamais à moi.

2. Il y a beaucoup de choses futiles ...... on pense constamment, et peu de choses utiles ...... nous intéressent vraiment

3. Il y a beaucoup de personnes ...... on souhaite compter, mais ...... on n'aimerait pas vivre.

4. Il y a beaucoup de livres ...... on pourrait découvrir la sagesse, mais ce sont justement des livres ...... on n'aime pas lire.

5. Les gens, ... on aimerait travailler, sont généralement ceux ...... n'ont pas de travail à nous offrir.

6. L'homme ...... le scandale arrive est condamné par les autres, mais surtout par ceux ...... sa condamnation profite.

7. Les grands hommes ...... on parle sont toujours les petits hommes de quelqu'un.

Exercices

8. L'admiration ...... on a pour les autres n'est jamais aussi grande que celle ...... on a besoin soi-même.

9. Le lit ...... on se couche n'est pas toujours celui ...... on a choisi.

10. La personne ...... on pense le plus n'est pas toujours celle ...... on habite.

Extraits du Journal d'un philosophe solitaire.

La sagesse populaire

Transformez les phrases suivantes en utilisant la forme pronominale (*se + verbe au présent*) pour marquer l'habitude, la norme.

> On **prend** les repas dans la salle à manger.
> Les repas **sont pris** dans la salle à manger.
> Les repas **se prennent** dans la salle à manger.
>
> En France, on **fait** ça comme ça, on **dit** ça comme ça.
> En France, ça **se fait** comme ça, ça **se dit** comme ça.

1. On **prend** le petit déjeuner vers huit heures du matin.

......

2. L'apéritif **est servi** avant le repas.

......

3. A table, on **place**/**met** la fourchette à gauche et le couteau à droite.

......

4. On ne **coupe** pas la salade avec un couteau.

......

5. On **mange** le fromage avant le dessert.

......

6. On **boit** les digestifs au salon.

......

7. On ne **lit** pas le courrier personnel devant les invités.

......

8. On **écrit** une lettre personnelle à la main.

......

9. Les vœux de bonne année **sont échangés** entre le premier et le quinze janvier.

......

10. Les salutations **sont faites** au début et à la fin d'une rencontre sociale.

......

8 *Quand on n'est pas sûr d'une information, on la met au conditionnel.*

Rédigez un petit article pour un journal français.
Montrez que vous n'avez pas vérifié la véracité des infor-mations que vous avez reçues par télex (utilisez le *condi-tionnel présent* ou le *conditionnel passé*, selon les cas).

Télex : *Envoyé spécial*.
Stéphanie, jeune actrice française, et le célèbre chan-teur Popov – vacances ensemble à Reims.

D'après notre *envoyé spécial*, Stéphanie et le célèbre chanteur Popov **passeraient** ensemble leurs vacances à Reims.

1. Télex : *France Dimanche*.

Princesse de Monaco – attendue demain à la Maison Blanche.

Selon un télex de *France Dimanche*,

......

2. Télex : *Nocturne*.

Élèves collège Saint-Exupéry, Nantes – refusent rendre devoirs – raison invoquée : les corrections ne sont pas justes.

D'après un télex de *Nocturne*,

......

3. Télex : *L'enchaîné*.

Président de la République – rencontre discrète avec président africain – lundi dernier.

Selon un télex de *L'enchaîné*,

......

4. Télex : *Envoyé spécial*.

Détournement avion Air-France – Pilote et son équipage pris en otages par organisation incon-nue.

D'après notre *envoyé spécial*,

......

Exercices

9 Réponse à tout

Répondez aux affirmations suivantes sans utiliser oui ou non. Formulez vos réponses en utilisant un pronom de reprise le ou en, et les verbes proposés (variez les formes).

> — Achille Dumiel a 24 ans.
> — Je ne **le savais** pas.
>
> — Il a toujours vécu en France.
> — Je n'**en suis** pas **sûr**, je n'**en sais rien**.

savoir
ne rien savoir
croire
ne pas croire
être certain de
être sûr de
douter de
être persuadé de

1.— Il espère s'installer définitivement en France.

— ......

2.— Il admire le général de Gaulle.

— ......

3.— Il trouve normal qu'il n'y ait pas de monument plus grandiose pour le général de Gaulle.

— ......

4.— Il a lu les *Mémoires* du général de Gaulle.

— ......

5.— Il est surpris qu'il n'y ait pas de gardes officiels près du monument.

— ......

6.— Achille Dumiel est Canadien.

— ......

7.— Éric et Carmen accompagnent Achille Dumiel à Colombey-les-Deux-Églises.

— ......

*8.*Tous les Français connaissent le nom du général de Gaulle.

— ......

VOTRE grammaire

Pronoms relatifs

---

ce qui – ce que

Rappel :   **ce qui** m'intéresse   **ce que** je veux
       « **ce qui** » est *sujet*   « **ce que** » est *objet*

C'est   **tout ce qu'**   il y a ici.
C'est   **tout ce que**   je te demande.
C'est   **tout ce qui**   m'intéresse.

On peut employer « **tout** » devant « **ce qui** » ou « **ce que** ».

---

lequel – laquelle – lesquels – lesquelles

Les pays **auxquels** de Gaulle a donné l'indépendance.
… dans certains domaines – **Dans lesquels** ?

Ces pronoms s'utilisent avec des *prépositions* et ils *s'accordent avec le nom auquel ils renvoient.*

• *Emploi avec la préposition* « **à** » :

C'est   l'homme   **auquel**   je pensais.
C'est   la personne   **à laquelle**   je pensais.
Les   pays   **auxquels**   on a donné l'indépendance.
Les   villes   **auxquelles**   je tiens le plus.

La préposition « **à** » est soudée aux pronoms quand ceux-ci sont employés au *masculin singulier* et au *masculin/féminin/pluriel*.

• On peut remplacer ces pronoms par « **qui** » lorsque le nom auquel ils renvoient est un *nom de personne* :

C'est l'homme   **auquel**   la France doit son indépendance.
C'est l'homme   **à qui**   la France doit son indépendance.

C'est la femme   grâce **à laquelle**   je vous ai rencontré(e).
C'est la femme   grâce **à qui**   je vous ai rencontré(e).

• *Emploi avec la préposition* « **de** » :
Lorsque la préposition est « **de** » il est toujours préférable d'utiliser « **dont** ».
On dira :   Le pays **dont** tu m'as parlé.
Plutôt que :   Le pays **duquel** tu m'as parlé.

Commenter, apprécier une situation

● **Introduction d'un commentaire**

Pour introduire un commentaire, on peut utiliser :

• *Des verbes* suivis de la *conjonction* « **que** » :

Apprécier	que...	(+ *subjonctif*)
Estimer	que...	(+ *indicatif*)
Penser	que...	(+ *indicatif*)
Avoir l'impression	que...	(+ *indicatif*)

• *Des adjectifs* suivis de la *conjonction* « **que** » :

C'est étonnant   que... (+ *subjonctif*)
C'est surprenant que... (+ *subjonctif*)
C'est intéressant que... (+ *subjonctif*)

• *Des adjectifs* suivis de la *préposition* « **de** » :

C'est gentil de dire cela.
C'est impressionnant de voir ce monument.
C'est admirable d'entendre ces paroles.
C'est étonnant de dire cela.

● **Procédé de mise en relief**

« ce qui »   ⎫
« ce que »   ⎭   *+ groupe verbal +* « c'est »

À l'oral, on peut donner plus d'expressivité à un point de vue, un commentaire, en mettant le groupe verbal à l'intérieur de la construction « **ce qui – ce que... c'est** ».

Phrases banales :

C'est étonnant qu'il n'y ait pas de garde.
L'histoire m'intéresse.
Je veux réussir.

Phrases mises en relief :

Ce qui	est étonnant,	**c'est**	qu'il n'y ait pas de garde.
Ce qui	m'intéresse,	**c'est**	l'histoire.
Ce que	je veux,	**c'est**	réussir.

Remarque : autre type de mise en relief : cf. p. 103.

Expression de l'intensité

On peut utiliser :

• **Le superlatif** : **Un des plus** grands hommes de la France.
Une des périodes **les plus** sombres de l'histoire.

• **Des expressions** telles que : *Pour être grand, il est grand.*
Ce qui signifie : il est vraiment très grand.

Pronominaux

• En France, ça ne **se** fait pas.

Cette phrase a un **sens passif**.

Elle signifie :   Cela n'est pas pratiqué en France.
On ne fait pas ça en France.

Dans ce type de construction, **le sujet du verbe est un indéfini** (*on – certaines personnes – les gens – tout le monde*).

Exemples :   Le vin rouge se boit avec la viande.
Le vin blanc se boit avec le poisson.

• Ils sont contents de **se** redécouvrir un grand homme.

Cette phrase signifie : Ils sont contents de redécouvrir pour eux-mêmes un grand homme.

Le pronom « **se** » ici est un **complément indirect**, le complément direct est « un grand homme ».
Autre exemple : Elle **s'**est acheté une voiture.

Cette phrase signifie : Elle a acheté une voiture pour elle-même.

• Les gens ne **se** passionnent pas pour la politique.

Le sens de la phrase est plutôt : Les gens ne deviennent pas passionnés par la politique (parce que ce n'est pas passionnant).

DÉCOUVREZ les sons

1 ▶ Écoutez l'enregistrement et marquez une croix (×) dans la bonne colonne.

	J'entends la nasale [ã]	Je n'entends pas la nasale [ã]
1.	×	
2.		
3.		
4.		
5.		
6.		
7.		×
8.		
9.		
10.		
11.		
12.		
13.		
14.		

2 ▶ La nasale [ã] peut avoir différentes graphies.

an	L'**an** deux mille.
an + consonne non prononcée	Il est gr**an**d.
an + consonne prononcée	A la b**an**que.
am + *p* ou *b*	Une **am**poule de 120 watts.
en	Je n'**en** sais rien.
en + consonne non prononcée	C'est un monum**en**t.
en + consonne prononcée	Tous les s**en**s du mot.
em + *p* ou *b*	On l'**em**balle et on l'**em**porte.

Attention

an	+ **voyelle**	se prononce	[an]	comme dans	**an**imation.
an	+ *n*	se prononce	[an]	comme dans	**ann**iversaire.
en	+ **voyelle**	se prononce	[en]	comme dans	**én**orme ou **én**ervant.
en	+ *n*	se prononce	[ɛn]	comme dans	**enn**emi.
			[ã]	comme dans	**enn**ui ou **enn**eigé.

en, *position finale*, se prononce [ɛ̃] comme dans exam**en** ou europé**en**, lycé**en**...

Écoutez l'enregistrement et notez dans les cases le chiffre correspondant à la bonne graphie [ã] si vous l'entendez.

an	
an + consonne non prononcée	
an + consonne prononcée	
am + *p* ou *b*	
en	4 ...
en + consonne non prononcée	
en + consonne prononcée	
em + *p* ou *b*	

3 ▶ **Écoutez la nasale [ã] et répétez après le modèle.**

Jean est étudiant en sciences.

4 ▶ **Réagissez pour montrer votre étonnement.**
Utilisez les réactions suivantes :

1. Tu as raison, c'est étonnant !
2. C'est vraiment surprenant !
3. En effet, c'est énervant !
4. Moi aussi, je pense que c'est motivant !
5. Oui, passionnant ! terriblement passionnant...
6. Ce n'est pas tellement inquiétant !

5 ▶ **Écoutez l'enregistrement et retrouvez l'adjectif qui correspond aux adverbes qui vous sont proposés :**

Exemple : vous entendez « **patiemment** », vous dites « **patient** ».

Amusement sonore

Météo anarchique

Soyez contents,
c'est le jour de l'An.
Pour vos étrennes,
les Ardennes
sont enneigées
élégamment.

En Champagne,
des vents violents
répandront
pour vos enfants
d'énormes flocons
tout blancs
qui danseront
dans tous les sens.

L'année commence
en fête et en tempête.
Soyez prudents,
c'est le moyen
d'éviter les accidents.

Pour demain,
la météo n'annonce
aucun changement.

La chute du mur de Berlin.

Qu'est-ce qui vous a le plus marqué au cours de cette décennie ?

Pour moi, l'événement essentiel de cette décennie, c'est l'effondrement du monde communiste...

Sinon, comme événement très marquant, c'est l'impact de l'informatique...

Ton médecin, il a ta fiche, ton bilan, il sait tout sur toi...

Moi, aucun homme ne me fascine. Les seuls gens qui peuvent me toucher, ce sont les acteurs, ils me font rêver...

Activités

• Repérages :

– Écoutez l'enregistrement et relevez les trois thèmes qui y sont développés.

– Relevez les différentes manières subjectives (personnelles) de donner son sentiment ou son opinion.

– Dans le second thème qui est traité, repérez des marques de la seconde personne du singulier *tu*. A votre avis, qui représente ce *tu* ?

• Interviewez un ou une Français(e) qui habite dans votre pays sur l'événement, la personne ou la technique qui l'ont marqué(e) le plus cette année.

Écrivez un article pour un magazine (comme *Paris-Match*) en citant les sentiments et les opinions de la personne interviewée. Essayez d'illustrer cet article avec des photos représentant les thèmes de l'interview.

Leur « grand homme » était une actrice : Delphine Seyrig

Delphine Seyrig.

C'était une actrice dont l'intelligence, le charme, la poésie, la retenue, la voix m'enchantaient. Du plus loin que je me souvienne, j'ai aimé la voix de Delphine Seyrig. Cette voix incroyable de nuance, de sens, de sensualité. Je me souviens, j'avais seize ans à peine, quand je l'ai vue pour la première fois. Ce qui m'a tout de suite captée, c'était le timbre profond de sa voix. Comment dire l'impression d'émotion, de plaisir, de joie que j'ai ressentie en la voyant dans *India Song* de Marguerite Duras ? Elle me faisait rêver dans tous ses rôles : séduisante, mystérieuse, inaccessible, secrète, lumineuse, en un mot, belle. Je ne la verrai plus dans de nouveaux rôles, mais je voudrais la remercier pour tous ces moments d'intense vibration qu'elle faisait vivre aux spectateurs.

D'après *Télérama*, 2129, novembre 1990.

Delphine Seyrig ! Ce nom en le prononçant, quelle mélodie ! Quelle merveille ! Et puis, derrière ce nom, la femme... et la voix... Que ceux, qui ne connaissent pas Delphine Seyrig au théâtre et au cinéma, sachent qu'ils ont manqué des « moments rares ». Depuis *L'Année dernière à Marienbad*, en 1968, je me souviens de tous mes coups de cœur pour Delphine Seyrig. Tous les rôles qu'elle incarnait étaient des enchantements. Elle disait divinement les textes de Marguerite Duras... J'éprouve un grand vide de la savoir partie ce 16 octobre 1990.

D'après *Télérama*, 2129, novembre 1990.

Activités

• **Repérages**

– Relevez les qualités de la voix de Delphine Seyrig.

– Relevez les qualités qu'on lui attribue dans ses rôles.

– Relevez les sentiments et les opinions exprimés dans les deux textes.

• Par écrit, faites l'éloge de votre « grand homme », qu'il appartienne au monde de la politique ou du spectacle (que ce soit un homme ou une femme).

Lisez votre texte à vos camarades : sont-ils d'accord avec vous ? Discutez vos points de vue.

La « ligne bleue des Vosges ».

La Champagne, berceau de la monarchie franque

Un peu d'histoire

À l'époque des grandes invasions du IVe au VIIe siècle, une partie du territoire occupé actuellement par les Français était divisée entre plusieurs royaumes.

Clovis, le roi des Francs, battit le chef des Gallo-Romains et s'empara de la Champagne. En 496, il se fit baptiser à Reims qui devint ainsi le berceau de la monarchie franque.

C'est ainsi que la France fut appelée la fille aînée de l'Église.

Le baptême de Clovis.

◀ Ce baptême concrétrise l'union de la monarchie franque et de l'église catholique.

Cette carte montre l'origine ethnique très diverse des Français

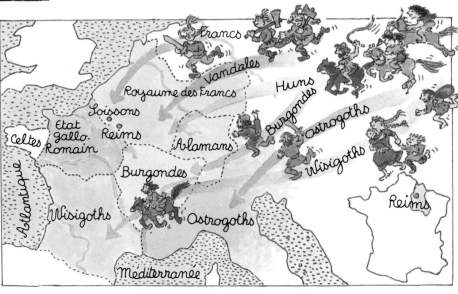

Au XVᵉ siècle, Jeanne d'Arc, qui avait délivré Orléans, occupé par les Anglais, fait sacrer Charles VII dans la cathédrale de Reims, une des plus belles cathédrales gothiques de France, à la façade très richement sculptée. Le groupe de la Visitation de l'ange est connu sous le nom de « Sourire de Reims ».

La Champagne contemporaine

Elle fait partie de la région Champagne-Ardenne. C'est un pays de collines douces. Ses vignes sont célèbres. Elles fournissent le vin qui, après avoir subi le fameux procédé de la champagnisation, deviendra le champagne.

Le sourire de l'ange.

Une cave de champagne.

Façade de la cathédrale de Reims.

Elle est bordée à l'Est et au Nord par le massif montagneux des Vosges et le plateau des Ardennes où coule la rivière Meuse, célébrée par Péguy. Cette région est une région de « marches » c'est-à-dire de provinces frontières. C'est pourquoi elle a subi les invasions et les grandes batailles des guerres, et suscité les élans de patriotisme des écrivains tels que Péguy et de Gaulle. Pour les Français, les Vosges sont toujours le symbole de l'esprit de patriotisme. On dit : « avoir le regard fixé sur la ligne bleue des Vosges », c'est-à-dire penser à la France en tant que nation.

La Meuse.

Figures de proue

«De Gaulle, homme d'action, de rêve et d'abstraction*»

L'homme d'action

« La France a perdu une bataille, mais la France n'a pas perdu la guerre. »

(Général de Gaulle)

De Gaulle a su dire non au gouvernement du Maréchal Pétain qui a accepté l'armistice avec l'Allemagne en 1940. Il a dit non à l'occupation de la France, en organisant la Résistance, d'abord à Londres, puis en France, grâce aux hommes qui, dans les maquis, ont créé l'« armée de l'ombre ».

* Titre du *Times*, cité par Jean Lacouture, dans son ouvrage *de Gaulle, le rebelle*, © Le seuil, 1984.

APPEL DU 18 JUIN 1940

Le 18 juin 1940, de Gaulle prononça à la radio de Londres le fameux appel du 18 juin. En voici des extraits significatifs :

« Les chefs qui, depuis de nombreuses années, sont à la tête des armées françaises ont formé un gouvernement.

Ce gouvernement [...] s'est mis en rapport avec l'ennemi pour cesser le combat.

Certes, nous avons été, nous sommes submergés par la force mécanique terrestre et aérienne de l'ennemi [...]

Mais le dernier mot est-il dit ? L'espérance doit-elle disparaître ? La défaite est-elle définitive ? Non ! croyez-moi [...] les mêmes moyens qui nous ont vaincus peuvent faire venir un jour la victoire. Car la France n'est pas seule [...] elle peut, comme en Angleterre, utiliser sans limite l'immense industrie des États-Unis [...]

Cette guerre est une guerre mondiale [...] Foudroyés aujourd'hui par la force mécanique, nous pourrons vaincre dans l'avenir par une force mécanique supérieure. Le destin du monde est là. Moi, général de Gaulle, actuellement à Londres, j'invite les officiers et les soldats français qui se trouvent en territoire britannique ou qui viendraient à s'y trouver, à se mettre en rapport avec moi.

Quoi qu'il arrive, la flamme de la résistance française ne doit pas s'éteindre et ne s'éteindra pas. Demain comme aujourd'hui, je parlerai à la radio de Londres. »

Activités

• Questions

– A quoi de Gaulle s'est-il opposé en 1940 ?

– Où fut prononcé l'appel du 18 juin ?

– Que reproche de Gaulle au gouvernement de la France en 1940 ?

– Est-ce qu'il admet la défaite ?

– Pourquoi veut-il continuer à se battre ?

– Quelle raison donne-t-il de croire à la victoire ?

– Quelles catégories de la population invite-t-il à se joindre à lui ?

– Quelqu'un a dit : « Tout le monde a été, est, ou sera gaulliste ». Pouvez-vous comprendre, qu'en 1940, il y a eu des gens qui n'ont pas été d'accord avec l'appel du général de Gaulle à continuer le combat ?

• Reformulations

Trouvez dans le texte l'équivalent des mots ou des expressions en italique gras :

– Cet homme **dirige** une entreprise.

– Il a **contacté** les syndicats.

– Il a été **débordé** par les manœuvres de ses concurrents.

– Il n'a pas **abandonné la lutte**.

– Après ce premier **échec**, il va continuer à se battre.

– **Même s'il lui arrive toutes sortes d'ennuis/problèmes**, il pense qu'il finira par gagner.

(Utilisez des images quand c'est possible).

CULTURE

De Gaulle, le rebelle

De Gaulle, *le rebelle*, sait, comme Chateaubriand, qu'il convient de « mener les Français par les songes ». Il apprendra comme Bonaparte, à « faire ses plans avec les rêves de ses soldats endormis ».

La parole venue de Londres sera pendant quatre ans la voix nocturne de l'imaginaire. Cette rébellion de l'esprit contre le réel, qui peut être aussi une préfiguration du réel.

De Gaulle, homme de rêve et d'abstraction

À mesure que l'âge m'envahit, la nature me devient plus proche. Chaque année, en quatre saisons qui sont autant de leçons, sa sagesse vient me consoler. Elle chante au printemps : « Quoi qu'il ait pu, jadis, arriver, je suis au commencement ! » [...]

Elle proclame, en été : « Quelle gloire est ma fécondité ! » [...]

En automne, elle soupire : « Ma tâche est près de son terme [...] Voyez comme je suis belle encore, dans ma robe de pourpre et d'ors sous la déchirante lumière » [...]

En hiver, elle gémit : « Me voici stérile et glacée [...] Le destin est-il donc scellé ? Est-ce pour toujours la victoire de la mort ? Non ! déjà, sous mon sol inerte, un sourd travail s'accomplit. Immobile au fond des ténèbres, je pressens le merveilleux retour de la lumière et de la vie. »

Vieille terre, rongée par les âges, rabotée de pluies et de tempêtes, épuisée de végétation, mais prête, indéfiniment, à produire ce qu'il faut pour que se succèdent les vivants !

Vieille France, accablée d'Histoire, meurtrie de guerres et de révolutions, allant et venant sans relâche de la grandeur au déclin, mais redressée, de siècle en siècle, par le génie du renouveau !

Vieil homme, recru d'épreuves, détaché des entreprises, sentant venir le froid éternel, mais jamais las de guetter dans l'ombre la lueur de l'espoir !

De Gaulle, *Mémoires de guerre, Le salut*, © Plon, 1959.

Lexique

fécondité (de fécond) : qui produit (des fruits, des enfants)

stérilité (de stérile) : qui ne produit rien

scellé (de sceau) : signifie « fermé définitivement »

inerte : qui ne bouge pas

les ténèbres : le noir

pressentir : sentir à l'avance

rongée : mangée. Au figuré, partiellement détruite

raboté : de « rabot », instrument pour polir le bois

accablé : alourdi, sans force

meurtrie : blessée

sans relâche : sans cesse

déclin : abaissement

recru : accablé

détaché de : sans intérêt pour

las : fatigué

Activités

• Recherchez dans le texte :

– A quoi de Gaulle assimile-t-il les saisons ?

– Quelle qualité attribue-t-il à la nature ?

– Relevez les quatre verbes utilisés par de Gaulle pour faire parler la nature à chacune des quatre saisons.

– Relevez, dans les trois derniers paragraphes, tous les adjectifs et participes passés utilisés pour qualifier la Terre, la France et l'Homme en les classant en deux colonnes opposées : sens négatif et sens positif.

– Quel est le schéma de construction de ces trois paragraphes ?

• Reformulations

Trouvez dans le texte l'équivalent des mots ou des expressions en italique gras :

– Cet arbre **ne produit plus de fruits**.

– **Plus** je vieillis, plus je deviens productif.

– Il ne dort plus, il est **détruit par** l'inquiétude.

– J'en ai assez de travailler, je suis **sans forces**.

– Je suis très **peiné** par cette nouvelle.

– Il ne **s'intéresse plus** à la vie.

Notes grammaticales

• *A mesure que*... met en relation deux propositions : plus je vieillis, plus la nature me devient proche.

• Quatre saisons qui sont *autant de* leçons : il y a autant de leçons que de saisons (chaque saison est une leçon).

• Quoi qu'il *ait pu*, jadis, arriver : ait pu est le subjonctif passé du verbe *pouvoir*. La phrase signifie : malgré tout ce qui a pu se passer.

• *Comme* je suis belle : expression de l'intensité (je suis très belle).

• *Me voici* stérile : maintenant je suis stérile.

• Rabotée *de* pluies et de tempêtes... rabotée *par*.

L'abbé Pierre :
l'insurgé de Dieu

« Hiver 1954, le mois de janvier touche à sa fin. Le froid est glacial. Les tempêtes de neige prennent des allures de catastrophe. L'Europe entière gèle [...]. On meurt dans les rues de Paris [...]. L'aube apporte son lot de cadavres, quelques clochards mais aussi des gens qui paient leurs impôts et qui travaillent, et qui crèvent dehors pour cause d'indifférence et de mépris [...]. Il est minuit, ce 31 janvier. Le thermomètre marque toujours moins vingt... » C'est ainsi que Pierre Lunel décrit l'hiver 1954 dans son livre sur l'abbé Pierre.

A la radio, les Français entendent l'appel au secours de l'abbé Pierre : « Mes amis ! Au secours ! Une femme vient de mourir gelée, cette nuit à trois heures, sur le trottoir du boulevard Sébastopol [...] Il faut que ce soir même, dans toutes les villes de France, dans chaque quartier de Paris, des pancartes s'accrochent sous une lumière, dans la nuit, à la porte des lieux d'accueil où il y aura couvertures, paille, soupe et où on lira : centre fraternel de dépannage – Toi qui souffres, qui que tu sois, entre, dors, mange, reprends espoir, ici on t'aime. »

A partir de cet appel à la charité, l'abbé Pierre va devenir un héros. Son nom, sa photo, s'étalent à la une des journaux, son image pénètre dans chaque foyer de France et au-delà des frontières.

Ainsi, depuis presqu'un demi-siècle, l'abbé Pierre est devenu le symbole de la charité et de la justice.

D'après Pierre Lunel, L'abbé Pierre, © Stock, 1989.

Activités

• **Recherchez dans le texte :**
– les mots et les expressions qui se réfèrent au froid,
– les mots et les expressions qui se réfèrent à la mort et à la faim,
– tout ce qui concerne l'appel à l'aide.

• **Expression**
Choisissez une de ces activités et travaillez en groupe :
– Rédigez pour une radio française un appel au secours pour dénoncer un abus social qui vous révolte.
– Quels sont, dans votre pays, les organismes qui s'occupent des malheureux ? Que font-ils pour les aider ?

• **Reformulations**
Trouvez dans le texte l'équivalent des mots ou des expressions en italique gras :
– Le **révolté** de Dieu.
– Les tempêtes de neige **ont l'air de devenir catastrophiques**.
– **Le petit matin** apporte sa **quantité de morts**.
– Des gens qui **meurent** dehors **comme des bêtes**.
– Une femme vient de mourir **de froid**.
– Il faut que ce soir **des affiches soient accrochées** sous une lumière.
– Centre fraternel **d'entraide ou de service**.
– Sa photo est **mise en première page** des journaux.
– Son image **entre** dans **toutes les maisons** de France.

CULTURE

Tous ensemble au sommet des 8 000

Benoît Chamoux et son équipe au sommet du Shisha Pangma.

Une victoire collective

Benoît Chamoux raconte l'exploit qu'il vient d'accomplir avec son équipe de grimpeurs himalayistes.

Benoît Chamoux
est le premier himalayiste français.
Il a gravi ces dernières années, en solitaire,
cinq sommets de plus de 8 000 mètres,
dont trois en moins de vingt-quatre heures.
Après ces extraordinaires
exploits individuels,
il a voulu aller plus loin. Il a décidé
d'emmener avec lui,
à l'assaut de cinq nouveaux 8 000,
les membres d'une équipe
internationale, qui auraient pour objectif
de monter aussi vite que lui
en solitaire et d'arriver
tous ensemble au sommet.

Deux heures du matin, 12 mai 1990. La nuit est noire, trop noire. La lune, pourtant pleine et ronde, ne nous est d'aucun secours. Nous sommes dans le cône d'ombre du géant himalayen. Nous, sept taches vivantes, véritables fourmis dans cet univers glacé, minéral, impitoyable et dangereusement mortel des 8 000 mètres ; nous, sept minuscules faisceaux de lumière électrique. Nos lampes au front, cherchant la route, nous avançons à la vitesse d'une chenille, laborieusement, lentement, trop lentement. Nous entrons dans ce que les alpinistes appellent parfois la « zone de mort ». Nous sommes à 7 300 mètres. La pente est raide, l'oxygène rare. Chaque pas est une épreuve. Devant moi — j'ai choisi d'être le dernier —, mes équipiers, mes « hommes », ceux de l'esprit d'équipe, grimpent sans mot dire. Ils sont trop occupés à mobiliser leur énergie, à tenter de maîtriser chaque planté de crampons, chaque coup de piolet, chaque respiration.

Ici, tout mouvement, toute pensée trop complexe devient souffrance. Une souffrance d'autant plus forte que l'altitude est élevée. Dans nos corps, la fatigue est surhumaine. Mais chacun de nous partage la même idée fixe, le même objectif : une fois encore, comme nous venons de le faire il y a exactement douze jours, le 30 avril, à la cime du Cho Oyu (8 201 mètres), nous voulons arriver ensemble, tous les sept, au sommet du Shisha Pangma, qui culmine à 8 046 mètres — ensemble, comme un seul homme, et réaliser ainsi le premier enchaînement en équipe de l'histoire de l'Himalaya.

Les derniers mètres sont intenses [...] En quelques secondes, nous vivons l'aboutissement de mois, d'années de passions communes. Nous avons réussi...ensemble. Nous sommes à sept, comme un seul homme, perchés sur cette arête fine comme la lame d'un couteau. Je suis heureux [...] Derrière ces visages amaigris et tirés par la fatigue, des hommes, de nationalités et de cultures différentes, ont réussi à s'unir dans un même esprit, pour un même but : quelques centimètres carrés d'éternité perdus au sommet de la terre. Plus dur que l'océan, plus inaccessible que les déserts, plus dangereux que la banquise, il y a l'Himalaya et ses sommets de 8 000 mètres.

Benoît Chamoux, *Paris Match.*

Lexique

gravir : monter, grimper, escalader
aller à l'assaut de :attaquer
cône :forme géométrique
impitoyable : sans pitié
minuscule :tout petit
faisceau : rayon (de lumière)
chenille :insecte
sans mot dire : sans dire un mot
crampon, piolet : instruments d'alpinistes
aboutissement, du verbe *aboutir* :achever
perché :installé comme un animal sur une branche
inaccessible, du verbe *accéder* : qu'on ne peut atteindre
banquise : terre glacée du pôle Nord et du pôle Sud

Activités

• Questions

— Les membres de l'équipe internationale escaladent le sommet, individuellement ou en équipe ?

— Au début de l'escalade, la lune est-elle levée ?

— Pour quelle raison la nuit est-elle noire ?

— Citez deux animaux auxquels les hommes sont comparés.

— Est-ce le premier sommet escaladé par l'équipe ?

— À quoi est comparé le sommet ?

— Quelle expression symbolise la victoire de l'équipe : qu'ont-ils gagné ?

— Êtes-vous d'accord avec l'appréciation finale ?

• Reformulations

Trouvez dans le texte l'équivalent des mots ou des expressions en italique gras :

— Nous sommes **minuscules** dans cet univers glacé.

— Nous avançons **très lentement**. Nous grimpons **silencieusement**.

— Chacun de nous a le **même but**. Nous sommes, à sept, **très unis**.

— L'himalaya est plus **difficile à pénétrer** que le désert.

COMPORTEMENT

Le sexe faible

Selon la loi, les Français sont égaux en droit. Cette égalité ne se manifeste pas toujours dans les faits ni dans les comportements sociaux. On pourrait presque dire qu'il existe, par exemple, entre les hommes et les femmes, deux poids et deux mesures.

En voici quelques preuves :

– Officiellement, la femme occupe en France la seconde place comme l'indique clairement le chiffre « 2 » qui est réservé à son sexe sur la carte de Sécurité Sociale ; le chiffre « 1 » désignant les hommes.

– « Chef de famille », qui n'a pas de féminin, laisse entendre que c'est l'homme qui occupe traditionnellement cette position légale, quoique beaucoup de femmes aient, seules, la responsabilité de leurs enfants. L'opposition entre « mademoiselle » et « madame » souligne nettement une hiérarchie sociale entre les femmes. Cette distinction officielle souligne le degré de dépendance de la femme aux hommes : n'est « mademoiselle » que celle qui n'a pas de mari. Devient « madame » celle qui est mariée ou qui a été mariée. Les hommes, quelle que soit leur « situation familiale », sont toujours « monsieur ».

– On remarque aussi que certains titres officiels, et noms de profession, n'ont pas de féminin en français. S'il y a bien la « boulangère » et la « bouchère », il n'y a qu'un mot masculin pour désigner le « médecin », le « chirurgien », le « professeur », le « ministre » ou l'« ingénieur ». Ce phénomène linguistique rappelle qu'il y a peu de temps que les femmes peuvent occuper ces positions. D'ailleurs, quand un mot féminin existe, les femmes préfèrent ne pas l'utiliser parce que, dans la société, il a moins de poids que le mot masculin. « Madame le directeur » fait plus sérieux que « madame la directrice », alors, évidemment, les femmes elles-mêmes choisissent le titre masculin...

– Légalement, une femme peut très bien garder son nom de famille quand elle se marie. Mais, la plupart du temps, elle adopte celui de son mari. Ainsi, mademoiselle Anne Durand devient, du jour de son mariage, « madame Bâton » puisque son mari s'appelle « monsieur Bâton ». L'homme, lui, en France, n'a qu'un seul nom, le sien ! La femme mariée porte le nom de son mari et doit rappeler sur tous ses papiers administratifs son nom de « jeune fille » ! Cette double identité ne semble pas déranger les Françaises, bien que, de nos jours, certaines évitent de prendre le nom de leur mari, pour des raisons professionnelles. D'autres femmes décident d'employer les deux noms : « madame Durand-Bâton » ou « madame Bâton-Durand ». Jamais un homme n'a besoin de transformer ainsi son identité quand il se marie !

En cas de divorce, le mari peut exiger que sa femme lui rende son nom : « Je t'interdis de te faire appeler Bâton ! » et la pauvre reprend son nom de « jeune fille » jusqu'à son prochain mariage... Toutes ces petites différences ne sont pas bien sérieuses.

– En revanche, malgré les lois qui l'interdisent, il arrive encore très souvent qu'une femme ayant le même travail qu'un homme, reçoive un salaire inférieur, parce qu'elle est femme : cela est beaucoup plus grave.

À côté de cette position officiellement secondaire, la femme française jouit « en société » d'une position privilégiée et d'un grand prestige. L'homme qui l'accompagne la traite comme une reine. Il s'efface pour la laisser passer, il lui ouvre les portes, il attend qu'elle soit assise avant de s'asseoir lui-même, il se lève quand elle entre, il retire son chapeau pour la saluer, il l'aide à ôter son manteau et le lui tient quand elle veut le remettre. Quel hommage au sexe faible !

Dans les plus chics restaurants parisiens, il existe des cartes « avec des prix » pour les messieurs et une carte « sans prix » pour les dames. Il va de soi, dans nos mentalités, que la femme ne paiera pas et qu'elle est naturellement l'invitée de son compagnon ! « En société », la femme reçoit presque toujours un traitement privilégié. D'où l'expression *« les femmes et les enfants d'abord »* qui se concrétise dans les prises d'otages. Lors d'une crise internationale on libère, en premier lieu, les femmes et leurs enfants. De toute façon, la guerre n'est-elle pas essentiellement une affaire d'hommes ?

Ainsi, la femme française occupe-t-elle deux positions contradictoires. Tantôt elle est l'objet d'une attention très respectueuse, la reine de l'espèce en quelque sorte ; tantôt, elle se voit attribuer la seconde position : un être inférieur, ou plutôt un être socialement infériorisé. Comment accepte-t-elle ces deux rôles tellement opposés ? Il semble que le rôle « flatteur » vienne atténuer l'humiliation du second. La femme française peut admettre son infériorité officialisée, à condition qu' « en société » les hommes lui jouent des scènes d'hommage et de respect qui la valorisent. En général, elle y trouve son compte.

Mais de plus en plus de femmes désirent actuellement que cela change. Elles pensent qu'elles peuvent devenir, elles aussi, des « figures de proue » pour leur société.

Discussion

Dans votre pays, l'expression « sexe faible » existe-t-elle pour désigner les femmes ? Si oui, comment se manifeste socialement cette infériorité de la femme par rapport au « sexe fort » ?

Si dans votre pays vous pouvez constater que la femme occupe bien « deux rôles » contradictoires, comment son rôle « flatteur » se manifeste-t-il ? comme en France ou différemment ?

Édith Cresson, Premier ministre. C'est la première fois qu'une femme est nommée à la tête du gouvernement.

COMPRÉHENSION orale

Interview

❶ Approche globale

Écoutez l'enregistrement plusieurs fois. Ensuite, relevez ce que vous avez compris à propos des différents points traités dans le document.

1. La première question de l'interviewer :

......

2. La réponse essentielle à cette question :

......

3. Le deuxième thème développé :
– Importance de ce thème :

......

– Conséquence sur la communication :

......

– Point de vue sur le progrès en général :

......

4. Le troisième thème développé :
– Réponse, selon la logique :

......

– Réponse plus personnelle :

......

❷ Approche détaillée

Recherchez dans l'enregistrement les expressions et les mots précis qui correspondent aux formulations indiquées en italique gras.

1. J'*aurais envie* de dire que c'est ce qui s'est passé dans les pays de l'Est : ......
2. *Ça a commencé* avant les années quatre-vingts : ......
3. *Tout le monde est pris par l'informatique* : ......
4. Même *au niveau* mondial : ......
5. Tous les réseaux informatiques *qui s'installent* : ......
6. Ce serait *impensable* d'imaginer : ......
7. On peut tout faire, tout savoir, sans *sortir de chez soi* : ......
8. Tout est *tout près, à notre disposition* : ......
9. Tu peux même *parler avec* le minitel : ......
10. Un langage qui est différent de celui de la *vie quotidienne* : ......
11. L'informatique devrait peut-être être *limitée* au domaine professionnel : ......
12. Ça peut être un acteur qui m'a *touchée profondément* : ......
13. Il a essayé de soulager ceux qui sont rejetés et *que la société déclare indignes* : ......

❸ Résumé

Résumez à votre manière ce que dit Claire à propos des trois thèmes de l'interview.

Évaluez vos compétences

A Compréhension orale : Entendu à la radio 1

Ecoutez deux fois l'enregistrement et répondez aux questions suivantes :

1. Jean-Claude a choisi son métier :
– parce qu'il le désirait depuis son enfance ☐
– parce que quelqu'un le lui a conseillé ☐

2. Il croyait être capable de le faire
On lui a dit qu'il serait capable de le faire ☐

3. Il a réfléchi un peu avant de se décider
Il a décidé immédiatement ☐

4. A l'époque, il habitait :
Paris ☐   la province ☐

5. Il a suivi des cours d'art dramatique :
dans une école ☐   dans deux écoles ☐

6. Il a été engagé immédiatement dans un théâtre
Il a attendu quelque temps avant de trouver un rôle ☐

7. La période des répétitions est pour lui :
– un moment toujours agréable ☐
– un moment parfois agréable ☐

8. Pendant les répétitions :
– il ne se passe jamais rien d'intéressant ☐
– il se passe toujours quelque chose d'intéressant ☐
– il se passe parfois quelque chose d'intéressant ☐

9. La « mythologie de l'acteur » est vécue par lui :
– comme quelque chose de supportable ☐
– comme quelque chose d'insupportable ☐

10. Dans ce document enregistré, la « mythologie de l'acteur » comporte les aspects suivants :
– l'angoisse ☐   – la peur ☐
– les difficultés ☐   – la gloire ☐

Entendu à la radio 2

Ecoutez deux fois l'enregistrement et répondez aux questions suivantes :

1. Si vous deviez donner un titre à ce document, lequel des trois titres ci-après correspondrait le mieux au contenu ?
– Les journalistes ne sont pas libres ☐
– Conseils aux journalistes ☐
– Conseils aux futurs journalistes ☐

2. Dans le document, « jouer son rôle » signifie plutôt :
– faire bien son travail ☐
– être totalement indépendant ☐

3. Est-ce que les journalistes ont la possibilité d'être indépendants ?
Oui ☐   Non ☐
Est-ce que tous les journalistes le sont ?
Oui ☐   Non ☐

4. Quel mot s'oppose à « indépendance » ?

5. Est- ce que l'interviewé est :
– pour l'indépendance des journalistes ☐
– pour l'auto-censure des journalistes ☐

6. La question qui est posée à l'interviewé signifie :
– Quels conseils faut-il donner aux jeunes qui commencent dans la profession ? ☐
– Faut-il conseiller cette profession aux jeunes ? ☐

7. Cette profession en général plaît aux jeunes :
Oui ☐   Non ☐

8. Le premier conseil donné signifie :
– soyez prudent ☐
– soyez compétent ☐

9. Le deuxième conseil s'adresse :
– à tous les journalistes en général ☐
– principalement aux journalistes ambitieux ☐

10. Les obstacles rencontrés par les journalistes sont comparés :
– à ceux d'une lutte, d'un combat ☐
– à ceux de l'escalade d'un sommet ☐

11. Autour d'eux, les jeunes journalistes rencontreront :
– des obstacles attendus ☐
– des obstacles inattendus ☐

12. Dans ce document, quel est le conseil qui se répète le plus souvent ?
– méfiez-vous ☐   – soyez indépendant ☐

B Compréhension écrite

Le grand homme des causes désespérées : le professeur Léon Schwartzenberg

Les médias ont fait de ce grand cancérologue une star qui provoque et dérange certains Français mais qu'un grand nombre d'entre eux admirent et applaudissent.

Léon Schwartzenberg lutte contre la mort et veut sauver des vies – c'est son métier de cancérologue. Mais il se révolte contre les médecins qui maintiennent à tout prix la vie des malades dont l'état est désespéré et qui souffrent tellement qu'ils souhaitent mourir : *«Toute personne à le droit de vivre»*, dit-il. *«Oui, je hais la mort mais aussi la souffrance, ces moments où la vie n'est plus la vie.»* Schwartzenberg déclare que ceux qui tolèrent la souffrance des autres sont des tortionnaires. Le combat le plus provocant du professeur Schwartzenberg est donc la défense de l'euthanasie. Il est difficile de savoir, à l'heure actuelle, ce qui est sinon légal du moins permis.

L'euthanasie «passive», qui consiste à donner soit un «cocktail», soit des doses massives de morphine, est fermement interdite. *«Hypocrisie ! s'exclame Schwartzenberg, ils me font rigoler ceux qui établissent une différence entre l'arrêt d'une perfusion ou une injection.»*

Ce grand débat pour ou contre l'euthanasie « active » coupe la France en deux parts inégales : un grand nombre de Français trouvent ce combat du professeur Schwartzenberg « courageux » et ils apprécient ses efforts pour la défense de l'euthanasie, mais beaucoup d'autres Français souhaiteraient que le professeur se taise…

Au fond d'eux-mêmes, tous les Français sont déchirés entre deux pensées contradictoires : d'un côté, ils ne veulent pas qu'on les laisse souffrir interminablement ; d'un autre côté, ils craignent qu'on ne les fasse mourir trop tôt, trop vite ou inconsidérément.

Évaluez vos compétences

Lisez le texte et répondez aux questions suivantes :

1. Est-ce que le professeur Schwartzenberg est apprécié par tous les Français ?

Oui ☐   Non ☐

2. Des médecins maintiennent en vie :
– les malades qui sont sans espoir de guérison ☐
– les malades qui veulent mourir ☐
– les malades sans espoir de guérison et qui veulent mourir ☐

Est-ce que le professeur Schwartzenberg est d'accord avec ces médecins ?

Oui ☐   Non ☐

3. Quelle est la raison qui justifie l'attitude du professeur Schwartzenberg ?
– la souffrance rend la vie intolérable ☐
– la souffrance retire à l'homme sa dignité ☐

4. Le mot « *tortionnaire* » signifie généralement :
– ne pas avoir pitié ☐
– aimer faire souffrir les autres ☐
– accepter la souffrance des autres ☐

Dans le texte, le mot « tortionnaire » est-il employé exactement dans ce sens ?

Oui ☐   Non ☐

5. « Défendre l'euthanasie » signifie :
– être pour l'euthanasie ☐
– être contre l'euthanasie ☐

6. L'euthanasie « passive », c'est le fait de :
– laisser mourir ☐
– essayer de prolonger la vie ☐
– faire mourir ☐

L'euthanasie «active », c'est le fait de :
– laisser mourir ☐
– essayer de prolonger la vie ☐
– faire mourir ☐

7. En France, sait-on, actuellement, ce qui est exactement permis en matière d'euthanasie ?

Oui ☐   Non ☐

8. Que pense le professeur Schwartzenberg de la différence entre euthanasie « passive » et euthanasie « active » ?

......

9. Est-ce que les Français sont entièrement d'accord avec le combat du professeur Schwartzenberg ?

Oui ☐   Non ☐

10. « Déchirés » s'explique par quel(s) mot(s) du texte ?

......

......

11. Qu'est-ce qui, dans le texte, s'oppose à « souffrir *interminablement* » ?

......

12. « Ils craignent » signifie :
– ils ne veulent pas ☐
– ils espèrent ☐
– ils ont peur ☐

C Production écrite libre

Choisissez parmi les sujets suivants :

1. Vous faites un séjour dans un pays étranger.
Vous écrivez à votre mari, femme, employeur… pour lui expliquer la raison pour laquelle vous avez dû retarder votre date de retour.
Racontez en détail ce qui vous est arrivé pour que votre excuse soit acceptée (rédigez une demi-page).

2. Illustrez par un récit une habitude culturelle du pays où vous vous trouvez. Vous l'envoyez soit à un ami, soit à un journal français.

D Chanson :
Aujourd'hui, j'ai rencontré l'homme de ma vie

Ecoutez la chanson de Diane Dufresne et essayez de retrouver les mots (ou groupes de mots) manquants :

Aujourd'hui, ... l'homme de ma vie
Who ho ho ho ho
...... , au grand ...... , en plein midi.

On ...... le même feu vert
Lui, ... et moi dans ma corvair
.... un lift

Aujourd'hui, ... l'homme de ma vie
Who ho ho ho ho
Aujourd'hui ...... jusque chez lui
J'suis ...... à son appartement
entre la ...... et le firmament
Il ...... un drink

[...]

Aujourd'hui, j'ai rencontré l'homme de ma vie
Who ho ho ho ho
Aujourd'hui, ... nous a suffi

Mon horoscope me l'avait ......
quand ...... j'ai su que c'était lui
J'ai ...... son signe

Aujourd'hui, j'ai rencontré l'homme de ma vie
Who ho ho ho ho
Aujourd'hui, ... , en plein midi.

Diane Dufresne, © Éditions Amérilys.

Discussion animée : le problème est difficile à résoudre.

La nature en péril

A On court à la catastrophe !

Michel : Ah Pierre ! enfin ! on t'attendait.

Pierre : Bonsoir, bonsoir. Excusez-moi, j'ai été retardé par une manifestation d'écologistes… Ah, Jacky, bonsoir ! je vous croyais à Montpellier…

Jacky : Pourquoi à Montpellier ?

Pierre : Oh ! pour rien… comme ça…

Michel : Alors, Cécile, dis-nous comment ça s'est passé à Genève.
Oui, Pierre, Cécile revient de Genève où elle a assisté au congrès du Centre International pour l'Environnement Alpin.

Cécile : Ne te moque pas, Michel.

Pierre : Encore des écolos ? …

Cécile : Non, non, attention ! c'était très sérieux. Comme vous le savez, la Suisse est très préoccupée par la pollution des forêts. L'objectif du congrès de Genève était justement de trouver les moyens d'arrêter cette pollution.

Michel : Oui, oui, en effet, j'ai lu dans *Le Monde* que 50 % des arbres sont malades en Suisse. Et c'est encore pire en Autriche, puisque 80 % des arbres sont en péril…

Pierre : Et c'est dû à quoi ?

Cécile : Et bien ! les arbres sont en train de mourir à cause des pluies acides.

Jacky : Mais qu'est-ce que c'est, les pluies acides ?

Cécile : Ce sont des pluies polluées par les acides qui proviennent des usines, et ces pluies brûlent la végétation. Mais, dans les Alpes, il y a aussi tous les dégâts provoqués par le tourisme, le ski, par exemple. Il y a chaque année des milliers et des milliers de skieurs, il faut bien en tenir compte !

Une célèbre station de ski, Avoriaz.

B Qu'est-ce qu'on pourrait faire ? ...

Pierre : Alors, Cécile, si je vous comprends bien, pour protéger la montagne, on ne devrait plus faire de ski !

Michel : Donc, l'année dernière, tu n'aurais pas dû aller à Courchevel !

Cécile : Ne vous moquez pas de moi. Je ne me rendais pas compte ! Maintenant, après ce que j'ai entendu au congrès, je suis persuadée qu'il faudrait vraiment limiter le nombre des stations de ski.

Jacky : Il y aurait peut-être une autre solution à trouver, quand même !

Pierre : Oui, qu'est-ce qu'on pourrait faire pour empêcher cette pollution ?

Jacky : Et sans que les gens soient privés de sports d'hiver ?

Cécile : D'après ce que j'ai entendu, il n'y a pas grand-chose à faire, à moins que tout le monde ne prenne conscience du danger... Pour limiter les dégâts, il est absolument indispensable de contrôler les usines chimiques mais aussi les remontées mécaniques, voilà !

Michel : C'est ça ! et à la veille des Jeux olympiques d'hiver !

Pierre : Et nos vacances, alors ?

Cécile : Ça, évidemment, ça pose un problème ! En tout cas, sans prévention immédiate, je vous assure qu'on court à la catastrophe !

Jacky : Oui, mais comment faire pour changer les habitudes des gens ? Ils ont besoin de grand-air, du ski, de la montagne !

Pierre : Sans compter l'aspect économique ! Il faut avoir les pieds sur terre ! s'il n'y a plus de ski, il y aura encore plus de chômage et moins de devises !

Michel : Ah ! vous n'êtes pas drôles ! et si on passait à table ?

DÉCOUVREZ les règles

Observez l'expression de la cause.

- J'ai été retardé par une manifestation.

- La Suisse est très préoccupée par la pollution des forêts.

- Tous les dégâts provoqués par le tourisme.

- Les arbres sont en train de mourir à cause des pluies acides.

- Les acides proviennent des usines.

- Et c'est dû à quoi ?

Observez différentes manières d'exprimer la quantité.

- 50% des arbres sont malades en Suisse.

- 80 % des arbres sont en péril.

- Il y a chaque année des milliers et des milliers de skieurs.

- Il faudrait vraiment limiter le nombre des stations de ski.

Observez et comparez trois constructions avec *sans*.

- Sans que les gens soient privés de sports d'hiver.

- Sans prévention immédiate…

- Sans compter l'aspect économique !

Les mots en gras ont-ils le même sens ?

- **D'après** ce que j'ai entendu.

- **Après** ce que j'ai entendu.

Observez l'emploi du subjonctif.

- Qu'est-ce qu'on pourrait faire, sans que les gens soient privés de sports d'hiver ?

- Il n'y a pas grand-chose à faire, à moins que tout le monde ne prenne conscience du danger.

MANIÈRES de dire

Quand il y a un problème, il faut savoir s'interroger sur ce problème, et savoir proposer des solutions.

1 **Relevez dans la situation pages 178 et 179 différentes manières de :**

s'interroger sur un problème
(reconnaître qu'il y a un problème) :

......

prescrire des solutions
(dire le moyen pour obtenir
un résultat) :

......

2 **Autres manières de prescrire des solutions :**

1. On court à la catastrophe sauf si les gens prennent conscience du danger...

2. Sans qu'il y ait une action sérieuse, il ne faut pas compter sur une amélioration de la situation écologique.

3. Pas d'efforts, pas de résultats !

4. Cette situation nécessite une prise de conscience des populations.

5. Si tu ne fais rien pour changer, ça ne changera pas !

6. Si, et seulement si, on transforme nos modes de vie, alors on pourra envisager une amélioration de la situation écologique.

7. « Faut qu'ça change », sinon on risque les pires problèmes !

8. Pour que ça s'améliore, il n'y a qu'une solution : la peur du gendarme !

9. Pour faire cesser la pollution, il est essentiel de mettre en place des dispositifs d'information écologique.

10. Si tu veux « qu' ça change », alors prends-en les moyens !

• Trouvez à laquelle de ces deux situations correspondent le mieux les dix énoncés.

• Imaginez une situation dans laquelle vous pourriez employer un de ces énoncés et jouez la scène.

À VOUS de parler

1 Jeu de rôles à deux personnages : un élève et un professeur (c'est un des élèves qui joue le rôle du professeur).

Votre classe veut organiser un voyage en France. Mais comment trouver l'argent pour organiser ce voyage ?

Quelle est la meilleure solution pour résoudre ce problème ?

Canevas possible :

– l'élève fait une suggestion ;

– le professeur n'est pas d'accord et réagit à sa façon ;

– l'élève propose une autre solution ;

– le professeur demande comment on peut réaliser pratiquement cette solution ;

– l'élève explique ;

– le professeur fait une objection à laquelle l'élève n'avait pas pensé et il propose une nouvelle solution ;

– l'élève n'est pas tout à fait d'accord et suggère une dernière possibilité ;

– le professeur réagit à sa façon, etc.

2 Jeu de rôles à deux personnages : A et B.

A et **B** veulent empêcher la pollution due à la circulation automobile dans les grandes villes.

A et **B** font des propositions et des contre-propositions, jusqu'à ce qu'ils trouvent la meilleure solution au problème.

3 Faites-les parler :

Exercices

1

C'est dû à quoi ?

a) A partir des titres de journaux suivants, reformulez l'information en une seule phrase et en utilisant les expressions proposées, suivies d'un nom.

> **Incendie criminel**
> Cinq cents hectares de forêts dévastés
>
> Cinq cents hectares de forêts ont été dévastés **par suite** d'un incendie criminel.

Expressions de la cause :

à cause de

par suite de

grâce à

à la suite de

en raison de

compte-tenu de

par manque de

faute de

par excès de

étant donné

...

1. **Programme Seine propre**
Bientôt, on pourra de nouveau
se baigner dans la Seine !
......

2. **Alpes**
Les pluies acides tuent les forêts.
Deux associations écologiques
dénoncent les industries chimiques.
......

3. **Été catastrophique**
La sécheresse poursuit ses désastres :
des rivières asséchées,
des cultures brûlées,
des troupeaux décimés,
la terre desséchée...
......

4. **Le littoral breton dévasté**
Un pétrolier s'échoue sur les côtes bretonnes
et y répand son énorme cargaison de pétrole.
......

5. **Consommation excessive
de conserves alimentaires**
Notre organisme manque dangereusement
de vitamines A et C.
......

6. **Production industrielle : le contrôle est insuffisant !**
Résultat : appauvrissement des eaux en oxygène,
mort des poissons, nappes phréatiques polluées...
......

b) Choisissez un de ces titres et rédigez un court article (cinq à dix lignes).

Exercices

2 **_L'apprenti journaliste._**

À partir des informations qui vous sont proposées en télex, rédigez deux phrases pour le bulletin d'information. L'une exprimera la _cause_, l'autre la _conséquence_. Vous utiliserez les verbes proposés suivis d'un nom.

> Pluies acides : une forêt alpine **polluée**.
> La pollution **a été causée** par des pluies acides (_cause_).
> Les pluies acides **ont entraîné** la pollution (_conséquence_).

Verbes exprimant la cause ou la conséquence :

causer
provoquer
produire
déclencher
expliquer
permettre
motiver
favoriser
entraîner

1. Cyclone en Guadeloupe :
   des milliers d'habitations **détruites**.
   ......

2. Politique agricole européenne :
   les agriculteurs français **en colère**.
   ......

3. Intoxication alimentaire dans une école :
   vingt-deux enfants **hospitalisés**.
   ......

4. Utilisation d'engrais naturels :
   réduction de la pollution des sols.
   ......

5. Utilisation excessive d'engrais chimiques :
   augmentation de la pollution des sols.
   ......

6. Pluies diluviennes :
   les rives des fleuves **inondées**.
   ......

3 **_De vive voix_**

a) Lisez ces grands titres de journaux et transformez-les en phrases à la _voix passive_.

b) Ensuite, pour communiquer l'information à votre voisin, utilisez la _voix active_.

> Ralentissement du TGV sud causé par des manifestants.
> a) Le TGV **a été ralenti** par des manifestants.
> b) Il y a des manifestants qui **ont forcé** le TGV à ralentir (ou : qui **ont ralenti** le TGV).

1. Inondation des bords de Seine provoquée par des pluies diluviennes.
   a) ......
   b) ......

2. Les efforts des écologistes encouragés par le gouvernement.
   a) ......
   b) ......

3. Le programme « Seine propre » prévu par le Conseil municipal.
   a) ......
   b) ......

4. La circulation routière gênée par une manifestation d'agriculteurs.
   a) ......
   b) ......

5. Le port de la ceinture de sécurité dans les voitures renforcé par de nouveaux contrôles de sécurité.
   a) ......
   b) ......

6. L'implantation d'une usine nucléaire empêchée par la population en colère.
   a) ......
   b) ......

 4 *« Science sans conscience n'est que ruine de l'âme... »* (Rabelais)

Réagissez aux constatations suivantes en donnant une règle générale. Vous emploierez *sans + nom* et *sans + infinitif*.

— Je réussis assez mal, mais c'est vrai que je ne travaille pas beaucoup.
— **Sans travail**, on ne peut pas réussir.
(**Sans travailler**, on ne peut pas réussir.)

1. — Je n'arrive pas à m'organiser. C'est vrai que je n'ai pas d'ordre.
   — ......

2. — J'ai de la difficulté à apprendre, mais c'est vrai que je ne pratique pas beaucoup.
   — ......

3. — Je n'arrive pas à maigrir, mais c'est vrai que je mange n'importe quoi.
   — ......

4. — Je n'ai aucune mémoire, mais c'est vrai que je me concentre difficilement.
   — ......

Exercices

5 *« Ma liberté s'arrête là où commence celle d'autrui... »* (Sartre)

Cela signifie que je ne peux pas faire tout ce que je veux sans nuire à la liberté des autres, ou sans que les autres en souffrent.

a) Dites ce que vous ne pouvez pas faire. ⎫
b) Imaginez ce que vous aimeriez faire. ⎭ **Sans que** vos parents le **sachent** ?

a) Je ne peux pas téléphoner aux USA sans que mes parents le sachent.
b) J'aimerais téléphoner aux USA sans le dire à mes parents.

sans que + subjonctif
ou
sans + infinitif

1. Sans que les gens **fassent** attention à vous ?
  a) ......
  b) ......

2. Sans que vous **soyez vu**(e) par quelqu'un ?
  a) ......
  b) ......

3. Sans que vos voisins **aient** des reproches à vous faire ?
  a) ......
  b) ......

4. Sans que vous **ayez** de problème avec la police ?
  a) ......
  b) ......

5. Sans que les gens **disent** que vous êtes mal élevé ?
  a) ......
  b) ......

6 *Il y a quand même des limites ! ...*

Expliquez à la personne qui parle que ce qui est arrivé est normal. Donnez-lui une règle générale en employant *sans que + subjonctif.*

— J'ai fait de la musique jusqu'à une heure du matin : mes voisins ont appelé la police !

— C'est normal ! tu ne peux pas faire de musique jusqu'à une heure du matin **sans que** tes voisins **soient fâchés** et **se plaignent**.

1. — J'ai téléphoné à l'étranger : mon père l'a su. Il était très mécontent.

— C'est normal ! tu ......

2. — Je suis allé en ville avec Delphine. On nous a vus. Il y a eu des commentaires.

— C'est normal ! tu ......

3. — J'ai conduit un peu vite et j'ai été arrêté par la police.

— C'est normal ! tu ......

4. — J'ai couru très vite, j'ai bousculé trois personnes, elles m'ont dit que j'étais mal élevé !

— C'est normal ! tu ......

5. — J'ai laissé le robinet ouvert, je suis parti. La maison a été inondée !

— C'est normal ! tu ......

6. — J'ai composé le 17, la police est arrivée ! Je n'ai rien compris !

— C'est normal ! tu ......

7. — J'ai appuyé sur cette pédale : la machine s'est mise en marche !

— C'est normal ! tu ......

Discours menaçants

À l'aide des éléments proposés, faites deux phrases complètes en utilisant à *moins que + subjonctif* et *sans que + subjonctif*.

> ...... sans augmentation de salaire ......
>
> a) Les travailleurs feront la grève **à moins que** leur salaire **ne soit** augmenté.
>
> b) Les travailleurs ne reprendront pas leur travail **sans que** leur salaire **soit** augmenté.

1. ...... sans pollution ......
  a) ......
  b) ......

2. ...... sans reboisement ......
  a) ......
  b) ......

3. ...... sans intervention de l'État ......
  a) ......
  b) ......

4. ...... sans prise de conscience ......
  a) ......
  b) ......

VOTRE grammaire

Expression de la cause

La cause peut être exprimée de deux manières :

● Une phrase passive, suivie de « par »

> J'ai été retardé **par** une manifestation.
> La Suisse est préoccupée **par** la pollution.
> Tous les dégâts provoqués **par** le tourisme.
> La pollution causée **par** les pluies acides.

● Les verbes « provenir de » / « être dû à »

> Les pluies acides **proviennent de** l'industrie chimique.
> C'est **dû à** quoi ?
> C'est **dû à** l'urbanisme sauvage.

Remarque : les verbes «**provoquer, produire, causer**» peuvent exprimer la cause ou la conséquence. Cela dépend de leur emploi actif ou passif.

Emploi actif : conséquence : Le tourisme a **provoqué** des dégâts.
Cette histoire a **causé** un grand scandale.

Emploi passif : cause : Les dégâts ont été **causés** par la pollution.
La pollution a été **produite** par les déchets atomiques.

Subjonctif

● Il s'emploie après «sans que», «à moins que... ne»

> **Sans que** les gens **soient privés** de sports d'hiver.
> **À moins** qu'ils **ne prennent** conscience du danger.

Ces deux conjonctions sont suivies du subjonctif parce que, comme dans les cas étudiés précédemment, elles introduisent une action envisagée comme une *possibilité*, une *virtualité*.

Remarque : « **à moins que** » est suivi d'un « **ne** » qui n'est pas une négation, la *phrase* reste *positive*.
Je ne t'accompagnerai pas **à moins que** tu **ne** sois d'accord.
(J'envisage la possibilité que **tu sois d'accord**).
Cette conjonction peut être aussi suivie d'une *phrase négative*.
Je t'accompagnerai, **à moins que** tu **ne** sois pas d'accord.
(J'envisage la possibilité que **tu ne sois pas d'accord**).

Conjugaison des verbes pronominaux

● Présent de l'indicatif

La structure est la même à tous les temps simples :

Je	**me**	rends compte.
Tu	**te**	moques de moi.
Il	**s'**	amuse.
Elle	**s'**	amuse.
Ça	**se**	passe en hiver*.
Nous	**nous**	dépêchons.
Vous	**vous**	ennuyez.
Ils	**se**	rappellent.
Elles	**se**	rappellent.

---

* Le verbe « **se passer** » (avoir lieu) est conjugué seulement à la troisième personne.

● Passé composé

La structure est la même à tous les temps composés :

Je	**me**	suis	rendu(e) compte.
Tu	**t'**	es	moqué(e)* de moi.
Il	**s'**	est	bien amusé.
Elle	**s'**	est	bien amusée.
Ça	**s'**	est	passé en hiver.
Nous	**nous**	sommes	dépêché(e)s.
Vous	**vous**	êtes	ennuyé(e)s.
Ils	**se**	sont	rappelés.
Elles	**se**	sont	rappelées.

---

* Les verbes pronominaux sont toujours conjugués avec l'auxiliaire « **être** » et le participe passé s'accorde avec le sujet ou l'objet selon le cas.

● Impératif

• *Positif* : Rappelle-**toi** !
Dépêchons-**nous** !
Amusez-**vous** bien !

• *Négatif* : Ne **te** moque pas !
Ne **nous** moquons pas !
Ne **vous** moquez pas !

DÉCOUVREZ les sons

La prononciation des semi-consonnes [w], [ɥ], [j].

1 ▶ **Écoutez et répétez après le modèle.**
« Y a » un moyen !

2 ▶ **Écoutez et répétez après le modèle.**
Je vous souhaite un bon week-end.

3 ▶ **Écoutez et répétez après le modèle.**
Aujourd'hui, il vit en Suisse.

4 ▶ **Écoutez l'enregistrement et marquez une croix (×) dans la bonne colonne.**
Aujourd'hui, il vit en Suisse.

	J'entends [ɥ] comme dans «huit» et dans «muet»	Je n'entends pas [ɥ]
1.		
2.		
3.		
4.		
5.		
6.		
7.		
8.		
9.		
10.		
11.		
12.		

5 ▶ **Pour persuader quelqu'un, on peut utiliser l'accent d'insistance. Écoutez et répétez après le modèle.**
C'est **très** sérieux !

6 ▶ Écoutez l'enregistrement et réagissez en utilisant *l'accent d'insistance* dans les exemples de réaction qui vous sont proposés.

1. *Sans* prévention routière, il y aura *toujours* des accidents !

2. Il n'y a *pas* grand-chose à faire, à *moins* que *tout* le monde ne *prenne* conscience du danger !

3. Ce qu'il *faut*, c'est *prévenir* plutôt que *guérir*.

4. On ne doit *plus* rester *indifférents* à *l'avenir* de notre planète !

5. *Dénoncer* les abus, c'est *bien* ! mais on ne réussira *pas* si on ne s'efforce *pas* de *changer* les choses.

Amusement sonore

Conte de l'île aux Mouettes

Cette nuit-là,
il était non loin de minuit.

Depuis la veille,
la population
s'était enfuie
au fond des abbayes.
Et l'île aux Mouettes
restait muette
sous le bruit
de la pluie.

Les paysans
perpétuaient
une ancienne tradition
de prières
et d'incantations,
persuadés
qu'un malheur exceptionnel,
un jour les détruirait.

Cette nuit-là,
à minuit pile,
une nuée de mouettes grises
bruyantes,
et effrayantes,
s'abattit violemment
sur l'île.

Et tous les paysans
furent tués
sans exception…

Itinéraire Bis

Lutte contre la pollution : une bonne nouvelle, la Seine revit !

La Seine à Courbevoie. Au fond, les tours de La Défense.

 Oui, bientôt, on pourra de nouveau se baigner dans la Seine ! ...

Les planctons végétaux ont repoussé...

À l'heure actuelle, on trouve trente-deux espèces de poissons et ces poissons sont consommables ! ...

Si ces poissons-là survivent et se reproduisent, c'est que la Seine sera redevenue propre...

Activités

• Repérages

– Relevez dans le document enregistré les expressions marquant le temps.

– Quels sont les verbes qui indiquent la lutte contre la pollution ?

– Quels sont les verbes qui marquent une amélioration ?

– Quel est le verbe qui indique l'objectif de tous ces efforts.

• Préparez un rapport sur les efforts qui sont faits dans votre pays pour la lutte contre la pollution. Réemployez les expressions marquant le temps et les verbes qui indiquent la lutte contre la pollution.

Lisez votre texte devant la classe et discutez avec vos camarades quand ils ne sont pas d'accord avec vous.

Bateau-nettoyeur sur la Seine.

Les champs de bataille des verts

Les Verts ont largement influencé la population. A travers toute la France, une multitude d'associations mènent de difficiles batailles :

• contre le programme autoroutier excessif ;

• contre les déchets industriels et ménagers dont personne ne veut près de chez soi ;

• contre ceux qui «aménagent les rivières» en mettant du béton le long des rives… ;

• contre les complexes touristiques qui ont tendance à défigurer les plus beaux sites du pays…

Des milliers de batailles «vertes» se déclenchent dans tout l'hexagone.

Manifestation d'écologistes.

Quelques points forts

LA HAGUE Les Verts manifestent

On n'est pas vraiment « Vert » si dans sa vie on n'est pas venu manifester devant l'usine de retraitement des déchets nucléaires COGEMA à La Hague. En août 1988, Greenpeace dénonçait la présence d'algues, de coquillages et de poissons légèrement contaminés…

LA BRETAGNE Les Verts accusent

Pollution des eaux ! les Verts ne savent plus où donner de la tête : rivières dont le niveau d'oxygène est si bas que les poissons y crèvent ; nappes phréatiques pleines de nitrate. Les responsables ? les engrais des agriculteurs, les phosphates des lessives ménagères… Les Verts dénoncent ces abus.

MONTPELLIER Les Verts protestent

La commune de Latte étouffe sous les 400 000 tonnes d'ordures que lui envoie annuellement Montpellier. En 1989, le maire de Latte avait voulu fermer sa décharge municipale d'ordures, parce qu'elle n'était pas suffisamment contrôlée, mais la préfecture lui a aussitôt envoyé les gendarmes… (!) Les Verts protestent vivement.

CÔTE D'AZUR Les Verts dénoncent

Les Verts dénoncent dans cette région des projets de complexes touristiques qui risquent de « dénaturer » le paysage.

D'après Le Point, 863, avril 1989.

Activités

• **Repérages**

– Donnez le synonyme (le mot équivalent) pour les « Verts ».

– Relevez les verbes qui signalent les principales activités des Verts.

– Donnez le nom qui correspond à chacun de ces verbes.

Exemple : manifester = manifestation.

– Faites la liste des « ennemis » des Verts.

Regroupez ces ennemis en deux catégories :

A	B
Les responsables «humains» directement mis en cause :	Les actions ou les produits directement mis en cause :
……	……
……	……
……	……

Que constatez-vous dans ces deux catégories ?

– Nommez :

• les vrais responsables de la pollution nucléaire ;

• les vrais responsables de la pollution par les engrais, les nitrates, les phosphates, les lessives ;

• les vrais responsables de la pollution par les projets de complexes touristiques ;

• les vrais responsables de la pollution de la commune de Latte.

• A votre avis, pourquoi ces vrais responsables de toutes les pollutions ne sont-ils pas toujours directement nommés dans le texte ? Discutez-en entre vous, en petits groupes, pour proposer une réponse.

• En petits groupes, vous choisissez le nom de votre association contre la pollution. Vous rédigez des slogans pour protester contre un type de pollution dans votre ville.

Faites maintenant une protestation écrite destinée aux vrais responsables de la pollution.

CIVILISATION

Châlet suisse au pied du Pillon.

Le village de Saint-Johann.

La Confédération helvétique

Petite mais puissante

La superficie de la Suisse représente un treizième de celle de la France. Mais, dans ses étroites frontières, ce petit pays montagneux a su acquérir une puissance financière, et joue un rôle diplomatique mondial, tout en restant en dehors de la Communauté Européenne.

La protection de la nature

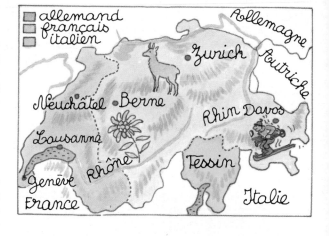

La Suisse joue un grand rôle dans la protection de la Nature et les sports alpins. Les Alpes occupent les trois cinquièmes du territoire et les Suisses, grâce à leur Centre international pour l'Environnement alpin qui siège à Genève, donnent l'exemple à l'Europe dans la lutte écologique contre la pollution des eaux et la protection des forêts.

Depuis plus d'un siècle, les champs de neige attirent les skieurs du monde entier, et nombreux sont les alpinistes qui viennent escalader les plus hauts sommets des Alpes suisses.

La beauté des sites et l'accueil chaleureux des Suisses font du pays un lieu de vacances très recherché.

on vit bien en Suisse

Après une journée de ski, quel plaisir de déguster dans un charmant chalet une fondue ou une raclette au fromage, accompagnée d'un vin blanc pétillant.

La Suisse joue un rôle humanitaire et international de premier plan

CROIX ROUGE

C'est un Suisse, Henri Dunant, qui a fondé la Croix-Rouge internationale en 1863, et tout le monde sait que la ville de Genève abrite de nombreux organismes internationaux dont le second centre de l'ONU (Office des Nations Unies) et l'OMS (Organisation Mondiale de la Santé).

La prospérité économique de la Suisse et sa neutralité en temps de guerre ont attiré les capitaux étrangers.

Les banques suisses gèrent probablement les plus grosses fortunes de la planète !

Henri Dunant, fondateur de la Croix-Rouge.

Quelques Suisses illustres

Jean-Jacques Rousseau

philosophe du Siècle des lumières

Jean-Jacques Rousseau, écrivain et philosophe de langue française est né à Genève en 1712 (mort en 1778 à Ermenonville).

Il est l'auteur du célèbre ***Discours sur l'origine et les fondements de l'inégalité parmi les hommes*** :

« *Le premier qui ayant enclos un terrain s'avisa de dire, ceci est à moi, et trouva des gens assez simples pour le croire, fut le vrai fondateur de la société civile [...] Vous êtes perdus si vous oubliez que les fruits sont à tous, et que la terre n'est à personne !* »

Mais Jean-Jacques Rousseau est surtout illustre et mondialement connu pour son ***Contrat social*** :

« *L'homme est né libre, et partout il est dans les fers** ».

« *Renoncer à sa liberté, c'est renoncer à sa qualité d'homme, aux droits de l'humanité, même à ses devoirs* ».

* Être dans les fers : être prisonnier.

Alberto Giacometti

peintre et sculpteur expressionniste (1901-1966)

Son style se caractérise par un allongement démesuré des formes.

Alberto Giacometti, *Trois hommes qui marchent*, 1948.

Un pays de communication plurilingue

Carrefour de l'Europe, la Suisse possède quatre langues principales : l'allemand, le français, l'italien et le romanche. La communauté de langue française représente 18 % de la population totale.

La confédération helvétique considère l'allemand, le français et l'italien comme langues officielles et, dès l'école primaire, les jeunes Suisses doivent obligatoirement étudier au moins deux de ces langues.

Dans ces conditions idéales d'apprentissage des langues, il n'est pas étonnant que ce soit à Genève que se trouve la fameuse école de formation des traducteurs et des interprètes.

Non à la folie contre nature

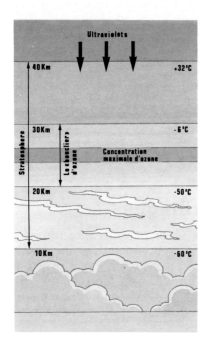

Dégâts causés par des pluies acides dans la forêt.

A vant tout , ce sont les forêts tropicales qui sont terriblement en danger : « *C'est là sans doute que réside la plus grande menace écologique de notre planète. Les pires dangers ne sont pas forcément les plus spectaculaires. Ce que l'on doit surtout redouter, ce sont les dégradations irréversibles. Les marées noires, qui nous indignent à juste titre, ne sont pas un drame écologique irréversible. Car la nature a le pouvoir de régénérer les substances qu'elle a elle-même fabriquées, comme le pétrole. En revanche, ce qui est irréversible, et absolument catastrophique, c'est le déboisement des forêts tropicales. On a détruit 50 % de leur superficie en cinquante ans ! [...] Ce que l'on sait, et dont on est sûr, c'est que si on continue de déboiser à ce rythme, on court à la catastrophe à brève échéance* ».

Jean-Marie Pelt

Activités

Quelle est la principale catastrophe écologique ?

Pour quelle raison est-elle plus importante que les autres ?

Le « trou » d'ozone ? on ne sait pas tout encore...

Le « bouclier » d'ozone, au-dessus de l'Antarctique.

L e « trou » dans la couche d'ozone de la stratosphère est un phénomène que les écologistes ne comprennent pas encore totalement :

« *Je ne minimise pas le problème, et je pense qu'on a très bien fait de stopper la production des CFC, c'est-à-dire les chlorofluorocarbones qui détruisaient l'ozone. Cette sage décision n'aura pas forcément pour conséquence d'empêcher que le trou d'ozone au-dessus de l'Antarctique ne se reproduise pas tous les ans. Ce que beaucoup de scientifiques pensent maintenant, et je suis de ceux-là, c'est que l'obscurité dans laquelle est plongée cette région durant une grande partie de l'année fait qu'il n'y a plus de rayons ultraviolets, et donc plus d'ozone. Mais ce n'est qu'une théorie... Ce qui me gêne, c'est que tout à coup, me semble-t-il, il n'y a plus qu'un seul problème écologique : l'ozone, l'ozone... c'est un peu exagéré !* »

Jean-Marie Pelt

Activités

Est-ce que le trou d'ozone a des conséquences importantes ?

Est-ce qu'on en connaît bien les causes ?

les Verts !

Malgré quelques efforts, les problèmes de l'eau sont dramatiques

Jean-Marie Pelt reconnaît que des efforts ont été accomplis pour lutter contre la pollution des eaux en surface : « *C'est vrai qu'on a amélioré les eaux en surface mais on n'a pas pensé aux nappes phréatiques. Avec les années de sécheresse que nous connaissons, elles risquent, non seulement de se tarir, mais en plus d'être complètement polluées, pour des années et des années* ».

Ce que Jean-Marie Pelt souhaite, c'est que l'Europe ait enfin une politique écologique plus efficace, notamment dans la prévention des catastrophes dues aux hommes : incendies de forêts, pollution par les engrais chimiques, pollution des eaux par les industries, épuisement des sols [...]. Selon Jean-Marie Pelt, il ne suffit pas de réparer les dégâts causés à la nature, il faut mettre en place des stratégies de prévention. Il est aussi indispensable d'enseigner sérieusement à connaître et donc à respecter la nature :

« *À quoi servent tous ces beaux discours sur l'écologie, si demain, plus personne ne connaît la nature ?* »

Science et Nature, juillet - août 1990, interview de Jean-Marie Pelt, professeur de biologie végétale à l'université de Metz et fondateur de l'Institut européen d'écologie.

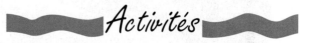

Activités

En quoi consiste le principal problème de l'eau ?

Quelle solution propose Jean-Marie Pelt ?

L'île de Bréhat, au large de la Bretagne.

Marina, Baie-des-Anges, près de Nice.

La pollution marine

« *La mer sera en danger de mort si l'inconscience générale ne prend pas fin* ». Au cours de l'opération « Med-poll » (pour Méditerranée-pollution) l'équipe de Cousteau a effectué des milliers de prélèvements d'eau, de planctons, de vie sous-marine qui furent analysés par les meilleurs laboratoires du monde. Les résultats ont permis à Cousteau de constater que la pollution industrielle, agricole et domestique n'était pas la seule responsable de la mort dans la Méditerranée : « *Il y a un autre facteur de mort [...], la pollution n'est que la deuxième cause de diminution des populations végétale et animale. La première, c'est la destruction mécanique directe, le saccage. Je regroupe sous ce terme la pêche industrielle, qui ravage les fonds [...] ; et surtout les grands travaux de rectification des côtes. Chaque fois qu'on creuse un nouveau port de commerce ou de plaisance, chaque fois qu'on agrandit un aéroport côtier, on bouleverse la portion la plus riche du grand corps marin : l'herbier littoral. Cette prairie, située entre zéro et cinquante mètres de profondeur [...] Voilà à quoi l'homme s'emploie en dressant un mur de béton sur le rivage !* »

C'est pourquoi le commandant Cousteau soutient fermement les écologistes et met tout son poids dans la bataille que ceux-ci mènent pour que la terre reste vivable et belle.

D'après A. Falco et Y. Paccalet, *Capitaine de la Calypso*, © Robert Laffont, 1990.

Activités

Quelles sont les causes de la destruction des animaux et des végétaux marins ?

A quelle profondeur se trouve la portion la plus riche de la mer ?

Quelle image est utilisée pour désigner des constructions sur le rivage ?

CULTURE

Comment ne pas être écolo ?

Une voiture solaire.

Êtes-vous pour ou contre l'écologie ? Cela pourrait être une question que la Cinq pose tous les jours aux téléspectateurs de son journal télévisé...

On peut estimer que cette question obtiendrait 80 % de réponses favorables, presque avant le score en faveur des augmentations de salaires. Après tout, qui refuse de condamner le veau aux hormones, les fuites radioactives, la destruction progressive des espèces animales, le déchirement de la couche d'ozone, les pluies acides, l'urbanisme catastrophe, l'enlaidissement progressif et général de la planète ?

En ces temps d'œcuménisme idéologique, le seul mot d'ordre révolutionnaire est maintenant : vivre sans saccager.

Refusant les antiques clivages gauche-droite, exploité-exploiteur, socialisme-libéralisme, le programme des Verts contient plus d'orientations générales que de véritables solutions. La substitution des énergies douces au nucléaire, par exemple, fait sourire tout le monde, à l'exception peut-être des gogos qui se gèlent chaque hiver dans leurs maisons solaires.

Quant à la défense passive (désarmement, non-violence, et, en cas d'occupation militaire, non-collaboration économique) comme idée force d'une doctrine de défense, on mesure facilement le peu de confiance qu'elle suscite en ces temps agités. Pis encore, derrière les esquisses de retour à une vie plus proche de la nature, les mauvais esprits n'hésitent pas à dénoncer un projet qui ressemblerait en bien des points à l'expérience des Khmers rouges : abandon des villes, retour à la campagne, rejet de la technique.

Le mouvement ne semble donc pas encore avoir trouvé de théoricien ni même de leader à la mesure du grand tremblement de terre qu'il prône. On a un peu de mal à voir Marx derrière René Dumont et Lénine derrière Antoine Waechter.

D'après Richard Planck, «L'écologie ou le dilemme», *Maintenant 2, Le consensus*, automne 1990.

Activités

– La majorité des Français est-elle pour ou contre l'écologie ?

– Relevez les six aspects négatifs de votre vie actuelle, dénoncés par les écologistes.

– Trouvez le sens du mot clivage en observant les mots qui suivent.

– Rapprochez les deux mots *clivage* et *œcuménisme idéologique*. Quel est leur rapport ?

– Les Verts sont-ils à gauche ou à droite ?

– Relevez les trois arguments critiques du programme écologiste ;
• argument 1 : ......
• argument 2 : ......
• argument 3 : ......

– Comment chaque argument est-il introduit ?

– Quelle phrase résume la critique générale ?

– Par quelle image est-elle renforcée ?

Le petit jardin

C'était un petit jardin
Qui sentait bon le métropolitain
Qui sentait bon le Bassin parisien
C'était un petit jardin
Avec une table et une chaise de jardin
Avec deux arbres, un pommier et un sapin
Au fond d'une cour à la Chaussée d'Antin

Mais un jour près du jardin passa
Un homme qui au revers de son veston
Portait une fleur de béton
Dans le jardin une voix chanta
De grâce, de grâce, Monsieur le Promoteur,
De grâce, de grâce,
Préservez cette grâce
De grâce, de grâce, Monsieur le Promoteur,
Ne coupez pas mes fleurs.

C'était un petit jardin
Qui sentait bon le métropolitain,
Qui sentait bon le Bassin parisien.
C'était un petit jardin
Avec un rouge-gorge dans son sapin,
Avec un homme qui faisait son jardin,
Au fond d'une cour à la Chaussée d'Antin.

Mais un jour près du jardin passa
Un homme qui au revers de son veston
Portait une fleur de béton
Dans le jardin une voix chanta
De grâce, de grâce, Monsieur le Promoteur,
De grâce, de grâce
Préservez cette grâce
De grâce, de grâce, Monsieur le Promoteur,
Ne coupez pas mes fleurs.

C'était un petit jardin
Qui sentait bon le Bassin parisien.
À la place du joli petit jardin,
Il y a l'entrée d'un souterrain
Où sont rangées comme des parpaings
Les automobiles du centre urbain.

C'était un petit jardin
Au fond d'une cour à la Chaussée d'Antin...

Paroles Jacques Lanzmann, musique Jacques Dutronc,
Le petit jardin, © Éditions musicales Alpha, 1972.

Un jardin à la cité Falguière,
dans le XVe arrondissement à Paris.

Activités

• Trouvez un synonyme pour **grâce** dans : « de grâce, ... préservez cette grâce ».

• Choisissez un lieu qui vous plaît (à la campagne, en ville, à la mer, à la montagne). Trouvez quatre ou cinq éléments qui sont dans ce lieu, et cherchez tous les mots que vous connaissez qui peuvent rimer avec ces éléments (par exemple : le mot *peuplier* peut rimer avec *blé, pré, banquier, atelier, ouvrier*).

• Décrivez ce lieu en commençant la description par « c'était... », et en faisant quelques vers qui riment.

Imaginez le lieu nouveau qui l'a remplacé. Procédez de la même façon et commencez votre strophe par : « à la place de... ».

L'écologie et le langage
ou
« heureux comme un poisson dans l'eau »

Les rapports des hommes avec le milieu naturel sont très nettement marqués dans le langage. Beaucoup de comparaisons, de dictons et de proverbes révèlent à quel point nous sommes influencés par la Nature et combien la Nature est associée à nos comportements et à nos attitudes.

Par exemple, on dit de quelqu'un qui nous fait une visite très brève : *«il est passé en coup de vent»*. Si quelqu'un réagit très vite, il est *«rapide comme l'éclair»*, s'il parle d'une voix très forte, il a *«une voix de tonnerre»*, s'il a l'air toujours malheureux, il est *«triste comme un jour de pluie»*. Celui qui a beaucoup d'influence dans une administration y *«fait la pluie et le beau temps»*. Une personne agréable et charmante est comparée à *«un rayon de soleil»*. Celui ou celle qui est très réaliste a *«les pieds sur terre»*. Au contraire, si on passe son temps à rêver, *«on a la tête dans les nuages»* ou *«on est dans la lune»*.

Ce sont quelques expressions qui font intervenir les astres et les éléments.

On associe aussi les couleurs à celles de notre environnement naturel : *«bleu ciel»*, *«bleu marine»*, *«blanc comme neige»*, *«vert pomme»*, *«blond comme les blés»*, *«rouge comme une tomate»*.

Les animaux ont également leur mot à dire : *«gai comme un pinson»*, *«laid comme un pou»*, *«bavard comme une pie»*. On entend aussi dire : *«travailler comme une fourmi»*, *«dormir comme une marmotte»*, *«crier comme un putois»*, *«courir comme un lièvre»*, *«siffler comme un merle»*. Et puis, *«doux comme un agneau»*, *«grand comme une girafe»*. Sans oublier des expressions imagées telles que *«il a une langue de vipère»*, *«un œil de lynx»*, *«des dents de loup»*, *«des yeux de biche»*, *«un appétit d'oiseau»* et *«une mémoire d'éléphant»* – expressions qui nous rappellent à chaque instant les liens intimes qui existent entre nos amies les bêtes et nous...

Les proverbes et les dictons font souvent allusion à la Nature : «*l'hirondelle ne fait pas le printemps*» se dit à quelqu'un qui croit trop vite, et sans assez de preuves, à sa bonne fortune. «*Pierre qui roule n'amasse pas mousse*» nous rappelle qu'on ne peut pas réussir sa vie si on bouge tout le temps. «*L'eau va à la rivière*» signale qu'on ne prête de l'argent qu'aux riches. «*Autant en emporte le vent*» signifie qu'on n'a pas du tout confiance dans les promesses d'autrui, et enfin «*Quand le chat n'est pas là, les souris dansent*» commente l'attitude que peuvent avoir les gens quand ils n'ont plus de dirigeants pour leur faire peur...

Compliments, insultes et petits noms affectueux sont directement empruntés au monde animal et végétal : «*elle a une taille de guêpe*» dit-on d'une femme très fine. «*Elle a un teint de pêche*» ou «*un teint de rose*» décrit un visage lisse et jeune, alors qu'un visage «*ridé comme une pomme*» accuse l'effet des ans... «*cochon*», «*âne*», «*sale bête*», «*espèce de moule*» et «*poule mouillée*» ne sont pas flatteurs pour les humains. Mais, «*mon petit chou*», «*ma puce*», «*ma colombe*», «*mon petit chat*» et «*mon petit lapin*» sont des termes d'affection que les parents donnent couramment à leurs enfants.

Si les comparaisons animales et végétales sont très nombreuses dans le langage ordinaire, elles le sont encore plus dans la poésie dont une des préoccupations est de rechercher les correspondances et les symboles, car :

« La nature est un temple où de vivants piliers
Laissent parfois sortir de confuses paroles ;
L'homme y passe à travers des forêts de symboles
Qui l'observent avec des regards familiers. »

(Charles Baudelaire, *Correspondances, Les Fleurs du mal,* 1857.)

Discussion

Recherchez les expressions « écologiques » dans votre langue. Comparez-les avec les expressions françaises que vous avez lues. Quelles sont les ressemblances ? quelles sont les différences ? Commentez en petits groupes vos impressions sur la place de l'écologie dans le langage ordinaire.

COMPRÉHENSION orale

Que deviendra notre planète ?

❶ Approche globale

Écoutez l'enregistrement plusieurs fois. Ensuite, relevez ce que vous avez compris à propos des différents points traités dans le document.

1. Source de ces informations :
......

2. Informations démographiques :
......

3. Informations sur l'appauvrissement des sols :
......

4. Les responsables de la destruction des forêts :
......

5. Les responsables du surpeuplement :
......

❷ Approche détaillée

Recherchez dans l'enregistrement les expressions et les mots précis qui correspondent aux formulations indiquées en italique gras.

1. À moins que les pays industriels ne **se rendent compte** de leurs responsabilités.
......

2. Le rapport des Nations Unies pour la population **donnait** les chiffres suivants.
......

3. La population mondiale **arriverait** ainsi **au** chiffre de 6,3 milliards en l'an 2000.
......

4. Les pays **sous-développés**.
......

5. Les populations sur-développées ont une démographie **en diminution**.
......

6. Onze millions d'hectares par année, **c'est-à-dire à peu près** trois fois la superficie de la Suisse.
......

7. **On détruit** systématiquement les forêts. **On appauvrit** les eaux en oxygène. **On pollue** les nappes phréatiques.
......

8. **Destruction** de la Terre par les uns.
......

9. **Surpeuplement** de la Terre par les autres.
......

❸ Résumé

Résumez à votre manière ce que vous avez compris du document enregistré.

La mer toujours
recommencéé

Le départ de la Route du Rhum

Le bateau de Loïc Caradec.

A Pourvu qu'elle n'ait pas de problèmes !

Le dimanche 4 novembre, Éric, Fabienne et Achille Dumiel sont à Saint-Malo où ils assistent au départ de la course du Rhum. Avec des jumelles, ils peuvent suivre la course entre la ligne de départ et le passage de la bouée jaune du cap Fréhel.

Fabienne : Ah ! dis donc, il y en a des bateaux !

Éric : «Ben», il y a les trente et un candidats plus les plaisanciers de Saint-Malo qui les accompagnent…

Achille : C'est surréaliste ! On dirait qu'ils foncent tous sur le cap ! Ah ! mais ils vont se tuer !

Fabienne : C'est impressionnant !

Éric : C'est fascinant !

Fabienne : Mais c'est un peu dangereux, tout ça…

Achille : Ça y est ! il y en a trois qui ont passé la bouée jaune. S'ils continuent comme ça, ils prendront de l'avance !

Éric : Ça ne veut pas dire qu'ils arriveront les premiers en Guadeloupe, hein !

Achille : Oui, c'est vrai, en quinze jours, les autres auront le temps de les rattraper !

Fabienne : Hé ! voilà Florence Arthaud sur son trimaran ! elle passe la bouée jaune ! Vous entendez les applaudissements ?

Achille : Ah ! oui, c'est bien elle. Pourvu qu'elle n'ait pas de problèmes ! Il y en a qui disent qu'elle a des chances de gagner.

Éric : Et là-bas, derrière Florence, qui c'est ?

Achille : J'ai l'impression que ça pourrait être Bistoquet, le Guadeloupéen.

Éric : «Ben» effectivement, ça me paraît possible. Ça doit être lui.

Achille : Il a fallu du temps avant qu'il puisse participer à la Route du Rhum, celui-là !

Fabienne : Oui, c'est vrai. Il a eu du mal à trouver des sponsors et un bon bateau, lui...

Éric : On doit l'attendre avec impatience à Pointe-à-Pitre...

Fabienne : Ah dis donc, quand on pense qu'ils vont mettre quinze jours avant de revoir la terre...

Éric : Ce serait bien si on pouvait assister à leur arrivée, là-bas !

Achille : Ce qui serait bien, c'est qu'on puisse faire la course avec eux !

Fabienne : Ah non merci !

Éric : Toi, évidemment, si tu faisais la Route du Rhum, tu risquerais de ne jamais arriver !

Le départ de la Route du Rhum à Saint-Malo.

B « Des colombes sur un toit »

Fabienne : Et là, qui c'est ? je n'arrive pas à l'identifier...

Éric : Où ça ? lequel ?

Fabienne : Là, à droite.

Éric : Tu n'as aucune chance de l'identifier ! Il n'a pas de numéro. Il ne doit pas être dans la course. La course, elle est limitée aux bateaux de dix-huit mètres trente et celui-là est nettement plus grand.

Achille : Et Olivier de Kersauson ? on ne l'a pas encore vu... Il aura pris son temps, je suppose...

Éric : Comment ! tu n'es pas au courant ? on a dû l'opérer, alors il n'a pas pu faire la course. Mais il la commente à la radio...

Fabienne : Il continue à faire des courses, lui ?

Éric : Tu parles ! c'est un sacré marin ! S'il avait pu, il n'aurait pas manqué la Route du Rhum !

Fabienne : Je n'arrive plus à distinguer les bateaux...

Achille : Oui, c'est parce que le vent s'est levé. On dirait qu'il y a des rafales sur la mer...

Fabienne : Regardez celui-là ! il tourne déjà ! il a dû croire qu'il était arrivé à la bouée.

Éric : Oui, il n'aurait pas dû tourner, la bouée est encore loin !

Fabienne : C'est beau toutes ces voiles sur l'océan... « *des colombes sur un toit* », comme dirait Valéry !

Éric : « *Ce toit tranquille, où marchent des colombes* »...

Achille : Pas si tranquille que ça, la Manche ! moi, ça me ferait plutôt penser à « *Oceano nox* » !

DÉCOUVREZ les règles

Observez les valeurs
du verbe *devoir*.

- Ça doit être lui.

- On doit l'attendre avec impatience.

- Il ne doit pas être dans la course.

- On a dû l'opérer.

- Il a dû croire qu'il était arrivé à la bouée.

- Il n'aurait pas dû tourner : la bouée est encore loin !

Observez
les constructions.

- Il a fallu du temps avant qu'il puisse participer.

- Ils vont mettre quinze jours avant de revoir la terre.

Observez les temps.

- S'ils continuent comme ça, ils prendront de l'avance !

- Si tu faisais la Route du Rhum, tu risquerais de ne jamais arriver !

- S'il avait pu, il n'aurait pas manqué la Route du Rhum.

Observez les modes
indicatif et *subjonctif*.

- Pourvu qu'elle n'ait pas de problèmes !

- Ce serait bien si on pouvait assister à leur arrivée.

- Ce qui serait bien, c'est qu'on puisse faire la course.

Observez les prépositions
qui suivent les verbes.

- Ils auront le temps **de** les rattraper.

- Il a eu du mal **à** trouver des sponsors.

- Tu risquerais **de** ne jamais arriver !

- Je n'arrive pas **à** l'identifier…

- Tu n'as aucune chance **de** l'identifier !

- Il continue **à** faire des courses ?

MANIÈRES de dire

Quand on pense quelque chose, il est souvent important de ne pas l'affirmer directement, soit par prudence, soit par politesse pour l'interlocuteur. **Au lieu d'affirmer sa vraie pensée en disant** : « C'est dangereux », **on la nuance en disant :** « Ce ne serait pas dangereux par hasard ? ».

1 **Relevez dans la situation pages 204 et 205 différentes manières de :**

nuancer sa pensée :

......

exprimer un souhait :

......

2 **Autres manières de nuancer sa pensée en exprimant la probabilité, la possibilité :**

1. Il me semble que c'est un peu dangereux, ce sport.
2. Il est probable qu'il s'est trompé…
3. On ne sait jamais ! elle gagnera peut-être !
4. J'ai le sentiment que ce n'est pas tout à fait le règlement de la course.
5. Je ne serais pas étonné que Bistoquet gagne !
6. «Y' a» des chances pour qu'il gagne.
7. «C'est pas» certain qu'ils arrivent tous vivants !
8. Peut-être qu'elle gagnera, qui sait ?
9. «Je suis pas» certain, mais il me semble que c'est Bistoquet.
10. «Ce serait pas» Bistoquet, par hasard ?

Trouvez à laquelle de ces deux situations correspondent le mieux ces dix énoncés.

À VOUS de parler

Donnez votre point de vue sur les sujets suivants :

1 Discutez à deux :

1. – Quelle est la meilleure « évasion » de la vie quotidienne ?

– Quel est le plus beau rêve pour sortir du quotidien ?

2. Dans le type d'aventures qui vous est proposé, qu'est-ce qui vous fascine le plus ?

Qu'est-ce qui vous semble moins intéressant ?

Type d'aventures :
– les aventures des grands navigateurs,
– les aventures des grands alpinistes,
– les aventures des grands explorateurs (volcans, déserts, mer, archéologie).

2 Faites-les parler :

Exercices

1 Obligation ou probabilité ?

Indiquez si, dans les situations suivantes, le verbe *devoir* exprime l'*obligation* ou la *probabilité*.

Obligation : Ils ont **dû** abandonner, ils avaient démâté.
Probabilité : Ils ont **dû** faire fausse route.

	Obligation	Probabilité
1		
2		
3		
4		
5		
6		
7		
8		

1. — Eh, regarde ce bateau, il tourne déjà !
— Il a **dû** se tromper, c'est pour ça qu'il a tourné si tôt.

2. — Qu'est-ce que les concurrents **doivent** faire quand ils arrivent près de la bouée jaune ?
— Ils **doivent** tourner, c'est la règle de la course.

3. — Où est Olivier de Kersauson ?
— Il a **dû** renoncer à la course, il était malade.

4. — C'est curieux, le numéro 30 retourne sur la ligne de départ !
— Il a **dû** faire une erreur.

5. — Éric Tabarly n'est pas là ?
— Non. Il a **dû** retourner d'urgence en Bretagne.

6. — Les bateaux **doivent** arriver bientôt.
— Sûrement ! il y a déjà une foule de spectateurs qui les attend.

7. — Pourquoi n'êtes-vous pas resté jusqu'à la fin de la course ?
— J'ai **dû** rentrer, j'avais trop froid !

8. — Cette fois-ci, qui va gagner la course du Rhum ?
— Tu **dois** attendre quinze jours avant de le savoir !

2 Flashes d'information

À l'aide des informations suivantes, faites des flashes de reportage en utilisant *devoir* (*obligation* et *probabilité*).

1. *Information* : Course du Rhum : on a perdu le contact avec un des concurrents, il a momentanément disparu.
a) Une des hypothèses, la radio ne fonctionne plus.
b) Pour le savoir, la marine fait des recherches.
......

Exercices

2. *Information* : Résultats négatifs des efforts de la marine.

a) Participation de deux concurrents à la recherche du disparu.

b) Nouvelle supposition : le skipper disparu a changé de route.

......

3. *Information* : Toujours sans contact avec le concurrent disparu.

a) Hypothèse : il a démâté dans le triangle des Bermudes.

b) On emploie les grands moyens : marine et aviation.

......

3 **Les commentaires d'un journaliste avant le départ**

Observez et complétez les commentaires du journaliste en utilisant *avant de* + *infinitif* et *avant que* + *subjonctif*, selon les cas.

Tous les skippers sont angoissés, et pourtant ils se sont parfaitement préparés **avant de partir** pour la course du Rhum.

Les sponsors donnent leurs derniers conseils **avant que** leur skipper favori **ne soit** définitivement seul sur l'océan pendant quinze jours.

1. Malheureusement, nos auditeurs devront attendre encore quelques minutes avant ......

2. En effet, certains équipiers sont toujours sur les bateaux. Or, la course ne pourra pas commencer avant ......
Alors, les skippers seront enfin seuls à bord.

3. Oui, maintenant, tous les concurrents sont bien sur la ligne de départ mais ils ne doivent pas partir avant ......
Sinon, ils risquent d'être pénalisés !

4. Ça y est ! le départ vient d'être donné mais ça prendra sûrement quelques minutes avant ......

5. Les conditions météorologiques ne sont pas excellentes, il faudra attendre de meilleures conditions avant ......

6. Ah ! je vois Philippe Poupon, c'est le premier en tête ! Il règle la voile avant ......

C'était, de Saint-Malo, Bernard Tappe pour *France-radio*.

Pour vous aider :

Tous les bateaux doivent être sur la ligne de départ.

Tous les équipiers doivent être descendus.

Attention ! attendez ! dans quelques secondes le signal de départ sera donné.

Dans quelques minutes on pourra distinguer les bateaux qui prennent la tête.

Un skipper ne doit pas mettre toutes les voiles, si les conditions météorologiques ne sont pas bonnes.

Il faut absolument que les concurrents passent la bouée jaune du cap Fréhel.

4 Table ronde

Après le départ de la course du Rhum, les invités d'une station radio donnent leur point de vue sur les concurrents.

Vous vous mettez à la place de ces invités en donnant votre impression : souhaits et craintes ou hypothèses (attention aux modes *indicatif* et *subjonctif*, selon les cas).

— Vous pouvez donner vos impressions, madame ?

— Eh bien, je **souhaite** que tous les concurrents **fassent** une bonne course, mais j'**ai peur** qu'il **n'y ait** des accidents. Ce **serait bien** si on **pouvait** les accompagner **pour qu'**ils ne **soient** pas trop seuls pendant quinze jours.

1. — Vous pouvez dire pour les auditeurs de *France-radio* ce que vous pensez de ce départ de la course du Rhum ?

— Eh bien, j'ai l'impression ......

2. — Et vous, quel est votre point de vue sur cette quatrième course du Rhum ?

— Si Olivier de Kersauson avait participé, ...
Mais si Philippe Poupon continue comme il a commencé, ...

3. — Et vous, madame, quels sont vos souhaits pour les concurrents ?

— Si Bistoquet ......

4. — Et vous, jeune homme, pensez-vous pouvoir participer un jour à cette course ?

— Ah ! ......

5. — Que pensez-vous des chances de succès de Florence Arthaud ?

— Si elle ......

— Mais pourquoi voulez-vous qu'elle ait des problèmes ?

— C'est une femme ! ce n'est pas facile pour une femme !

6. — Madame Arthaud,votre fille vient de partir en mer. Avez-vous l'impression qu'elle a une chance de gagner parmi tous ces hommes ?

— Ah ! ......

Exercices

5

Commission pour le progrès

Qu'est-ce qui vous paraît efficace, souhaitable, possible, facile à réaliser ?
Vous participez à une commission pour l'amélioration de l'éducation dans les écoles. Vous donnez votre point de vue nuancé (*cf.* « Manières de dire », p. 207).

> **Ce qui serait souhaitable**, **c'est qu**'il y **ait** moins/plus d'heures de cours.
> **Si c'était possible**, on **pourrait peut-être** faire plus de sport.
> **Il me semble qu**'on **aurait intérêt** à passer plus de temps à étudier les langues.

1. Temps de travail :

......

2. Participation active des étudiants :

......

3. Méthode de travail :

......

4. Rôle de l'enseignant :

......

5. Rôle des étudiants :

......

6. Lieux de la formation :

......

7. Livres à étudier :

......

8. Échanges avec d'autres pays :

......

Problèmes existentiels

Lisez ce que ces jeunes écrivent au courrier des lecteurs, et complétez en utilisant les verbes proposés (attention aux prépositions).

1. J'ai un ami qui ...... supporter l'école.

2. Moi, je ...... me concentrer pour étudier.

3. Je ...... ne pas passer dans la classe supérieure.

4. Mes parents ...... me comprendre.

5. Si je ...... faire des études, c'est parce que je ne sais pas ce que je peux faire.

6. Je ne m'inquiète pas beaucoup, je me dis que j' ...... travailler quand je serai plus grande.

7. Je ...... réussir, je ne fais rien pour réussir !

8. Mon meilleur ami ...... me comprendre. On parle souvent mais ça ne sert à rien !

9. Mes amis ...... penser que je suis une petite fille, pourtant j'ai déjà seize ans. Que faire ?

10. J' ...... comprendre la vie. Je ...... étudier sans comprendre ce qu'on me veut.

continuer...
avoir le temps...
risquer...
arriver...
avoir du mal...
avoir des chances...
n'avoir aucune chance...

VOTRE grammaire

Devoir

Le verbe « **devoir** » suivi de l'infinitif, et employé au présent et au passé composé, peut exprimer :

● **La probabilité :**   Ça **doit** être lui.
                         On **doit** l'attendre avec impatience.
                         Il **a dû** croire que…

Dans ce sens, les équivalents sont : *Je pense que / sans doute / probablement.*

                         Je **pense que** c'est lui.
                         On l'attend **sans doute** avec impatience.
                         Il a **probablement** cru que…

● **L'obligation, la nécessité :**   On **a dû** l'opérer.

Dans ce sens, les équivalents sont : *Il est nécessaire / il faut.*

                         Il **a fallu** l'opérer.
                         Il **a été nécessaire** de l'opérer.

Probabilité	
Présent	*Passé composé*
Ça **doit** être lui. On **doit** l'attendre avec impatience. Il ne **doit** pas être loin.	Il **a dû** croire que… Vous **avez dû** avoir peur.
Obligation - nécessité	
Présent	*Passé composé*
On **doit** l'opérer. On **doit** (il faut) l'attendre. Vous **devez** être à l'aéroport à huit heures.	On **a dû** (il a fallu) l'opérer. Ils **ont dû** abandonner.

Le subjonctif ou le mode du possible

Il a fallu du temps **avant qu'il puisse** participer à la Route du Rhum.

La conjonction « **avant que** » permet d'envisager l'action *avant* sa réalisation. L'action est virtuelle, c'est pourquoi on emploie le subjonctif.

De même avec les conjonctions « **pour que** » et « **sans que** » :
                         Je l'ai fait **pour qu'il puisse** réussir.
                         Je l'ai fait **sans qu'il le sache**.

L'idée de finalité (« **pour que** ») implique la possibilité et non le résultat.
« **Sans qu'**il le sache » implique la possibilité qu'il le sache.

Le *subjonctif* s'emploie après les verbes ou expressions qui expriment le **désir** ou le **souhait**. Il s'agit donc également d'actions envisagées comme possibles, mais non probables ou certaines.

Ce serait bien qu'on **puisse** faire la course avec eux.
Pourvu qu'elle n'**ait** pas de problèmes.

L'indicatif ou le mode de l'action envisagée comme un résultat

Je te verrai **quand** tu arriveras.
Dès que tu seras arrivé, appelle-moi.
Si* tu arrives en retard, prends un taxi.
Si tu ne peux pas venir, c'est moi qui viendrai.

Les conjonctions en gras n'impliquent pas l'idée de la possibilité, mais du résultat de l'action.

* Ne pas confondre hypothèse et probabilité.

Comparez :

Mode du probable et du certain		Mode du possible et de l'impossible	
Probable	Je pense qu'il viendra. Il est probable qu'il viendra. Il me semble que c'est lui. J'ai l'impression que c'est lui.	Possibilité	Il est possible qu'il réussisse. Je ne pense pas qu'il réussisse. Il est peu probable* qu'il réussisse. Je doute qu'il réussisse.
↓		↓	
Certain	Je suis sûr que c'est lui.	Impossibilité	Il est impossible qu'il réussisse.

* Mais il existe une possibilité.

« à » et « de » suivant un verbe

avoir le temps **de** + infinitif avoir des chances **de** + infinitif risquer **de** + infinitif	avoir du mal **à** + infinitif participer **à** + nom assister **à** + nom continuer **à** + infinitif arriver **à** + infinitif/nom
penser **de** + nom	penser **à** + infinitif/nom

N.B. « **Penser de** » signifie : avoir une opinion sur quelqu'un ou quelque chose.
« **Penser à** » signifie : avoir l'esprit occupé par quelqu'un ou quelque chose.
Qu'est-ce que tu penses **de** ce film ? tu le trouves bon ?
Je n'ai pas pensé **à** fermer la porte à clé.
Je pense toujours **à** toi.

DÉCOUVREZ les sons

Écoutez et répétez les « petits mots » de la conversation ordinaire qui :

1 ▶ **Permettent d'*introduire un sujet de conversation*.**

Modèle : « Tu sais quoi ? y'a Florence qu'a démâté. »

2 ▶ **Marquent qu'on est d'*accord* avec son interlocuteur.**

Modèle : « C'est tout à fait ça ! »

3 ▶ **Marquent qu'on n'est *pas d'accord* avec son interlocuteur.**

Modèle : « M'enfin, c'est pas comme ça !»

4 ▶ **Marquent qu'on n'est *pas tout à fait d'accord* avec son interlocuteur.**

Modèle : « Mais p'têtr' qu'y' a autre chose ! »

5 ▶ **Marquent la *conclusion* d'un sujet de conversation.**

Modèle : « Bon, ben, y'a plus rien à ajouter. »

6 ▶ **Dites si le locuteur *introduit* un sujet de conversation ou s'il le *conclut*.**

	Il introduit un sujet	Il conclut un sujet
1.		
2.		
3.		
4.		
5.		
6.		
7.		
8.		

7 ▶ **Dites si le locuteur est *d'accord*, ou s'il n'est *pas d'accord* avec son interlocuteur.**

	Il est d'accord	Il n'est pas d'accord
1.		
2.		
3.		
4.		
5.		
6.		
7.		
8.		

8 ▶ **Dites si le locuteur n'est *pas d'accord*, ou s'il n'est *pas tout à fait
d'accord* avec son interlocuteur.**

	Il n'est pas d'accord	Il n'est pas tout à fait d'accord
1.		
2.		
3.		
4.		
5.		
6.		
7.		
8.		

Amusement sonore

Fragment d'un discours quotidien

« — Ah dis donc, tu sais quoi ?
— Quoi ?
— Ben y'a...
— Oh ! m'enfin, c'est pas possible !
— Si, si, absolument !
— C'est quand même pas croyable !
— Ben oui, mais c'est comme ça.

— T'y crois toi ?
— Ben, si tu veux, j'en sais rien !
— Alors t'as qu'à... et puis si tu...
— Ah ça, il n'en est pas question !
— En fait, t'es toujours euh...
— Bon, ben, c'est c' que tu voulais, non ?

— Au fond, y'a plus qu'à...
— Tout à fait, absolument...
— Ouais, mais y'a quand même...
— Ça t' gêne, toi ?
— Alors là, j' peux dire que...
— Oui, justement, c'est ça.

— Oui, mais p' t'êtr' qu'on devrait...
— Ça, c'est pas mon problème !
— Alors t'as plus rien à dire ?
— Si tu veux, on pourrait...
— Ah non, non, non, quand même pas ! »

Itinéraire Bis

Biographies

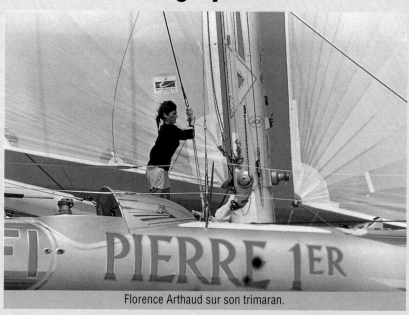

Florence Arthaud sur son trimaran.

« La petite fiancée de la mer »

Les qualités de marin de Florence Arthaud sont extraordinaires...

Elle a dû plutôt compter sur sa navigation, son énergie, et sur son intelligence pour préparer, jour après jour, sa victoire ! ...

Florence peut faire confiance à son intuition, cette finesse qui lui donne une force supérieure à la force physique...

Cette victoire, elle la doit aussi bien à ses compétences de marin qu'à son intelligence et à sa ténacité devant la difficulté...

La belle « Flo ».

Activités

- **Repérages :**
- Relevez des noms qui se réfèrent au sport pratiqué par Florence Arthaud, puis aux sports en général.
- Relevez des adjectifs appréciatifs positifs.
- Relevez des verbes indiquant les compétences et performances de Florence Arthaud ou des sportifs en général.

- Essayez de faire par écrit l'éloge d'une personne que vous désirez recommander à votre patron ou à votre professeur (réemployez le plus de noms, verbes et adjectifs que vous avez relevés dans l'enregistrement sur Florence Arthaud).

La course à voile en solitaire du Figaro

Laurent Cordelle.

La vingt et unième course en solitaire du Figaro a été remportée cette année par Laurent Cordelle sur son petit monocoque de neuf mètres, « *Le Nouvel Observateur-Breitling* ».

Laurent Cordelle a été classé premier avec douze minutes d'avance.

Les cinquante et un concurrents ont parcouru neuf cents kilomètres et la dernière étape a été particulièrement difficile sur ces petits voiliers de neuf mètres qui allaient presque aussi vite que les grands monocoques de l'Atlantique. Ils ont tenu une moyenne proche de neuf nœuds pendant soixante heures sans pouvoir quitter la barre un seul instant, sinon ils risquaient de se renverser. C'était une glissade à tombeau ouvert !

Mais quel type d'homme est le vainqueur, Laurent Cordelle ? Il vit à La Rochelle avec sa femme et ses deux grands garçons. Il est architecte naval, expert maritime et grand professionnel de la voile. A quarante-trois ans, il a maintenant exploré tous les types de compétitions à voile. Un de ses amis dit de Laurent : « *C'est un gars qui croit à la rigueur, à la méthode et au travail. Il analyse toujours tout froidement : les situations, ses adversaires comme ses propres erreurs. Il sait parfaitement quand il est bon et quand il est mauvais. Dans les deux cas, il ne s'épargne jamais* ». Et Laurent Cordelle s'explique : « *Cette course, je la voulais. J'ai donc fait ce qu'il fallait pour l'avoir. Ça veut dire que je n'ai pensé qu'à ça, je n'ai fait que ça pendant un an* ».

Mais au cours de la quatrième étape, Laurent Cordelle a commencé à douter : « *Je sentais*, dit-il, *que ça ne marchait pas comme je voulais et je n'arrivais pas à comprendre pourquoi. Je savais que je manquais de vitesse mais c'était surtout dans ma tête que ça n'allait pas vite. J'étais donc ligoté à l'intérieur* ».

Pendant cette étape, les concurrents n'ont pas pu dormir une seconde. Deux jours et demi sans dormir !

Laurent Cordelle avait vingt-six minutes d'avance, il en a perdu quatorze. Il pense que ses douze minutes d'avance « *c'est que dalle* ».

Peut-être que ce n'est pas grand-chose mais dans une course comme celle du *Figaro*, cela fait toute la différence.

D'après *Le Nouvel Observateur, 1433,* août 1990.

Activités

• Repérages

– Relevez les détails ou circonstances de la course à voile du *Figaro*, qui font de cette course un *exploit*.
– Relevez les traits de caractère qui font de Laurent Cordelle un *vainqueur*.

• En petits groupes, vous choisissez un personnage, reconnu pour ses qualités exceptionnelles (soit dans le monde sportif, soit dans le monde professionnel) :
– Faites la liste de ses actions dignes de mérite.
– Analysez les principaux traits de son caractère qui en font un homme exceptionnel.
– Maintenant, vous rédigez sa biographie qui fera connaître ses mérites et ses qualités à un éventuel sponsor ou employeur.

Vue sur les remparts et les maisons des corsaires à Saint-Malo.

Ar Breiz : la Bretagne

*« La terre sous les flots dormait encore, dit-on,
quand seul tu surgissais ô vieux pays breton…»*

J.-M. Le Moing

Un peu d'histoire

Ce très ancien pays fut d'abord appelé Armorique (c'est-à-dire « près de la mer ») par les Celtes qui l'occupèrent dès le VIe siècle avant Jésus-Christ.
Après l'invasion romaine (humoristiquement racontée dans les bandes dessinées d'*Astérix et Obélix*, dont le village se situe « quelque part en Bretagne »), le pays fut, une fois de plus, colonisé par des Celtes qui lui imposèrent la religion chrétienne, leur langue, le breton et son nom actuel, la Bretagne.
Jusqu'au XVIe siècle, la Bretagne était un duché indépendant.
Mais la duchesse Anne ayant épousé le roi de France, le duché fut bientôt annexé à la France (1532).

Les Bretons et la mer

Peuple de marins, les Bretons ont donné à la France de grands aventuriers des océans : en 1534, Jacques Cartier quitte Saint-Malo et découvre le Canada.
Aux XVIIe et XVIIIe siècles, la Bretagne a aussi connu d'illustres corsaires, dont Surcouf. Et, de nos jours, ce sont des Bretons qui figurent parmi les plus grands champions de la course à voile : Éric Tabarly, Olivier de Kersauson… Pour réaliser ces performances, il faut être tenace, obstiné et courageux – telles sont les qualités que les Français reconnaissent aux Bretons quand ils disent « têtu comme un Breton ».

◀ Le plus célèbre des corsaires.

La Bretagne terre des légendes...

Les Bretons aiment le surnaturel et le fantastique. Les contes et légendes de Bretagne sont très connus.

Par exemple, l'histoire de la ville d'Ys, dans la baie actuelle de Douarnenez, raconte comment cette magnifique ville fut un jour submergée par la mer. On entend encore, dit-on, sonner au fond de l'océan les cloches des églises d'Ys...

Fuite du roi Gradlon pendant l'engloutissement de la ville d'Ys,
Musée de Quimper.

La langue bretonne

«*Ar c' houzkot zo war va daoulagad* »

Cette phrase, « le sommeil est sur mes deux yeux », dit poétiquement le banal « j'ai sommeil » des Français !

Il y a quelques siècles, le breton avait une littérature très riche mais cette langue n'est plus guère parlée que dans la Basse-Bretagne (Finistère et Côtes d'Armor).

L'élimination systématique de la langue bretonne est due à la centralisation et à l'école publique obligatoire en français. On raconte que, jusqu'au début du XXe siècle, quand les petits Bretons osaient parler leur langue dans les cours de récréation, ils se faisaient sévèrement punir par leurs maîtres, qui agissaient au nom de la langue nationale, le français.

Aujourd'hui, on peut étudier dans les universités de Bretagne la langue et la littérature bretonnes, si on veut...

Un illustre écrivain breton

François-René de Chateaubriand, né à Saint-Malo en 1768, fut un des grands romantiques du XIXe siècle. Dans ses *Mémoires d'Outre-Tombe,* il raconte sa jeunesse à Saint-Malo où se trouve aujourd'hui son tombeau, isolé, face à la mer...

En parlant de la Bretagne, Chateaubriand écrivait : « *Ces flots, ces vents, cette solitude, qui furent mes premiers maîtres[...] Peut-être dois-je à cette éducation sauvage quelque vertu que j'aurais ignorée* ».

(*Introduction au Voyage en Amérique*, 1826).

Un pays de tourisme

C'est surtout le tourisme qui fait connaître la Bretagne. Malgré les pluies fréquentes, le pays attire de très nombreux touristes qui viennent admirer la beauté sauvage des côtes et des paysages.

On vient de partout pour découvrir les menhirs et les dolmens de Carnac, mais aussi pour déguster quelques spécialités du pays comme les crêpes, le cidre, le chouchen (boisson au miel qui a des pouvoirs magiques, paraît-il...).

Les moules, les huîtres, les crabes, les homards sont au menu de tous les restaurants.

La beauté rustique de ce pays et sa luminosité très particulière ont attiré de grands artistes, notamment à Pont-Aven où Paul Gauguin a peint quelques toiles célèbres.

École de Pont-Aven : Gauguin, *Paysannes Bretonnes.*

Le Grand Bleu *

La fresque des dauphins, Palais de Cnossos à Héraklion.

« Le surdoué des mers »

De nos jours, c'est le surdoué des mers. Symbole du monde marin, il est la perfection même de l'animal aquatique... Jamais il ne nous a été aussi proche. Le superbe film de Luc Besson nous a ouvert les yeux et a fait éclater nos cœurs d'émotion et de bonheur. Le dauphin est la liberté faite animal. Et aussi l'intelligence. Et également la tendresse. « *Le Grand Bleu* » a secoué notre indifférence et engendré un immense et spontané mouvement mondial de sympathie et d'amour. A tel point qu'on parle désormais de la génération du Grand Bleu, celle des jeunes pour qui le respect de la nature n'est plus une simple formule et qui ont pris conscience de l'urgence à faire quelque chose pour sauvegarder notre planète au moment où le dauphin lui-même est de plus en plus menacé et où son avenir devient critique dans certaines régions du globe.

Ses performances

De tous temps, l'homme a été fasciné par le dauphin. Fasciné et émerveillé.

De tous temps, le dauphin a été attiré par l'homme. Accompagnant ses embarcations, surveillant ses pêches, jouant dans les eaux de ses côtes et de ses rivières... le dauphin est l'ami de l'homme.

En vingt ans, il est devenu star. Il promène son éternel sourire sur tous les écrans du monde, populaire comme aucun autre animal. On ne compte plus les services que le dauphin a rendus à l'homme.

Le corps du dauphin ressemble à une torpille. Il peut nager à grande vitesse : cinquante à soixante-dix kilomètres/heure chez certaines espèces.

Il possède au-dessus des yeux un orifice par lequel il respire et en même temps diffuse des ultrasons, c'est-à-dire des sons dont les vibrations sonores sont de très haute fréquence, supérieure à vingt mille hertz, et imperceptibles à l'oreille humaine. Les dauphins utilisent ces sons pour communiquer, pour se diriger et trouver leur nourriture ; ils paralysent probablement leurs proies en les bombardant d'ultrasons.

Il ne dort que d'un œil

Longtemps on a cru que les mammifères marins ne dormaient jamais. En fait, la réalité est bien plus surprenante : comme l'homme, les dauphins ont un cerveau à deux hémisphères, mais, contrairement à l'homme qui met toutes ses fonctions en veilleuse, eux ne dorment que d'un seul hémisphère à la fois.

---

* Titre du film de Luc Besson, qui a enthousiasmé les jeunes et les moins jeunes.

Textes d'après *Science et Nature*, juillet 1990.

Par période d'une heure trente à deux heures, le dauphin repose alternativement son hémisphère droit, puis son hémisphère gauche, assurant ainsi la position idéale de son corps, à coups de nageoires.

Il dort ainsi, à moitié, huit heures sur vingt-quatre en maintenant en éveil le dispositif réflexe qui lui permet de fermer son appareil respiratoire si une vague recouvre sa tête !

Le rêve du dauphin ?

Des études récentes montrent que le demi-sommeil des dauphins semble les empêcher de rêver. Or, le rêve est vital chez les mammifères. Si les dauphins ne rêvent pas, comment peuvent-ils survivre ? Ou alors la théorie du rêve est-elle à réviser ?

Textes d'après *Science et Nature*, juillet 1990.

Activités

– Lisez ces textes sur le Grand Bleu et dites quelles qualités sont attribuées aux dauphins.

– Faites-vous partie de la génération du Grand Bleu ?

– Partagez-vous cette affection pour les dauphins ? pour quelles raisons ?

– Parmi les performances des dauphins, choisissez-en une ou deux qui vous intéressent le plus et dites pour quelles raisons. Écrivez un petit exposé que vous ferez à la classe. (Discutez et préparez-le par groupes de deux).

Notes grammaticales

- « *Des vibrations sonores de haute fréquence* » signifie : des vibrations qui ont une haute fréquence.
  Le complément de nom introduit par « **de** » a une fonction adjective.

- « *Un cerveau à deux hémisphères* » signifie : un cerveau qui a deux hémisphères.

Le complément de nom introduit par « **à** » a, lui aussi, une fonction adjective.

- « *à coups de nageoires* » : *avec, par le moyen de.*

- « *La théorie du rêve est-elle à réviser* » signifie : faut-il réviser la théorie du rêve ?

Pourquoi ils aiment la mer

Olivier de Kersauson est un navigateur qui a remporté de nombreuses courses en solitaire. Il a écrit un livre où il parle de la mer : « Vieil océan ».

La magie de la mer

Un des grands plaisirs de la navigation c'est de contempler la mer, d'admirer le lever et le coucher du soleil, les ombres sur les nuages, les rides sur l'eau, les bleus, les bleu-vert, les pastels... Toute cette gamme de couleurs capables d'éveiller chez n'importe quel marin un plaisir esthétique et sensuel.

J'aime l'horizon, j'aime voir loin et je crois que c'est une des raisons déterminantes pour lesquelles j'ai choisi ce métier : je savais que sur un voilier je n'aurais pas le regard arrêté par un obstacle [...]

Les quarantièmes rugissants

Les quarantièmes rugissants matérialisent l'hostilité permanente du monde sauvage.

On a beau être en été, il y règne une température de mois de novembre ou décembre en Europe. Et un train de houle permanent. C'est un monde sauvage et hostile mais en même temps paré d'une beauté et d'une magie particulières. Lorsqu'on navigue en solitaire dans ces zones-là, on a l'impression d'être le premier homme vivant, ou le seul homme vivant... puisqu'on est le seul homme du monde désolé que l'on est en train de traverser. Le seul représentant de l'espèce humaine à des milliers de miles à la ronde. C'est le plus grand désert du monde.

[...] là il n'y a rien. RIEN. Pas d'hommes, pas d'avions, pas de bateaux [...]

Aucune route aérienne ni maritime ne passe par là.

C'est un peu pour cela que j'aime ce monde [...]

Un marin entretient, vis-à-vis de cette partie du monde, les mêmes sentiments contrastés – haine, amour– qu'un alpiniste pour l'Everest. Il y a la fascination d'y aller, la richesse de l'aventure, et le plaisir de la solitude. Quand on aime naviguer, les quarantièmes offrent le summum de ce qu'on peut vivre sur un bateau. Mais c'est une mer qui tue, il ne faut jamais l'oublier [...]

La navigation dans le sud

C'est un autre monde. Avec des coloris violents, des verts qui sont presque noirs, une écume qui n'est pas blanche mais grise parce qu'elle ne capte pas le soleil qui la ferait étinceler... C'est un monde tellement hostile qu'il est impossible d'y survivre sans un peu de chance [...]
Quand on aime ce métier, on ne peut pas ne pas être attiré par le Sud. C'est le propre de la nature humaine de vouloir toujours dépasser ce qu'elle connaît de ses limites.

Olivier de Kersauson, *Vieil océan*,
© Flammarion, 1990.

Activités

Olivier de Kersauson est un navigateur. Relevez dans ces passages les traits qui indiquent :

– *le plaisir de l'homme en mer* (un plaisir qui pourrait être partagé par tous les hommes qui aiment la mer).

– *le plaisir du navigateur solitaire* (plaisir du marin qui a vaincu la mer).

J.M.G. Le Clézio

Le Clézio est un écrivain
dont les thèmes préférés sont
la mer et le désert.
Voici quelques très courts extraits
de son roman « *Le chercheur d'or* ».

Ce n'est pas la mer d'émeraude que je voyais autrefois... c'est la mer comme je ne l'avais jamais vue encore, libre, sauvage, d'un bleu qui donne le vertige, la mer qui soulève la coque du navire, lentement, vague après vague, tachée d'écume, parcourue d'étincelles. [...]

Maintenant c'est de la mer que vient la lumière, du plus profond de sa couleur, le ciel est clair, presque sans couleur et je regarde l'étendue bleue de la mer et le vide du ciel jusqu'au vertige. [...]

La mer est une route lisse pour trouver les mystères : l'inconnu. L'or est dans la lumière autour de moi, caché sous le miroir de la mer. [...]

Comme j'ai hâte de retrouver le désert de la mer, le bruit des vagues contre l'étrave, le vent vibrant dans les voiles, de sentir la coupure de l'air et de l'eau, la puissance du vide, d'entendre la musique de l'absence. [...]

Le Clézio, *Le chercheur d'or*, © Gallimard, 1985

Activités

– Où peut se trouver cette mer, dans quelle partie du monde ?

– Trouvez un titre pour chacun des paragraphes. Ce titre doit résumer ce qui, pour vous, est l'essentiel de l'idée de mer qui se trouve dans chacun des paragraphes.

– Quel paragraphe se rapproche le plus du sentiment que vous éprouvez vis-à-vis de la mer ? Vers laquelle de ces « idées de la mer » vous sentez-vous le plus attiré(e) ?

Oceano nox

Victor Hugo

Victor Hugo (1802-1885)

Considéré par beaucoup comme le plus grand poète français, il est l'auteur de poèmes : *Les Contemplations*, de romans : *Les Misérables*, *Notre-Dame de Paris*, de pièces de théâtre : *Hernani*, *Ruy Blas*. Il a dominé le romantisme français et joué un rôle politique important sous Napoléon III.

Oh ! combien de marins, combien de capitaines
Qui sont partis joyeux pour des courses lointaines,
Dans ce morne horizon, se sont évanouis !
Combien ont disparu, dure et triste fortune !
Dans une mer sans fond, par une nuit sans lune,
Sous l'aveugle océan à jamais enfouis !
[...]

Nul ne sait votre sort, pauvres têtes perdues !
Vous roulez à travers les sombres étendues,
Heurtant de vos fronts morts des écueils inconnus.
Oh ! que de vieux parents, qui n'avaient plus qu'un rêve,
Sont morts en attendant tous les jours sur la grève
Ceux qui ne sont pas revenus !
[...]

Le corps se perd dans l'eau, le nom dans la mémoire.
Le temps, qui sur toute ombre en verse une plus noire,
Sur le sombre océan jette le sombre oubli.

[...]
Ô flots, que vous avez de lugubres histoires !

Victor Hugo, *Les rayons et les ombres*, 1840.

Activités

• **Recherchez dans le texte** les différentes façons dont sont évoqués les éléments suivants : *la mer, la notion de disparition, la notion d'obscurité.*

• **Reformulez** les phrases suivantes à l'aide des expressions utilisées par Victor Hugo :

– De nombreux marins ont disparu en mer.

– Ils dorment pour toujours au fond de l'océan.

– On ignore comment ils sont morts.

– Le marin se noie et on oublie son nom.

– Le temps efface tout.

– De nombreux accidents horribles ont lieu en mer.

• **Choisissez un autre thème** (par exemple, le ciel et les galaxies) et écrivez une strophe à la manière de Victor Hugo.

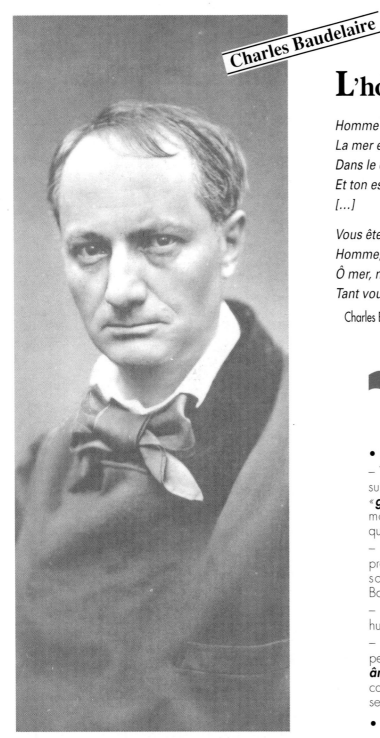

Baudelaire par Carjat.

Charles Baudelaire (1821-1867)

**Le célèbre auteur des *Fleurs du mal* est
le plus achevé des poètes romantiques français.
Il a su dépasser la sensibilité, l'émotion romantique
par une forme classique et donner aux mots une
dimension spirituelle. Il est le précurseur
de la poésie moderne.**

L'homme et la mer

Homme libre toujours tu chériras la mer !
La mer est ton miroir ; tu contemples ton âme
Dans le déroulement infini de sa lame,
Et ton esprit n'est pas un gouffre moins amer.
[...]

Vous êtes tous les deux ténébreux et discrets :
Homme, nul n'a sondé le fond de tes abîmes ;
Ô mer, nul ne connaît tes richesses intimes,
Tant vous êtes jaloux de garder vos secrets !

Charles Baudelaire, *Les Fleurs du mal, Spleen et Idéal*, 1857.

Activités

• **Recherchez dans le texte :**

– Trouvez un équivalent des mots suivants : « ***tu chériras*** », « ***lame*** », « ***gouffre*** », « ***abîme*** ». De ces quatre mots, deux sont synonymes, lesquels ?

– Relevez les caractéristiques propres à la mer ou à la nature, et qui sont attribuées à l'homme par Baudelaire.

– Quels sont les deux adjectifs humains attribués à la mer ?

– Relevez tous les termes qu'on peut associer dans ces vers au mot ***âme*** (esprit). Classez-les en deux catégories : les termes employés au sens propre, les métaphores.

• Comment interprétez-vous ?

« *... tu contemples ton âme*
Dans le déroulement infini de sa lame... ».

Des petites phrases qui ont la vie longue

Écoutez n'importe quelle conversation entre Français et vous les entendrez ces petites phrases que tout le monde connaît parce que tout le monde les a étudiées au lycée dans les textes classiques :

– Jacques a encore une nouvelle petite amie...

– Ah ! mais quel *don Juan*, ce garçon !

– Et ce n'est pas tout ! figurez-vous qu'il a eu des ennuis avec la police parce qu'il a manifesté dans la rue avec ses étudiants...

– *Mais qu'allait-il donc faire dans cette galère !*

Et les deux interlocuteurs sourient, d'un air entendu, parce que tous les deux reconnaissent bien le titre d'une pièce de Molière et une célèbre citation du même auteur dans les *Fourberies de Scapin*.

Pour discuter avec les Français, il ne suffit pas seulement de parler leur langue, il faut aussi connaître ces petites phrases qui sont la marque de la solidarité culturelle. Elles ont une telle importance dans la vie sociale qu'on a même publié des dictionnaires de citations...

Les auteurs latins, étrangers et français, les plus connus, restent, grâce à ces petites phrases, éternellement vivants dans la vie au quotidien.

Par exemple, ces deux citations latines :

« *Alea jacta est* » (les dés sont jetés).

« *Talis pater qualis filius* » (tel père, tel fils).

Mais aussi Shakespeare :

« *Être ou ne pas être, telle est la question* ».

Ou Calderón de la Barca :

« *La vie est un songe* ».

Le plus souvent, tout de même, on entend citer les auteurs français.

D'abord les plus anciens :

Par exemple, Ronsard, au XVIe siècle :

« *Cueillez, cueillez votre jeunesse... Cueillez dès aujourd'hui les roses de la vie* »,

vers qui nous rappellent la précarité de notre existence...

Francis Huster dans *Le Cid.*

« *La valeur n'attend pas le nombre des années.* »
(Corneille, *Le Cid*)

Et puis Montaigne, à la même époque :

« *Mieux vaut une tête bien faite qu'une tête bien pleine* »,

phrase des *Essais* de Montaigne et que tout lycéen connaît par cœur.

Mais aussi René Descartes et ses inoubliables phrases philosophiques :

« *Je pense donc je suis* ».

Et : « *Le bon sens est la chose du monde la mieux partagée* ».

Le XVIIe siècle, le grand siècle classique de la littérature française, a donné naissance à des milliers de petites phrases qui sont passées dans le langage de tous les jours :

Pascal : « *L'homme est un roseau, mais un roseau pensant* ».

Ou encore : « *Qui veut faire l'ange, fait la bête* ».

Et puis Boileau :

« *Cent fois sur le métier remettez votre ouvrage.*
Travaillez-le sans cesse... »

Mais surtout Corneille, l'auteur du Cid, que lisent tous les lycéens :

« *La valeur n'attend pas le nombre des années* ».

Et : « *À qui venge son père, il n'est rien d'impossible* ».

Ou : « *Va, cours, vole, et nous venge* ».

Sans oublier la célèbre réplique de Chimène à Rodrigue :

« *Va, je ne te hais point !* »...

Molière, évidemment, est très souvent cité :

«*Mais qu'allait-il donc faire dans cette galère !*»

Et puis : «*Mieux vaut être marié qu'être mort*».

Et enfin : « *Couvrez ce sein que je ne saurais voir* ».

Au siècle suivant, Voltaire a contribué à l'enrichissement de notre capital de petites phrases culturelles :

« *Je ne peux pas croire que cette horloge marche et qu'elle n'ait pas d'horloger* », dit-il en comparant la Terre à une horloge et l'horloger à Dieu...

Et puis : « *tout est pour le mieux dans le meilleur des mondes possibles mais il faut cultiver notre jardin...* »

Un nombre considérable de petites phrases s'est répandu dans la culture française et les citer toutes serait difficile, mais on retiendra encore ces citations de Jean-Paul Sartre au XXe siècle :

« *On n'existe que par le regard des autres* ».

Et : « *L'enfer, c'est les autres* »...

Oui, toutes ces petites phrases qui ont la vie longue tissent entre les Français des liens culturels qui sont aussi puissants que la langue et la nationalité. Elles ont toutes, quand on les entend, l'effet de la «*petite madeleine*» de Marcel Proust : une mémoire du temps retrouvé, car nous sommes tous «*À la recherche du temps perdu...*»

Activité

En petits groupes, choisissez deux ou trois de ces petites phrases et essayez de les employer dans un contexte que vous aurez choisi.

COMPRÉHENSION orale

L'arrivée de la Route du Rhum à Pointe-à-Pitre

❶ Approche globale

Écoutez l'enregistrement plusieurs fois. Ensuite, relevez ce que vous avez compris à propos des différents points traités dans le document.

1. Les derniers mètres avant la victoire :
   — spectacle sur la mer : ......
   — spectacle sur les quais : ......
   — raisons de l'accueil enthousiaste : ......

2. Ce que Florence fera dès son arrivée :
   ......

3. En conclusion, un accueil triomphal :
   ......

❷ Approche détaillée

Recherchez dans l'enregistrement les expressions et les mots précis qui correspondent aux formulations indiquées en italique gras.

1. Elle est *tout près* (de l'arrivée) : ......

2. Les gens me *disent avec exactitude* qu'elle est à trois cents mètres : ......

3. *Elle n'en a plus que pour* une ou deux minutes : ......

4. *Nous sommes témoins d'un grand moment* : ......

5. C'est une *belle performance* : ......

6. C'est la première femme qui *est arrivée à* battre des hommes : ......

7. C'est un accueil *plein d'excitation* : ......

8. Elle sait qu'*elle va gagner la course* : ......

9. Elle va répondre aux interviews parce que *c'est une partie de* son métier : ......

10. Elle va *apprécier avec grand plaisir* sa victoire : ......

11. L'exploit qu'elle vient de *faire* : ......

12. Elle est embrassée, *félicitée*, *acclamée* par des milliers de personnes qui sont venues la *recevoir* : ......

❸ Résumé

Résumez à votre manière ce que vous avez compris de ce reportage.

Le manteau
d'Arlequin

Un jeune homme de type nordique.

Les jeunes et leur «identité»

A Moi je pense qu'on a besoin d'appartenir à un groupe.

Carmen : Ça va ? je ne te dérange pas ?

Éric : Je regardais la télé. Il y a une émission qui m'intéresse sur l'immigration et ses problèmes.

Carmen : Moi aussi, ça m'intéresse.

Éric : Assieds-toi, on va écouter ce qu'ils disent.

L'invité principal : Comme je vous le disais à l'instant, la société américaine est une société essentiellement fondée sur l'immigration. Or, on constate à l'heure actuelle que l'intégration des différents groupes ethniques d'immigrés ne se fait plus facilement. On parle de « saladier » ou de « mosaïque », plutôt que de « creuset ».

Le présentateur : Pouvez-vous expliquer ?

L'invité principal : Eh bien, ça signifie que les différentes ethnies veulent garder leur identité, leur culture et même leur langue. Le problème qui se pose est donc de savoir si on peut réussir une société composée de minorités juxtaposées, tant que ces minorités n'acceptent pas des valeurs communes essentielles, comme la démocratie, par exemple.

Le présentateur : C'est-à-dire qu'il n'y aurait plus un seul mode de vie américain mais une pluralité de comportements culturels, chacun revendiquant ses racines, son origine ethnique.
En somme, la question à laquelle il faudrait répondre est la suivante : peut-on vivre dans une société dont les citoyens ne reconnaissent pas des valeurs identiques ?

Le premier jeune invité : Moi je pense qu'on a besoin d'appartenir à un groupe. C'est une condition indispensable pour avoir une image de soi positive, sinon…

Le deuxième jeune invité : Oui mais, en même temps, cela produit souvent des luttes. Chaque communauté ou chaque groupe veut dominer les autres. D'où la violence que l'on constate partout en ce moment.

Le premier jeune invité : Moi, ce que je crois, c'est que l'on peut faire partie d'une société tout en conservant son héritage culturel et ses racines !

◄ Une jeune femme de type méditerranéen.

B Tu as peut-être raison, mais ce n'est pas ça le problème.

Éric : Qu'est-ce que tu en penses, toi ?

Carmen : Moi, je suis d'accord avec le jeune qui dit qu'on a besoin d'appartenir à un groupe. Tu vois, moi j'aime bien la France mais je ne me sens pas du tout Française. Et si je m'installais en France, j'aurais envie de garder mes racines, ma culture, ma langue. Je suis différente et je voudrais qu'on respecte ma différence.

Éric : Oui, tu as peut-être raison, mais ce n'est pas ça le problème. Si tu voulais rester en France, il faudrait que tu acceptes nos valeurs, notre système social, nos lois. Il faudrait que tu tolères les différentes religions et les différentes idées. Il y a sans doute des comportements que tu serais obligée d'accepter, bien qu'ils te choquent parfois.

Carmen : Lesquels par exemple ? nos cultures sont très voisines… Ce serait plutôt un problème pour les immigrés de cultures très éloignées. Bien que maintenant, je me demande si le problème essentiel n'est pas plus social que culturel.

Éric : Tu veux dire que si on appartient au même groupe social et qu'on a la même éducation, c'est plus facile ?

Carmen : Oui, c'est plus facile de s'intégrer dans ces cas-là…

Éric : Peut-être que dans quelques décennies, ce sera un faux problème. Il n'y aura plus de nations, plus de races, plus de différences, qui sait ?

DÉCOUVREZ les règles

- **Comme je vous le disais à l'instant**, la société américaine…

- **Pouvez-vous expliquer ?**

- **Cela signifie que** les différentes ethnies…

- **C'est-à-dire qu'**il n'y aurait plus…

- **Moi, je pense qu'**on a besoin…

- **Moi, ce que je crois, c'est que** l'on peut…

- **Oui mais**, en même temps, cela produit…

- **Je suis d'accord avec** le jeune qui dit…

- **Tu as peut-être raison**, mais…

- **Il y a sans doute** des comportements que tu serais obligée…

- **Ce serait plutôt** un problème pour les immigrés…

- **Tu veux dire que** si on appartient…

- **Peut-être que**, dans quelques décennies, …

- **Je me demande si** le problème essentiel…

- **En somme**, la question à laquelle il faut répondre…

- On peut faire partie d'une société, **tout en conservant** ses racines.

A quoi servent les mots ou les phrases en gras ?
Classez-les dans l'une des catégories suivantes :

– *prendre la parole*
......

– *demander une explication*
......

– *donner une explication*
......

– *introduire une idée*
......

– *nuancer sa pensée en exprimant le doute*
......

– *exprimer son accord*
......

– *introduire une restriction*
......

– *introduire un résumé*
......

– *concilier deux idées*
......

- La société est fondée sur l'immigration, **or** on constate que…

- Le problème qui se pose est **donc** de savoir si…

- Cela **produit** souvent des luttes.

- **Si je m'installais** en France, j'aurais envie de garder mes racines.

- Chaque communauté veut dominer les autres. **D'où** la violence que l'on constate.

- On a besoin d'appartenir à un groupe. **C'est une condition** indispensable **pour** avoir une image de soi positive.

- Il y a des comportements que tu serais obligée d'accepter, **bien qu'**ils te choquent.

Classez les mots ou les expressions qui servent à raisonner, dans l'une des catégories suivantes :

– *faire une hypothèse*
......

– *marquer une opposition entre deux faits*
......

– *introduire une conséquence*
......

– *marquer la condition*
......

– *marquer l'opposition à une conséquence logique*
......

MANIÈRES de dire

Pour discuter en public, il faut pouvoir nuancer sa pensée afin de ne pas heurter directement son interlocuteur.

1 **Relevez dans la situation pages 232 et 233 différentes manières de nuancer sa pensée dans un débat :**

......

......

......

2 **Autres manières de prendre la parole dans un débat :**

1. Je ne pense pas que ce soit notre objectif.

2. Ce n'est pas avec des discours qu'on pourra régler ce problème !

3. Expulser les clandestins, ce n'est pas la solution idéale !

4. N'oublions pas que les clandestins travaillent sans poser de problèmes sociaux.

5. Je crois que c'est impossible de régler ce problème en expulsant les gens.

6. Il est évident que le problème des clandestins se pose aujourd'hui.

7. Effectivement, il me semble que l'immigration devrait être très réglementée.

Trouvez dans ces sept énoncés ceux qui vous semblent catégoriques, et ceux qui vous semblent exprimer une opinion plus nuancée.

À VOUS de parler

1 **Mettez-vous en équipe. Vous choisissez et adoptez un des rôles suivants :**

– un religieux,

– un nationaliste,

– un représentant des droits de l'homme,

– un immigré dans votre pays.

• Préparez une petite discussion sur l'*intégration* des immigrés dans votre pays.

• Jouez cette discussion au cours d'une table ronde dont votre professeur sera l'animateur.

2 **Deux camarades d'école, dont un immigré dans votre pays, discutent :**

– l'étudiant immigré expose ses problèmes dans le pays ;

– l'autre étudiant lui répond. Il est partiellement d'accord sur les problèmes soulevés par l'étudiant immigré ;

– l'étudiant immigré dit maintenant qu'il pense qu'il doit garder toutes les caractéristiques de sa culture (religion, langue, comportements…) ;

– l'autre étudiant n'est plus d'accord.

Les deux étudiants finissent soit par un *désaccord total*, soit sur une *position moyenne*…

3 **Faites-les parler :**

FRAPAR.

Exercices

1 *Puzzle*

Dans cette discussion entre deux amis A et B, replacez les expressions de l'*argumentation*.

> Chaque communauté veut dominer les autres. **D'où** la violence que l'on constate partout en ce moment.

A : ...... tous les gens ne partagent pas les mêmes valeurs, il est très difficile de réussir une société.

B : ...... les gens ne partagent pas les mêmes valeurs, ils peuvent quand même essayer de vivre en paix !

A : Je ne pense pas. Toi, par exemple, ... tu vivais dans un autre pays, il faudrait forcément que tu acceptes les lois et les coutumes de ce pays.

B : Moi, ... j'habitais dans un autre pays, je garderais mes propres valeurs !

A : Eh bien, ... tu garderais tes valeurs, tu ne serais pas vraiment intégré ! Tu serais marginalisé et ça ne te plairait pas !

B : ...... , on n'a pas le choix : il faut absolument adopter les mêmes valeurs pour s'intégrer dans une société nouvelle. Ça doit être extrêmement dur !

A : ...... les problèmes de l'immigration, ici !

Expressions de l'argumentation :

en somme (une fois)

même si (une fois)

si (une fois)

d'où (une fois)

tant que (deux fois)

bien que (une fois)

Exercices

 Des façons d'argumenter

Deux personnes, A et B, discutent sur ces cinq affirmations.
A est entièrement d'accord avec ces idées mais les reformule en insistant sur la *condition indispensable*.
B n'est pas d'accord avec A et marque son opinion en utilisant *la concession* (variez les formes !).

> **1.** C'est le partage des mêmes valeurs qui fait la société.
>
> **2.** Seule une politique sociale et éducative intense peut effacer les différences culturelles.
>
> **3.** Pour s'intégrer, les immigrés doivent totalement accepter les valeurs de la nation qui les accueille.
>
> **4.** C'est le respect de toutes les différences individuelles qui construit la société multiculturelle.
>
> **5.** C'est en insistant sur les ressemblances et non pas sur les différences qu'on pourra tous vivre ensemble.

1. *C'est le partage des mêmes valeurs qui fait la société.*

A : C'est vrai, **tant qu**'on ne partage pas les mêmes valeurs, il est difficile de créer une société.

B : **Bien qu**'on ne partage pas les mêmes valeurs, on peut faire une société et vivre en paix.

2. A : ......
     B : ......

3. A : ......
     B : ......

4. A : ......
     B : ......

5. A : ......
     B : ......

Expressions de la *condition* :	Expressions de la *concession* :
tant que + *indicatif*	*bien que* + *subjonctif*
sans que + *subjonctif*	*quoique* + *subjonctif*
à moins que + *subjonctif*	*avoir beau* + *infinitif*
à condition que + *subjonctif*	
pourvu que + *subjonctif*	
si + *indicatif*	

 Connexions

Observez les expressions suivantes et dites quelle est leur fonction dans l'*argumentation*.

Fonctions possibles:

1. Permet de mettre deux phrases en *opposition*.
2. Introduit une *conclusion*.
3. Marque la *condition*.
4. Permet de *revenir sur un thème* déjà évoqué.

Expressions :

a) Comme je vous le disais à l'instant...

b) Or, on constate que...

c) Le problème qui se pose est donc de savoir si...

d) C'est une condition indispensable pour leur survie en France.

**Voici maintenant, dans le désordre, des arguments.
Vous les replacerez dans un ordre logique, en utilisant
ces expressions de l'*argumentation* (a, b, c, d).**

...... le travail des clandestins, même s'il est important, ne menace pas du tout la société française.

Les clandestins, comme leur nom l'indique, se
cachent. Ils travaillent en silence pour des salaires
très faibles. En fait, ils passent leur temps à travailler ......

...... on veut enfin s'occuper sérieusement, et le
plus vite possible, des immigrés de seconde génération qui, eux, sont jeunes, pauvres, à 50 % tou-
chés par le chômage et qui vivent enfermés dans
des banlieues misérables.

...... , selon la plupart des Français, ce serait l'immigration clandestine qui serait principalement
responsable des troubles sociaux dans les banlieues.

Prenez la parole en public

**1. Vous pouvez vous opposer à votre interlocuteur de
façon catégorique ou de *façon nuancée*.
Bien sûr, l'intonation joue un rôle important, mais
vous pouvez essayer de faire la différence entre les
huit expressions suivantes :**

1. *Non. Moi, je pense que*

2. *Oui, il est évident que*

3. *Moi, ce que je crois, c'est que*

4. *Oui, tu as peut-être raison, mais*

5. *Il y a sans doute des cas où*

6. *Peut-être que*

7. *Ce que je pense, ce serait plutôt que*

8. *Ce dont je suis certain, c'est que*

▶ *les différences culturelles
enrichissent une nation.*

**Classez en deux colonnes ces huit énoncés et dites
s'ils sont :**

catégoriques	nuancés
......	......
......	......
......	......
......	......

Exercices

2. Voici maintenant une intervention à laquelle vous devez réagir de _façon catégorique_ :

— C'est l'unité culturelle qui fait une nation.

— ......

Voici maintenant une intervention à laquelle vous devez réagir de _façon nuancée_ :

— Sans unité culturelle, il n'y a pas de nation.

— ......

3. Voici maintenant une _réaction catégorique_, retrouvez l'intervention initiale :

— ......

— Ce dont je suis certain, c'est qu'il faut aussi respecter les différences culturelles.

Voici maintenant une _réaction nuancée_, retrouvez l'intervention initiale :

— ......

— Oui, tu as peut-être raison, mais il faut respecter les différences culturelles.

5 _Intervention dans un débat_

Vous devez réagir dans un débat sur la société multiculturelle :
a) vous exprimez votre pensée _de façon nuancée_,
b) vous exprimez votre pensée _de façon catégorique_.

Plus il y a de cultures différentes, et plus la nation s'enrichit.
a) **Peut-être que** la nation peut s'enrichir autrement !
b) **Moi, je pense que** la nation ne s'enrichit pas comme ça !

1. La nation est en danger si tous ceux qui la forment ne vont pas dans le même sens.

    a) ......

    b) ......

2. Ceux qui refusent de s'intégrer à la nation **devraient retourner dans leur pays d'origine**.

a) ......

b) ......

3. On peut vivre ensemble **sans partager les mêmes valeurs**.

a) ......

b) ......

4. Il est impossible de s'intégrer si on déteste les valeurs du pays d'accueil.

a) ......

b) ......

5. Tant qu'on ne partage pas la même culture, **on ne peut pas parler de « nation »** !

a) ......

b) ......

À vous de jouer

Par équipe, vous choisissez un thème de discussion, par exemple : « une nation peut-elle être multiraciale ? » **ou** : « il faut parler la même langue pour former une nation ».

Vous préparez vos arguments (pour ou contre).

Pour les présenter, vous utilisez les huit expressions suivantes :

1. Non. Moi, je pense que...

2. Oui, il est évident que...

3. Moi, ce que je crois, c'est que...

4. Oui, tu as peut-être raison, mais...

5. Il y a sans doute des cas où...

6. Peut-être que...

7. Ce que je pense, ce serait plutôt que...

8. Ce dont je suis certain, c'est que...

C'est l'équipe qui a pu utiliser le maximum d'expressions imposées qui aura gagné.

VOTRE grammaire

La conséquence

● La conséquence ou **_relation de causalité_** entre deux faits peut s'exprimer par des verbes tels que « **produire, entraîner, causer** ».

> Le fait d'appartenir à un groupe **produit** souvent des luttes.

● « **Donc** » et « **d'où** » servent à introduire une conséquence qui est en même temps une **_conclusion_** dans un raisonnement.

> – Les différentes ethnies veulent garder leur identité, il faut **donc** se demander si on peut réussir une société multiculturelle.
>
> – Chaque communauté veut dominer les autres. **D'où** la violence que l'on constate partout.

Quelques conjonctions de temps

● « **Tant que** » ou « **aussi longtemps que** » marquent une **_relation entre la durée de deux événements_** :

> Est-ce qu'on peut réussir une société multiculturelle **tant que** les minorités n'acceptent pas de valeurs communes ?
>
> **Aussi longtemps que** le soleil brillera, la terre continuera à exister.

Remarque : Ne pas confondre « **tant que** » et « **jusqu'à ce que** » qui signifie : « en attendant… » et qui se construit avec le subjonctif et des verbes à la forme affirmative : Je resterai ici **jusqu'à ce que** l'émission soit terminée.

● « **Tout en** » ou « **en** » marquent la **_simultanéité_** entre deux actions accomplies par un même sujet (personne).

> On peut faire partie d'une société **tout en** gardant son identité culturelle.
> Elle tricote **tout en** regardant la télé.
> Je travaille **en** écoutant de la musique.

« L'exception à la règle »

● « **Bien que** » introduit une proposition qui est en **_opposition_** avec une règle générale, c'est-à-dire qui marque une exception à une conséquence « banale ».

> Il y a sans doute des comportements que tu serais obligée d'accepter **bien qu'**ils te choquent.

Ici, la règle est : Si on n'aime pas quelque chose, on s'y oppose.

Mais : Bien que je n'aime pas cela, je l'accepte.

> **Bien qu'**il ne **pleuve** pas, j'ai pris un parapluie.

« **pleuve** » est le subjonctif du verbe *pleuvoir*, de même que plus haut « **choquent** » est le subjonctif du verbe *choquer*. La conjonction « **bien que** » est toujours suivie du **_subjonctif_**.

Le discours rapporté

Discours direct

« Le travail du temps est sans importance. »

« L'histoire de France commence au XVIIIᵉ siècle. »

« Je suis absolument contre l'introduction d'une seconde langue officielle. »

« Vous devez composter votre billet. N'oubliez pas ! »

Discours rapporté

Il **nie** le travail du temps.

Il **prétend que** l'histoire de France commence au XVIIIᵉ siècle (je ne suis pas d'accord avec lui).

Il **proteste** contre l'introduction d'une seconde langue officielle.

Il lui **rappelle qu'**elle doit composter son billet.

Sens et constructions du verbe « rappeler* »

● **Le verbe pronominal** (se rappeler : « **se souvenir de** »)

- Se rappeler quelque chose (ce que/quand/où…)
- Se rappeler que…

> Je **me rappelle** ma jeunesse.
> Tu **te rappelles ce que** tu lui as dit ?
> Je **ne me rappelle pas quand** ça s'est passé.
> Je **me rappelle qu'**il faisait très beau ce jour-là.

● **Le verbe transitif** (rappeler : « **faire penser à** »)

- Rappeler (à quelqu'un) que…
- Rappeler quelque chose.
- Rappeler quelque chose à quelqu'un.

> L'allégorie de Marianne **rappelle que** la France n'est pas une race.
> Ça **me rappelle que** j'ai oublié mon passeport.
> Cette logique **rappelle** celle des ghettos.
> Il **lui a rappelé** sa promesse.

---

* Les exemples sont tirés de la rubrique « **Culture** ».

DÉCOUVREZ les sons

1 ▶ Écoutez l'enregistrement : il s'agit de différentes prises de parole dans un débat sur le thème de l'intégration des immigrés en France.

2 ▶ Écoutez l'enregistrement et dites quelle est la fonction de chacun des énoncés.

	Pose ou reprend le thème	Montre son accord total	S'oppose totalement	Nuance son désaccord
1.				
2.				
3.				
4.				
5.				
6.				
7.				
8.				
9.				
10.				

3 ▶ Écoutez l'enregistrement et réagissez pour montrer votre désaccord catégorique ou votre désaccord nuancé. Choisissez pour réagir une des prises de parole proposées.

1. Ah ! pas du tout ! pour moi, au contraire, je pense que ce n'est absolument pas le problème !

2. Il est peut-être souhaitable de poser le problème différemment...

3. Je suis persuadé qu'il y a d'autres solutions, par conséquent, je ne partage pas votre point de vue !

4. Vous avez probablement raison de poser cette question, mais on pourrait penser aussi au problème du chômage.

5. Vous avez peut-être raison, mais on pourrait encore penser à d'autres solutions.

Les mots inutiles

Les paroles volent, dit-on,
de bouche en bouche
et d'oreille en oreille.
Elles vibrent, elles bourdonnent
dans l'air
comme des moustiques.
D'ailleurs, chaque tête,
même la plus légère,
n'est-elle pas comme un dictionnaire
rempli de mots prêts à tourner
à tous les vents ?
Écoutez bien et, à travers les paroles
qu'échangent des gens sensés,
vous entendrez
la danse absurde
des mots inutiles.

Jean Tardieu, « Le présentateur », extrait de « Les mots inutiles »,
in : *Le Professeur Frœppel*, © Gallimard, 1978.

Chante-Loup-les-Vignes.

Une banlieue parisienne :
Chante-Loup-Les-Vignes

 À Chante-Loup-Les-Vignes, il y a le haut et le bas de la ville. En haut, c'est le village paisible et relativement agréable. En bas, c'est la cité nouvelle de La Noé et la misère...

Dans la cité, 50 % de la population a moins de vingt ans...

Tout le monde pense que la vie dans cette cité est de plus en plus difficile...

Nous, on aimerait quand même bien que ça se calme un peu, parce que là, ça devient très très grave, hein !...

Activités

• **Repérages**

– Retrouvez la raison qui explique que la presse écrite et la radio consacrent, ce jour-là, un documentaire spécial sur la vie dans les banlieues.

– Comment le journaliste divise-t-il la ville de Chante-Loup-les-Vignes ?
  • division topographique ?
  • division qualitative ?

– Quelles sont les caractéristiques démographiques de Chante-Loup-Les -Vignes ?

– Retrouvez dans l'enregistrement les circonstances de la construction de la cité de La Noé.

– Pourquoi la vie dans cette cité est-elle devenue difficile ?

Retrouvez les raisons invoquées :
  • par le journaliste,
  • par le premier témoin,
  • par le maire de la ville.

– Selon le journaliste, qu'est-ce qui pose surtout problème dans ces banlieues parisiennes ?

• Dans votre ville, un quartier ou une banlieue pose probablement des problèmes sociaux :

– Présentez le quartier ou la banlieue.

– Exposez le problème social qu'il/elle soulève.

– Donnez les raisons de ces difficultés :
  a) selon les habitants,
  b) selon la municipalité,
  c) selon vous-même.

Un couple mixte et leur enfant.

Mariages mixtes : la France prend un visage métissé

« Le cœur a ses raisons que la raison ne connaît pas… »
Blaise Pascal

Il y a les « couscous-pommes frites » (Arabes-Français), les « dominos » (Blancs-Noirs) et tous les autres… Ces amours cosmopolites, jugées bizarres il y a vingt ans, s'imposent aujourd'hui dans toutes les couches de la société.

Actuellement, un(e) Français(e) sur dix se marie avec un(e) étranger(e), tandis que les couples antillais-métropolitains ou judéo-chrétiens se multiplient…

Aujourd'hui, le cosmopolitisme est entré dans les familles en même temps qu'Africains, Maghrébins, Asiatiques, Latino-Américains, Européens et Américains venaient s'installer de plus en plus nombreux en France, y apportant leur langue, leur cuisine, leurs traditions, leurs croyances ou leur couleur de peau.

En 1988, dans les mairies, on a enregistré vingt-quatre mille mariages mixtes, soit plus de 8 % du total des mariages. Mais il ne s'agit là que d'unions avec des ressortissants de nationalité étrangère : cela ne représente qu'une seule des multiples catégories de mariage mixte, car le mélange est infini !

Comment savoir, par exemple, si tel couple « domino » est franco-français ou franco-africain ? Tel couple « couscous-pommes frites » peut être soit franco-arabe, soit franco-beur ; tel couple franco-français peut être judéo-chrétien ou christiano-musulman et bien d'autres possibilités sont encore recensées. Tous ces croisements préparent, au fur et à mesure, une nouvelle identité nationale.

Un Maghrébin sur quatre épouse une Française, une Maghrébine sur dix, un Français. Le recensement de 1982 dénombre cinquante-trois mille ménages dont la femme est française et mariée à un Algérien, un Marocain ou un Tunisien.

Le cœur ignore les barrières raciales qu'il franchit par amour, alors que la raison a toujours des difficultés à renverser les barrières culturelles qui lui servent de ligne de démarcation.

D'après Le Nouvel Observateur, 1371, 14-20 février 1991.

Activités

Repérages :

– Relevez les noms et les verbes qui se réfèrent à « **mariage** ».

– Trouvez dans le texte deux expressions de temps qui signifient : **de nos jours**.

– Trouvez l'expression qui signifie : **par degrés successifs** ou **peu à peu**.

– Trouvez deux conjonctions de temps équivalentes de « **pendant que** ».

– Relevez les différents moyens qui servent à exprimer une **quantité numérique**.

– Relevez les verbes qui servent à évaluer des **nombres** ou une **progression numérique**.

• En tenant compte de votre expérience, discutez entre vous pour évaluer « approximativement » la composition ethnique de votre ville (ou de votre pays).

• Sous forme d'analyse statistique, rédigez, à l'intention d'une revue française, les résultats sur lesquels vous vous êtes mis d'accord.

CIVILISATION

La France, un creuset qui date du Moyen Age

Les premiers occupants

Celtes ou Gaulois ?

Les Celtes de Gaule
devinrent les Gaulois.
Ils portaient
les cheveux longs
et la moustache.
Ils étaient
moyens de taille,
moins grands
que les Germains,
plus grands
que les Romains.

La Gaule romaine

Jules César envahit la Gaule,
battit le chef gaulois, Vercingétorix, à Alésia.
La paix romaine régna pendant plus de
deux siècles et le pays devint
l'un des plus prospères de l'Empire.

Le temps des Barbares

Des peuples venus de l'Est et du Nord
envahirent le pays,
semant l'effroi et la mort.
« L'herbe ne repoussera plus là
où passera mon cheval » disait Attila.

Le fondateur de la France

Clovis devient le roi de tous les Français. Il se fait baptiser à Reims et forge l'alliance de l'Église de Rome et de l'État franc.

La monarchie capétienne

Après quatre siècles de pouvoir féodal, marqués par les invasions des Vikings, la France devient une monarchie stable : Hugues Capet fonde une dynastie qui va gouverner pendant huit siècles.

Le sacre d'Hugues Capet à Noyon en 987. ▶

De quels peuples est fait le peuple français ?

• De Celtes, appelés Gaulois.
• De Romains, venus au Ier siècle avant Jésus-Christ.
• De « Barbares », tels que :
– les Germains (les Huns, les Goths et les Wisigoths, les Burgondes) apparus aux IVe et Ve siècles,
– les Francs, une peuplade germanique venue aux Ve et VIe siècles,
– les Vikings ou Normands, apparus au IXe siècle.

Le fait le plus marquant dans la construction du creuset français est que la France du VIe siècle est une synthèse romano-germanique : avec l'aide de l'Église romaine, à la suite du baptême de Clovis, le petit royaume franc a pu absorber les autres, et intégrer les apports nouveaux pour constituer la nation française.

Quand commence la France* ?

Avec Vercingétorix ? avec Clovis ? avec l'investiture d'Hugues Capet ? ou lors de la Déclaration des droits de l'homme ?
Beaucoup d'historiens se posent cette question. Un grand historien, Fernand Braudel**, a une autre façon de voir l'histoire : ce qui l'intéresse c'est le « long travail de préparation, la lente germination culturelle et sociale qui a donné forme humaine à l'hexagone, qui a sculpté les paysages, différencié les genres de vie, construit les réseaux d'échanges, modelé les mentalités. »

_____

* D'après *Le Nouvel Observateur*, 14-20 novembre 1986.

** *L'identité de la France*, © Arthaud Flammarion, 1986.

D'où vient la langue française ?

En majorité du latin, bien sûr, mais nous avons conservé aussi des mots qui nous viennent de nos ancêtres.

• Mots d'origine *germanique* :
– des mots qui viennent de la *guerre* : la bande, le maréchal, l'orgueil, guetter, gagner, haïr, ... mais aussi éblouir et choisir ;
– des mots qui parlent de la *terre* : le blé, le bois, la framboise, la chouette et le crapaud ;
– et de la *mer* : le flot, la bouée, l'écume et la falaise ;
– et aussi de la *maison* : la crèche, la cruche, la soupe et le fauteuil. Broder et chausser.

• Quelques mots d'origine *gauloise* :
– la lande, la dune, l'alouette et le mouton ;
– le balai et la charrue ;
– le druide et le vassal ;
– le chêne et le bouleau et aussi l'arpent ;
– bercer, briser et craindre.

Les bandes ou le refus de l'intégration

Les bandes : une culture minoritaire

La banlieue rouge a disparu. Elle a laissé la place à un ensemble pluri-ethnique composé de bandes ou groupes organisés autour d'un territoire et de rites. Ces jeunes ne s'identifient plus à des groupes sociaux (riches ou pauvres) mais ethniques, et ils procèdent par exclusion : je suis Black car non Blanc, je suis Beur car non Français, je suis Juif car non Beur... La logique qui se met en place dans certaines banlieues parisiennes rappelle celle des ghettos américains. Ces jeunes vivent à Saint-Denis, mais leurs mythes sont à Los Angeles. Entre les deux, ce « truc qu'on appelle la France » n'existe pas.

Ville nouvelle de Montigny-le-Bretonneux. Au fond, un immeuble de Bofill.

« Injecter une petite dose de noir dans la culture française »

Les Beurs sont peu nombreux dans ces bandes qui sont surtout composées de Blacks. Les bandes sont réservées à ceux qui sont arrivés en France plus tard que les Maghrébins et qui viennent de plus loin. « Au fond, ici on vit un peu comme en Afrique », disent-ils. Quand ils arrivent en France, ils ne pensent pas y rester longtemps, alors ils ne font pas d'efforts pour s'intégrer. « Il y a des gens qui vivent ici depuis trente ans et qui ne parlent pas un mot de français. A part l'usine ou le chantier, ils ne connaissent rien à la France. » Pourtant, certains estiment que l'intégration se fera, à condition de faire connaître aux Français la culture africaine comme Mamadou Konté qui rêve « *d'injecter une petite dose de noir dans la culture française.* »

Textes d'après *Le Nouvel Observateur*, 1335, 7-13 juin 1990.

Une bande de jeunes devant La Défense. Enfants de l'immigration, ils débarquent d'une autre France, celle des cités ghettos et des couloirs de métro. Avec leur fascination de l'Amérique et leur nostalgie de l'Afrique. Qui sont-ils ? Que veulent-ils ?

250

ensemble

L'intégration réussie

Les Chinois à Paris

Jeunes françaises d'origine maghrébine.

Les Chinois en France sont les immigrés qui, à la fois, restent le plus solidement liés à leur culture d'origine et s'intègrent le mieux à la société française. Leur devise : famille, travail et souvenir de leur patrie. Leurs valeurs sont les mêmes que celles de la France profonde.

Le secret des Chinois reste l'acharnement au travail et la solidarité familiale, bref la constance, la sagesse : « *On travaille beaucoup chez nous... jour et nuit. Sept jours sur sept. On ne prend pas de vacances pendant des années, on épargne... Nous voulons que nos enfants aient un diplôme ou qu'ils fassent du commerce.* »

Pas de délinquance sur la voie publique. Les Asiatiques prennent le plus vite possible la nationalité française.

Textes d'après *Le Nouvel Observateur*, *1335*, 7-13 juin 1990.

Un quartier chinois à Paris.

Il suffit d'une génération

Il suffit le plus souvent d'une génération pour faire des enfants d'immigrés des Français comme les autres. D'une génération à l'autre, notre pays continue d'intégrer des immigrés. Les enfants d'immigrés deviennent de plus en plus souvent cadres ou cols blancs. Les comportements se rapprochent de ceux des Français : les femmes immigrées ont de moins en moins d'enfants (on est passé de 4,01 enfants par femme étrangère en 1968 à 3,19 en 1985).

Les mariages mixtes progressent (8,7 % en 1986), la connaissance de la langue étrangère diminue sensiblement, de même que le niveau de pratique religieuse. Les immigrés se fondent dans les classes populaires françaises.

Le Nouvel Observateur, *1335*, 7-13 juin 1990.

Harlem Désir : une certaine idée de la France

Répondant à une interview du *Nouvel Observateur*, Harlem Désir, président de SOS-Racisme, commente l'affiche ci-contre :

– C'est une allégorie de Marianne qui rappelle que la France n'est pas une race mais une nation fondée sur des valeurs universelles. Mais SOS-Racisme est présent. La main est bien là... elle est ouverte et colorée pour évoquer le métissage et la fraternité.

– Pourquoi le mot « pays » plutôt que « nation » ?

– La notion de pays est plus simple, plus accessible. On vit tous dans le même pays, on contribue tous à sa réussite. On doit tous y avoir les mêmes droits et les mêmes devoirs. C'est un contrat fondé sur le partage des valeurs communes.

On aime tous le même pays

[...] Nous voulons combattre l'idée selon laquelle la France ne serait forte que lorsqu'elle se retourne contre l'étranger, qu'elle se définirait par ceux qu'elle rejette.

– Seriez-vous devenu gaulliste ?

– Nous avons nous aussi une certaine idée de la France, pour paraphraser le Général.

Le Nouvel Observateur, *1335*, 7-13 juin 1990.

CULTURE

La France, un vieux pays : une société monoculturelle ?

Fernand Braudel

Les racines de l'identité de la France

Pour Fernand Braudel, historien contemporain, l'histoire d'un pays est intimement liée à son espace. Dans la préface de son ouvrage, *l'Identité de la France*, il proteste contre les historiens qui nient le long travail du temps et qui prétendent que l'histoire de la France commence au XVIIIe siècle.

« *Comme si l'histoire n'allait pas jusqu'au fond des âges, comme si préhistoire et histoire ne constituaient pas un seul processus, comme si nos villages ne s'enracinaient pas dans notre sol dès le troisième millénaire avant le Christ, comme si la Gaule n'esquissait pas à l'avance l'espace où la France allait grandir, comme si le dépassement du Rhin au Ve siècle par les peuplades germaniques [...] ne constituait pas à des siècles et des siècles de distance, un trait contemporain vivant [...], comme si, dans notre sang, on ne décelait pas la trace même des lointaines « invasions barbares », comme si croyances autant que langues ne venaient pas vers nous des siècles obscurs du plus lointain passé.*

Un paysage français par excellence : une écluse sur le canal de Bourgogne.

L'identité est le résultat d'une transformation

Alors, qu'entendre par identité de la France [...] sinon une prise en main de la France par elle-même, sinon le résultat vivant de ce que l'interminable passé a déposé patiemment par couches successives comme le dépôt imperceptible de sédiments marins [...] Une nation ne peut être qu'au prix de se chercher elle-même sans fin, de se transformer dans le sens de son évolution logique, de s'opposer à autrui sans défaillance, de s'identifier au meilleur, à l'essentiel de soi.

L'identité suppose l'unité

Se reconnaître, à mille tests, croyances, discours, alibis, vaste inconscient sans rivages, obscures confluences, idéologies, mythes, fantasmes [...] toute identité nationale implique forcément une certaine unité nationale, elle en est comme le reflet, la transposition, la condition. »

Fernand Braudel, *L'identité de la France*,
© Arthaud Flammarion, 1986.

Michel Serres

Tout apprentissage consiste en un métissage

Étrange et original, déjà mélangé des gènes de son père et de sa mère [...] tout enfant n'évolue que par nouveaux croisements, toute pédagogie reprend l'engendrement et la naissance d'un enfant : né gaucher, il apprend à se servir de la main droite, demeure gaucher, renaît droitier [...] Né Gascon, il le reste et devient Français, en fait métissé ; Français, il se fait Espagnol, Italien, Anglais ou Allemand, s'il épouse et apprend leur culture et leur langue, en gardant les siennes propres [...] son esprit ressemble au manteau d'Arlequin.

Michel Serres, *Le Tiers instruit*,
© François Bourin, 1991.

Les États-Unis, un pays neuf : une société multiculturelle et multiraciale

Dans une interview au *Nouvel Observateur*, un sociologue américain, Joël Jotkin, analyse ce qui caractérise la société américaine : Le « bouillonnement des races » et le « foisonnement culturel ».

« On ne peut pas parler de melting-pot »

Je ne crois pas que l'on puisse parler aujourd'hui de melting-pot, qui supposait que nous allions tous devenir des « anglo-américains blancs ». Je préfère le mot intégration qui signifie que l'on fait partie d'une société tout en conservant son héritage culturel et ses racines.

Latins, Arméniens, Asiatiques, Palestiniens, Juifs, : chacun garde ses particularités tout en adhérant à des valeurs communes, comme notre système politique, notre constitution et un certain nombre de grands principes : la liberté d'entreprendre, la concurrence [...]

« Pourquoi ignorer la diversité des cultures aux États-Unis »

J'ai été professeur à Los Angeles. Peut-on enseigner à des classes, dont la moitié est composée d'Hispaniques, que l'histoire du monde a commencé en Mésopotamie, s'est développée en Grèce, puis à Rome, avant de s'épanouir en Europe occidentale ? Peut-on ignorer que les civilisations aztèque et chinoise ont été longtemps les plus avancées sur les plans culturel, politique et technique ? [...] Comment enseigner l'histoire des États-Unis sans parler de l'apport des communautés qui les constituent ? [...] Au XVIIIe siècle, l'Amérique s'identifiait aux Anglo-Saxons. Au XIXe siècle, elle s'est ouverte à des immigrants d'Europe du Nord, Allemands, Scandinaves, qui ont apporté leur propre culture. Et puis les Italiens sont arrivés et notre identité s'est une nouvelle fois enrichie. Le processus continue, tout simplement, avec l'arrivée des nouvelles ethnies.

Le quartier italien de New York.

« L'espagnol, une seconde langue officielle à côté de l'anglais ? Non ! »

Je suis absolument contre. La langue anglaise, c'est ce qu'ont en commun les gens qui sont ici. C'est ce qui les unit. D'accord pour développer l'enseignement de l'espagnol comme seconde langue, mais en faire une langue officielle, certainement pas. Dans un monde où l'anglais s'impose comme langue officielle, ce serait d'ailleurs stupide.

« L'Europe n'est pas préparée à la société multiraciale »

Cela tient au fait que les pays européens se sont bâtis sur l'idée que l'État doit garantir un certain nombre de valeurs à une population déterminée.

L'Amérique a une autre approche : c'est l'individu qui doit être protégé de l'État. En Europe, le rôle de l'État explique que la confrontation avec les pays en voie de développement fasse peur. L'Europe vit avec la hantise d'être engloutie, submergée par ces foules qui arrivent du tiers monde... En France, où les gens ont le sentiment d'avoir des droits vis-à-vis de l'État, ils sont inquiets de voir les immigrés travailler plus dur ou garder leurs boutiques ouvertes plus longtemps. Et ils se disent : « Nous sommes chez nous, nous avons une identité raciale qui nous donne le droit de vivre ici. Que viennent faire ces intrus ? »

Le Nouvel Observateur, 22-28 novembre 1990.

Activités

– De quel type de société faites-vous partie ?

– L'intégration est-elle possible dans votre pays ? À quelles conditions ?

– Quels sont les problèmes et les solutions possibles ?

C'est une question de territoire personnel…

Marquer, protéger, défendre son territoire et ne pas enfreindre celui des autres, est une loi naturelle, que les humains partagent avec la plupart des animaux. Quand cette loi n'est pas respectée, il s'ensuit le plus souvent des conflits sauvages : le plus fort gagne. Heureusement des lois plus « *civilisées* » sont venues adoucir la loi de la nature. Une réglementation préserve le droit des uns et des autres, qu'ils soient forts ou faibles. Des organismes internationaux, tels que l'ONU, veillent, par exemple, à ce que les frontières soient respectées : on ne rentre pas impunément dans le territoire des autres.

Au niveau individuel, chacun a aussi droit à son territoire. Celui-ci se manifeste de façon très variée, depuis les possessions immobilières jusqu'à la place que l'on occupe momentanément dans la rue ou les transports en commun. Par exemple, dans la rue, si on voit un touriste prendre une photo, on ne passe pas devant lui : le temps de prendre sa photo, il a droit à un certain espace qui lui est « *réservé* ». De même, dans un musée ou une galerie d'art, si quelqu'un est en train d'admirer un tableau, on évite de passer entre lui et «*son*» tableau : cet endroit lui appartient tacitement. Pour les mêmes raisons, on s'efforce de ne pas déranger et de ne pas toucher les autres voyageurs lorsqu'on est dans l'autobus ou le métro : c'est parfois difficile, mais alors on s'excuse ou on se justifie : «*ce n'est pas de ma faute*». Les nombreux : «*pardon, excusez-moi*» des passagers prouvent bien que chacun a droit à son espace vital, quoique l'autobus ou le métro soient bondés !

En outre, on se tient à une certaine distance de ses voisins : «*on ne leur parle pas sous le nez*», on ne se colle pas à eux, on les touche rarement. Les quelques centimètres qui séparent deux personnes en train de parler constituent l'espace «*intime*» : il faut le respecter. Cet espace «*intime*» varie d'un peuple à l'autre. On dit qu'il est plus important chez les gens du Nord que chez les Méditerranéens…

Notre voix doit également obéir à certaines règles de proximité : elle ne doit pas «*traverser*» les murs de notre appartement, sinon les voisins auront raison d'être très fâchés. En public, elle tient compte des autres qu'il ne faut pas incommoder par nos conversations : «*crier*» est jugé mal élevé et les parents apprennent aux enfants à «*parler plus bas*». Evidemment les

Le métro aux heures de pointe.

autres sources sonores (radio, télévision, disque, cassette, walkman) sont tenues d'observer ces règles de conduite...

Mais le diapason de la voix et le nombre de décibels admissibles, en privé comme en public, ne sont pas les mêmes d'un pays à l'autre. En France, la loi nous autorise à faire du bruit, mais pas trop, jusqu'à vingt-deux heures. Après cette limite, les gens peuvent se plaindre pour «*tapage nocturne*». En général, ils n'appellent pas la police mais se contentent d'aller frapper à la porte du «*tapageur*» pour le rappeler à l'ordre. Si le bruit vient de la rue, des fenêtres s'ouvrent et l'on entend : «*Ce n'est pas fini ce bruit ? Vous ne pouvez pas laisser les gens dormir, non ? Qu'est-ce que c'est que ces manières ? Où avez-vous appris à vivre ?*»
Ces conduites sont difficiles à admettre par certains étrangers qui ont besoin de parler plus fort et de faire plus de bruit. C'est également difficile pour les jeunes Français qui aiment écouter leur musique à plein volume. Mais ils doivent se plier au règlement, à moins de «*se faire très mal voir*» par leurs voisins...

Une autre conduite essentielle vis-à-vis du territoire d'autrui consiste à savoir contrôler son regard : en public, on ne doit pas «*dévisager les gens*», ni les fixer ; on les regarde à peine et si, par hasard, les regards se croisent, on baisse ou détourne les yeux. Ici, on regarde à la dérobée, sans en avoir l'air...
Ce comportement étonne beaucoup d'étrangers qui, dans leur pays, ont l'habitude de s'observer réciproquement en public. Quand ils «*déshabillent*» les Français du regard, ceux-ci sont profondément mal à l'aise, gênés, vexés – c'est une cause de violents ressentiments... On en veut à l'étranger d'être aussi «*grossier*».

Tous ces petits manques au respect du territoire d'autrui, soit par simple erreur, soit par ignorance des comportements habituels au pays, provoquent, à la longue, un désir d'éviter les contacts sociaux avec tous ceux qui (volontairement ou involontairement) empiètent sur notre territoire «intime» : on ne les regarde plus, on ne les entend plus, on les tient à distance et on leur signifie de cette manière que leur comportement est sanctionné par la communauté. Mais eux, comment vivent-ils cette sanction sociale ?

Discussion

• Observez autour de vous pour voir comment chacun marque son territoire : en s'asseyant toujours à la même place ? en posant un livre, un sac, un journal, un manteau ?

• Quels sont les empiètements de votre territoire qui vous sont les plus pénibles ? bruit, regards, proximité...

COMPRÉHENSION orale

Interview

❶ Approche globale

Écoutez l'enregistrement plusieurs fois. Ensuite, relevez ce que vous avez compris à propos des différents points traités dans l'interview.

1. Thème de l'interview :
   ......

2. Définition de la « nation » :
   ......

3. Des droits pour les immigrés :
   ......

4. De la difficulté d'être étranger :
   ......

5. Le cas des Beurs :
   ......

6. Les immigrés et la « femme française » :
   ......

7. L'espoir, pour la nation de demain :
   ......

❷ Approche détaillée

Recherchez dans l'enregistrement les expressions et les mots précis qui correspondent aux formulations indiquées en italique gras.

1. Moi, je dis que *je suis d'accord avec* les gens de différentes cultures : ......
2. *À condition qu'*ils respectent notre culture : ......
3. C'est à eux *de se conformer* et pas à nous, hein ! : ......
4. Bien sûr, pour le multiculturel, *on ne peut pas ne pas être d'accord* : ......
5. Vous ne pouvez pas *renvoyer les immigrés dans leur pays* : ......
6. Les immigrés de première génération, *ils ne s'intéressent pas à nous* : ......
7. *Ils ne sont pas responsables*, avec le racisme qu'il y a : ......
8. *Pour* tout ce qui est social : ......
9. Ils se font *repousser avec rudesse, avec dédain* : ......
10. Il *a pris un autre prénom* pour *travailler* en France : ......
11. Je me suis fait *appeler* « mal élevée » par eux : ......
12. *Malgré tout ça, moi*, quand j'aurai des bébés, ils seront *obligatoirement* eurasiens : ......
13. Les miens aussi seront *de race mélangée* : ......

❸ Résumé

Résumez à votre manière cette interview de trois Françaises.

Évaluez vos compétences

A Compréhension orale : Entendu à la radio

• Compréhension globale

Ecoutez deux fois l'enregistrement et répondez aux questions suivantes :

1. L'interviewé fait le récit d'un événement passé ☐
   L'interviewé décrit un projet à réaliser ☐

2. De quel type de réalisation s'agit-il :
   – la construction d'un jardin public ? ☐
   – la construction d'une école publique ? ☐

3. Quel est l'endroit choisi pour cette construction ?
   ......

4. Voyez-vous un rapport entre l'allusion à la pomme de Newton et l'endroit choisi pour la construction ?
   Oui ☐ Non ☐

5. A votre avis, l'interviewé est-il :
   écologiste ? ☐ professeur ? ☐

• Compréhension détaillée

Ecoutez encore l'enregistrement et répondez aux questions suivantes :

1. Le maire a voulu acheter :
   – un jardin planté d'arbres ☐
   – un jardin planté d'arbres fruitiers ☐

2. La difficulté de la vente était due :
   – à un règlement municipal ☐
   – à un problème familial ☐

3. Pouvez-vous retrouver un synonyme de « école maternelle » :
   ......

4. Pourquoi la construction ne pouvait-elle pas être « monumentale » :
   – à cause d'un règlement de l'Éducation Nationale ? ☐
   – pour des raisons écologiques ? ☐

5. L'inspecteur d'académie :
   – a donné son accord malgré ses objections ☐
   – n'a pas donné son accord, étant donné ses objections ☐

6. Les objections de l'inspecteur d'académie portent sur :
   – la propreté de l'école ☐
   – la sécurité des enfants ☐
   – la présence des animaux ☐

7. L'interviewé répond aux objections de l'inspecteur :
   – de manière sérieuse ☐
   – de manière humoristique ☐

8. Quel est le nom donné à l'école maternelle ?
   ......

9. A quoi servent les poules, les tourterelles et les lapins :
   – aux jeux des enfants ? ☐
   – à l'apprentissage de l'écologie ? ☐

10. Pourquoi l'interviewé fait-il allusion à l'hypermarché :
    – parce que c'est un lieu où on peut apprendre correctement la vie ? ☐
    – parce qu'il croit que les enfants doivent apprendre la vie ailleurs ? ☐

B Compréhension écrite

1 Le grand homme et l'écologie marine

Explorateur et défenseur des mers et des océans, protecteur des baleines et des dauphins, premier choisi au palmarès de la popularité dans les sondages français, Jean-Yves Cousteau, de l'Académie française, est très certainement la « figure de proue » de toute cette génération.

Le commandant Cousteau a consacré sa vie à l'exploration des mers. Sur la Calypso, son navire de recherches océanographiques, il a accompli de nombreuses croisières.

Au cours de ses expéditions, auxquelles ont participé des scientifiques du monde entier, il a tourné des films sous-marins, tels que : *Le Monde du silence* et *l'Odyssée sous-marine de l'équipe Cousteau*, films souvent diffusés sur les télévisions du monde entier.

Cousteau a créé de nombreux appareils pour explorer plus facilement le fond des océans, notamment des petits sous-marins miniatures et la maison sous la mer, appelée Diogène, qui permet aux membres de son équipe de vivre plusieurs jours à une profondeur de deux cents mètres sous l'eau.

Selon un de ses membres d'équipage, Albert Falco, le commandant Cousteau estime que « *nous pouvons envisager qu'un jour l'humanité colonisera le plateau continental, ce prolongement des continents sous la surface de la mer, entre deux cents et deux cent cinquante mètres de profondeur. Le plateau continental constitue, en fait, la portion la plus riche et la plus intéressante de l'océan.*» Et le commandant Cousteau ajoute à propos du plateau continental sous-marin : «*Ce dont je suis sûr, c'est qu'un jour il y aura des villages sous la mer. Avec des hommes et des femmes, des enfants, des magasins et des bistrots, bien entendu ! Comment échapperions-nous aux bistrots ?*»

D'après Albert Falco et Yves Paccalet, *Capitaine de la Calypso*, Robert Laffont, 1990.

Lisez le texte deux fois et répondez aux questions suivantes :

1. Pourquoi dit-on du commandant Cousteau qu'il est une « figure de proue » ?
   ......

2. Parmi ces quatre activités, rayez celle à laquelle le commandant Cousteau ne participe pas :
   – exploration des fonds marins ☐
   – tourisme ☐
   – cinéma ☐
   – écologie ☐

3. Par quelle formule est désigné(e) :
   – le monde sous-marin ?
   ......
   – l'exploration sous-marine ?
   ......

4. Diogène est le nom donné :
   – à un sous-marin ☐
   – à une maison sous la mer ☐

5. Le plateau continental est :
   – une plate-forme sous-marine (construite par l'homme) ☐
   – une surface sous-marine qui fait suite aux continents terrestres ☐

6. Le plateau continental est situé à une profondeur :
   – de plus de deux cents mètres ☐
   – de moins de deux cents mètres ☐

Évaluez vos compétences

7. Actuellement est-il possible de vivre sous la mer ?

Oui ☐　　　　　Non ☐

Si oui :
– plus de vingt-quatre heures ☐
– moins de vingt-quatre heures ☐

8. Laquelle de ces deux phrases correspond à la pensée du commandant Cousteau ?
– Il est possible qu'à l'avenir il y ait des villages sous la mer ☐
– Il est certain qu'à l'avenir il y aura des villages sous la mer ☐

9. Mettez en rapport les mots qui dans le texte ont le même sens :

défenseur	faire
accomplir	peupler
coloniser	protecteur
envisager (estimer)	pendant
au cours de	penser
faire partie de	participer à

2　　Paris et sa banlieue…

Paris est, a été et sera le lieu privilégié où aiment s'installer les étrangers du monde entier. Que ce soit pour des raisons touristiques, professionnelles ou scolaires, les étrangers affluent vers Paris qui représente, comme le disait si bien Joséphine Baker, « leur seconde patrie » …

Mais ces étrangers ont volontairement choisi ou accepté de vivre pour un temps à Paris…

Il n'en est pas de même pour les étrangers immigrés, qui, eux, doivent résider dans des cités, c'est-à-dire des grands ensembles d'habitation, dans la périphérie parisienne.

La vie dans ces cités de banlieue ne correspond pas souvent aux rêves des habitants. Ils sont le plus souvent chômeurs, en attente d'un travail, ou très jeunes adolescents, ne s'étant pas intégrés au milieu scolaire du pays.

Certaines cités de la banlieue parisienne sont donc des lieux de malaise et de difficultés de vivre. Les jeunes, sans occupation, s'organisent en bandes qui effraient et parfois maltraitent les résidents. Les plus anciens, qu'ils soient Français ou étrangers, ne s'y sentent plus en sécurité : la peur règne.

La raison essentielle de ce malaise ? le chômage, certes.

Mais aussi les difficultés d'adaptation pour ceux qui ne vivent en France que par nécessité économique, sans pouvoir, ni vouloir s'intégrer quelque peu à nos modes de vie…

*D'après Le Parisien 14375,
27 novembre 1990.*

Lisez le texte et répondez aux questions suivantes :

1. « J'ai deux amours, mon pays et Paris », chantait Joséphine Baker. Comment cette idée est-elle exprimée dans le texte ?
……

2. Les étrangers qui vivent temporairement à Paris, le font pour des raisons :
– économiques ☐　　– scolaires ☐
– touristiques ☐　　– professionnelles ☐
– politiques ☐
(Cochez les réponses mentionnées dans le texte).

3. Les immigrés viennent à Paris pour quelles raisons ? Choisissez dans la liste ci-dessus.

4. Ils habitent :
à Paris ☐　　　dans la banlieue ☐

5. Quelle phrase correspond à ce qui est dit dans le texte ?
– Ils sont tous chômeurs. ☐
– La plupart d'entre eux sont chômeurs. ☐

– La vie en banlieue ne correspond jamais à leurs rêves ☐
– La vie en banlieue ne correspond presque jamais à leurs rêves ☐

6. D'après le texte :
– Les bandes font peur aux habitants ☐
– Les bandes volent les habitants ☐
– Les bandes insultent et agressent les habitants ☐

7. Les bandes sont composées :
– de jeunes chômeurs ☐
– de jeunes ☐

8. Les personnes plus âgées sont tous des Français :
vrai ☐　　　faux ☐

9. D'après le texte, les immigrés ont des difficultés d'adaptation :
– parce qu'ils ne veulent pas s'intégrer ☐
– parce qu'ils ne peuvent pas s'intégrer ☐

10. Mettez en rapport les mots qui dans le texte ont le même sens :

habiter	effrayer
banlieue	grands ensembles
vivre	résider
cités	périphérie
faire peur	s'installer

C Production écrite libre

Vous venez de lire « Paris et sa banlieue… » :

1. Est-ce que ce texte pourrait s'appliquer aux banlieues des grandes villes de votre pays ?
Dites ce qui est semblable et ce qui est différent.
Donnez votre point de vue sur la question (rédigez quinze à vingt lignes).

2. Écrivez une lettre pour le courrier des lecteurs d'une revue française, comme *Paris Match*. Vous y raconterez une anecdote qui s'est produite dernièrement dans une banlieue de votre pays.

D Chanson : *Quand on arrive en ville*

Ecoutez la chanson de Daniel Balavoine et essayez de retrouver les mots (ou groupes de mots) manquants :

Quand …… dort tranquille
Dans les banlieues-dortoirs
C'est l'heure où les zonards
Descendent sur la ville
[…]
Nous
…… c'est être heureux
Être heureux avant d'être vieux
…… d'attendre
d'avoir trente ans
Nous
…… c'est être heureux
Être heureux avant d'être vieux
On prend ……
en attendant
Quand on arrive en ville
On arrive de ……
On vit sans domicile

On dort dans les hangars
Le jour on est tranquille
On passe incognito
Le soir on ……
Et on …… au hasard
Alors…
Préparez-vous pour la bagarre
Quand on arrive en ville
[…]
Quand viendra l'an deux mille
On aura quarante ans
…… maintenant
Demain ……
Qu'est-ce qu'on va faire ce soir
On va ……
Si vous allez danser
Ne rentrez pas trop tard
[…]

Daniel Balavoine avec l'aimable autorisation des disques Barclay.

Transcriptions des enregistrements

UNITÉ 1

Itinéraire bis

Ils aiment le rock et ils en parlent à la radio

« Le rock ? c'est tout ce qu'on peut ressentir.
Joie, excitation, amour, sensibilité, peine.
Avec le rock, tout ce qu'on ressent vient des tripes et du cœur.
Le rock, c'est l'héritage des Noirs. »

« Le rock ? c'est un moyen d'expression.
Des images immédiates et spontanées.
Une violence, une beauté.
L'émotion complète. »

« Le rock ? c'est une atmosphère.
L'évasion.Faire ce qu'on a envie de faire, sans se soucier des autres.

« Le rock ? c'est un état d'esprit rebelle, une musique qui va à contre-courant.
C'est être voyou, mal aimé.
Vivre avec émotion, sans horaire, sans rendez-vous. »

« Le rock ? c'est l'instinct.
L'improvisation !
Je déteste le rock ! »

« Le rock ? c'est aujourd'hui.
Tout est rock. Les gens vivent rock.
Le rock, c'est ma culture. »

« Le rock ? c'est la révolte. »

Compréhension orale

Déborah, américaine, parle de la musique

« Le rock ? c'est le rythme ! Un rythme fait pour l'anglais. Le rock en anglais, c'est merveilleux !

Par contre, le rock en français, pour moi, c'est ridicule ! Le français ne se prête pas au rythme du rock. Alors là, pas du tout hein !

Le rap ? c'est une musique noire. Ce sont les Noirs américains qui ont créé le rap. Moi, je trouve que le rock est plus rythmé que le rap. Bien sûr, dans le rap, il y a une cadence, mais en fait, le rap est plus chanté. Dans le rap, on parle sur la musique. Les paroles sont improvisées. La parole est un commentaire inspiré par la cadence. Le rap ça représente la solidarité des Noirs ou des jeunes contre la drogue, contre le racisme, contre le conformisme.

Quant à la pop music, c'est comme le « pop corn » pour moi.

Ça saute, c'est amusant et distrayant mais ce n'est pas sérieux comme musique ! C'est pour rire, la musique pop, ça n'a aucune prétention ! »

UNITÉ 2

Itinéraire bis

Refuser une invitation et se justifier

Elle : Allô ? Ah ! Jean-Charles ! ...
Non, vous ne me dérangez pas ! ... Ah c'est gentil d'avoir pensé à moi, mais ce soir... Non, tout un dossier à préparer pour un client... Si ! j'adore le théâtre, je vous assure ! Mais si je veux être tranquille dimanche, je...
Mais non, je vous assure, tout va bien ! Ne vous faites pas de soucis pour moi ! mais ce soir, ce ne serait pas raisonnable. ... Non, croyez-moi, c'est totalement impossible, je dois absolument terminer ce dossier ce soir.
... Ne vous faites pas de souci ! je vais très bien ! Si je pouvais sortir ce soir, c'est avec plaisir que j'accepterais votre invitation. J'adore le théâtre de Nathalie Sarraute ! ... Entendu ! je vous promets de vous rappeler bientôt. Au revoir !

Compréhension orale

France-Télécom et les technologies nouvelles

Les hommes d'affaires peuvent déjà appeler leur femme du TGV : « Allô chérie ? dans deux heures j'arrive ! »
À trois cents kilomètres à l'heure, ça fait moderne !
Prix de la communication : quinze francs la minute, payable par télécarte ou par carte bancaire.
Pour discuter par avion, il faudra attendre un petit peu plus longtemps, mais ça viendra ! Les avions seront équipés d'un téléphone : France-Télécom le promet pour bientôt.
Toujours pour l'avenir, le téléphone de poche. Les Anglais pourront bientôt utiliser un téléphone sans fil, tout petit, comme une calculette, qui permet d'appeler de partout et de recevoir des messages de partout où on se trouve. Les Britanniques ont bien de la chance ! Mais si France-Télécom se dépêche, nous aurons, nous aussi, notre téléphone de poche très bientôt.
Imaginez les avantages !
Vous ne voulez pas vous rendre à la réception de votre PDG ? Vous appelez votre secrétaire du fond des bois où vous êtes si bien : « *Je suis désolé, je suis en panne, au fond de la Bretagne. J'arriverai quand je pourrai !* »
Votre femme reçoit ce soir ses camarades de bureau. Vous, vous êtes en train de pêcher au bord d'une rivière : « *Chérie ? j'arriverai quand j'aurai attrapé ce superbe brochet que j'aperçois. Attends-moi et excuse-moi auprès de tes amis !* »
Enfin, vous le voyez, le téléphone de poche sera un excellent moyen de justifier ses retards ou d'annoncer son arrivée imprévue...

259

UNITÉ 3
Itinéraire bis

Ce que les 13-17 ans n'osent pas dire à leurs parents

– Voulez-vous vraiment savoir tout ce que pensent vos enfants ? :
École, amour, liberté, angoisse, boulot, copains, voilà ce que les adolescents voudraient que vous compreniez.

Écoutez, Isabelle, 14 ans : « *Quand les parents parlent des adolescents, on dirait qu'ils parlent de bêtes curieuses, d'êtres bizarres ou de malades ! Pourtant, on est comme tout le monde...* »

Ou encore Olivier, 15 ans : « *L'école c'est trop ! trop lourd, trop dur, trop d'heures, trop de boulot. Et puis, il y a les profs qui gueulent, on n'aime pas trop...* « *Y'a* » *les profs qui nous parlent comme si on avait douze ans. Ils nous prennent pour des nuls. Ils sont injustes avec ceux qui travaillent mal à cause de problèmes dans leur famille. Les profs, ils ne nous branchent pas sur ce qu'on aime !* »

Et Bastien, 17 ans : « *Tu as eu des notes ? c'est la première question de ma mère, quand elle rentre du travail. C'est énervant ! Et puis mon père, c'est :* « *t'as fait tes maths ?* », *je réponds oui, j'ai fait mes maths, alors que ce n'est pas vrai...* »

Christophe fait remarquer : « *On dirait que c'est notre argent à nous, les notes. C'est avec ça qu'on s'achète la liberté de sortir avec les copains.* »

Tous les adolescents disent qu'ils ont besoin de faire des bêtises, pour « rigoler » ou pour « délirer » ensemble, avec leurs copains. Les parents ont tendance à oublier que les adolescents ont besoin de liberté : liberté de s'habiller comme on veut, de voir qui on veut et surtout de sortir.
Marie explique : « *Quand on a le droit de sortir une fois par semaine, on réclame deux soirs. Quand on a deux soirs, on en réclame trois.* »
Les adolescents revendiquent le droit de « sécher », parfois : ils n'ont pas toujours envie d'aller travailler, alors ils sèchent.
Ils se font faire des mots d'excuse par leurs parents. Mais l'essentiel pour les 13-17 ans, ce sont les copains.

« *Mes copains,* «*y'a*» *rien de plus important. Je peux tout leur dire, c'est-à-dire que je leur parle de tout ce que je n'ai pas envie de raconter à mes parents.
Mes parents ont décidé que mes amis étaient des loubards, comme ça, sans les connaître : je ne supporte pas !* » dit Virginie, 15 ans.

– Oui, les adolescents aiment leurs amis, parce qu'ils leur ressemblent ou au contraire parce que les copains les aident à rompre avec leur enfance. Entre copains, on se plaint, on se console, on se vante, on se raconte n'importe quoi, on se téléphone trois fois dans la soirée, on se comprend : on est pareil.

« *C'est avec mes copains que j'ai besoin d'être* », dit Claire, 14 ans.
Ou encore Baptiste, 16 ans : « *Mes parents ont beau vouloir me faire plaisir, je m'ennuie avec eux* ».

– Les jeunes de 13-17 ans n'ont pas envie de ressembler à leurs parents, parce que les parents ne savent pas écouter. Quand ils ont besoin de parler, les parents ne comprennent rien !

« *J'ai commencé à parler de mon petit ami à mon père, il a fait semblant de ne pas m'entendre* » raconte Marie, 13 ans.

– Enfin, Parents, écoutez bien : vous jugez trop rapidement, vous parlez trop d'argent et enfin, vous vous prenez pour des jeunes !

Ce que les 18-25 ans pensent de leurs parents

« *Plus ça va, plus on cherche à se rapprocher des parents. Autrefois, plus vite on quittait la maison, plus vite on était heureux. Finalement, j'aime bien être chez mes parents.* »

« *Ma mère ne comprend pas grand-chose. Quand je lui dis : maman, je sors avec des amis, elle me répond : mais qu'est-ce que tu peux faire avec tes amis ? Reste lire au fond de ton lit, c'est tellement plus agréable. Quand je lui dis : maman, je vais au café avec des copains, elle me demande : mais qu'est-ce que vous faites au café ? Elle ne comprend pas.* »

« *Les parents ont tendance à vouloir toujours avoir raison. Mais ce n'est pas avec eux que j'ai le plus de renseignements ou d'informations sur le monde actuel, c'est avec ma bande de copains.* »

« *C'est inné chez moi d'avoir une réaction opposée à celle de mes parents. Pourtant, mes parents sont des gens que j'admire beaucoup, et ce qu'ils disent, c'est en général vrai.* »

Compréhension orale

Interview de Benoît, 20 ans, étudiant en informatique

– Benoît, tu as 20 ans, tu es étudiant et tu habites encore chez tes parents. Comment ça se passe cette cohabitation ?
– Ça se passe très bien. Mes parents et moi, on s'entend très bien. Ils me comprennent et moi, j'essaie de ne pas trop les déranger.
– Vous vous arrangez bien, alors ?
– Oui, parfaitement !
– Mais, de temps en temps, tu ne trouves pas ça difficile de vivre chez tes parents ?
– Pas du tout.
– Alors, vous n'avez jamais de difficultés entre vous ?
– Oh si ! on s'engueule parfois pour des bricoles, mais ça s'arrange toujours.
– Vous vous disputez à propos de quoi, par exemple ?
– «J' sais» pas trop. Ils trouvent que je dépense trop, par exemple. Ou bien, ils sont fatigués quand je mets du rock un peu trop fort pour eux. Ils me font souvent la tête si je rentre trop tard ou si je ne téléphone pas pour les prévenir que je reste chez des copains.
– Ils aiment bien tes copains ?
– Oui, oui, mais ils trouvent que je passe trop de temps avec mes copains. Ça, ils ne comprennent pas !
– Autre problème ?
– Ils sont toujours en train de me donner des conseils comme si j'étais encore un gamin. Ou comme si je ne savais rien ! Et puis mon père m'énerve un peu avec ses idées politiques. On dirait pour lui que les jeunes ne valent pas grand-chose !
– Mais dans ces conditions, tu devrais avoir envie de partir. De prendre un studio, par exemple.
– Je suis très bien à la maison. «J'ai» pas envie d'aller ailleurs ! Un studio, c'est trop petit. Ici, j'ai le garage pour ma moto, et puis ma chambre elle est très grande.

Quand j'invite des amis, mes parents me laissent le living, c'est pratique.
Ici, j'ai la télé, le magnétoscope et ma mère s'occupe de mon linge.

– Tu profites de tes parents, alors ?

– Non, je ne crois pas. C'est un échange, quoi. Eux, en ce moment ils m'aident à vivre et moi, je ferai peut-être la même chose pour eux plus tard quand ils seront vieux.

UNITÉ 4
Itinéraire bis

La pause café dans une grande entreprise de construction

Il est neuf heures du matin. Avant de se mettre au travail, les jeunes cadres prennent le café et échangent les dernières nouvelles avec le chef du personnel. C'est alors que le PDG* arrive accompagné d'un nouveau directeur de section.

Le PDG : Je vous présente notre nouveau collaborateur, Jacques Maris. C'est lui qui est chargé de mettre en place la section urbanisme et informatique.

Un jeune cadre : Vous prenez du café, Jacques ? il est encore chaud.

J. Maris : Oui, merci.

Le chef du personnel : Jacques Maris ? c'est vous qui avez écrit *La vie moderne et l'urbanisme* je suppose ?

J. Maris : Oui, oui. C'est un livre que j'ai écrit quand j'étais encore à l'université. Ça fait déjà bien longtemps !

Le chef du personnel : Vous aviez à cette époque l'intention d'enseigner à l'université, n'est-ce-pas ?

J. Maris : En fait, j'y ai enseigné quelque temps. J'étais assistant à l'université de Paris VII quand j'ai publié ce bouquin. Mais j'ai vite compris que la vie universitaire n'était pas faite pour moi.

Un autre cadre : Oui, vous avez préféré la vie active des entreprises !

J. Maris : J'ai surtout pensé que je serais plus heureux dans le domaine de la créativité ! Et puis, j'aime la compétition !

Le chef du personnel : Vous êtes tout de suite rentré chez Buitz ?

J. Maris : Non, non. J'ai d'abord été chef de section au ministère de l'Équipement et du Logement. Mais je ne m'entendais pas très bien avec mon patron. Nous n'avions pas les mêmes conceptions en matière d'urbanisme.

Le jeune cadre : Alors, vous avez quitté le ministère ?

J. Maris : Oui, c'est ça. J'ai profité d'une offre que me faisait M.I.T. et je suis parti aux États-Unis.

C'est là que j'ai découvert les gros avantages qu'on pouvait tirer de l'informatique appliquée aux travaux d'urbanisme.

Le jeune cadre : Vous êtes resté longtemps aux États-Unis ?

J. Maris : Six ans. Et puis j'ai rencontré monsieur Buitz lors du colloque international à Boston. Il a semblé intéressé par mes travaux et il m'a proposé de rentrer en France comme directeur de sa section urbanisme et informatique.

Le chef du personnel : Donc vous arrivez des États-Unis ?

J. Maris : Non, non. Je viens de passer dix-huit mois à notre siège à Paris. Et puis, comme vous le savez, monsieur Buitz a décidé de créer une nouvelle section ici. Il m'a chargé d'en prendre la responsabilité.

Le PDG : Bon, c'est très bien tout ça, mais il faudrait peut-être se mettre au travail ! Je vous retrouve à midi, Jacques ?

J. Maris : Non, je suis pris. Je reçois l'équipe allemande.

Le PDG : Celle de Munich ?

J. Maris : Oui, c'est ça.

Le PDG : Vous ne perdez pas de temps, vous ! Alors, bonne chance et à bientôt.

Compréhension orale

Interviews

1. – Vous voulez bien raconter comment vous avez rencontré l'homme de votre vie ?

– Oui bien sûr, mais c'est pour quoi ?

– C'est pour une émission qui passera sur les ondes de Radio 2001 le 5 décembre. Vous êtes d'accord ?

– Oui, oui. Alors… Eh bien, c'est très simple !

On était ensemble à la fac de droit de Rennes. C'était le début de l'année universitaire. Une copine m'a dit : « tu vois, ces grands types, là-bas ? eh bien, ce sont des étrangers. Ils viennent de Suède. » Je les ai regardés : ils étaient beaux comme des dieux ! Alors j'ai eu envie de les connaître. D'abord, on est sortis tous ensemble, en copains, quoi. Je les trouvais très sympathiques et puis ils parlaient avec un accent très amusant. Un jour, on est allés danser. Il y avait des soirées dansantes tous les samedis soirs à la fac. Ce soir-là, j'ai remarqué que Jeff m'invitait à danser tous les slows. Et puis, c'est lui qui m'a raccompagnée à la maison. C'était en plein hiver, il faisait un froid de canard mais nous ne sentions rien. On était bien ensemble, on parlait de tout et de rien, on riait, on était heureux, quoi ! Et puis, tout à coup, Jeff m'a prise dans ses bras et il m'a dit : « Je suis fou de toi ! reste avec moi et tu seras la femme la plus heureuse du monde ». J'étais très émue parce que Jeff me plaisait bien… À partir de ce moment, nous ne nous sommes plus quittés et ça fait vingt ans que ça dure !

---

2. – Vous accepteriez de raconter pour Radio 2001 comment vous avez rencontré la femme de votre vie ?

– Oh ! oh ! oh ! c'est très simple ! Je l'ai toujours connue ! on a fait l'école primaire ensemble ! C'était la plus jolie petite fille de la classe évidemment ! Moi, je la défendais contre les autres gosses dans la cour de récréation et on rentrait le soir, la main dans la main.

Et puis, un jour, elle est partie. Son père avait été nommé à Toulon. On s'est écrit longtemps et puis on s'est un peu oubliés.

Un jour, par hasard, des copains ont donné une fête chez eux, à Paris. Elle était là ! on ne s'est pas quittés de la soirée. J'étais tout de suite redevenu amoureux d'elle. Pour moi, elle n'avait pas changé.

Le lendemain, à midi, je suis allé à son adresse avec deux douzaines de roses rouges. Trois mois plus tard, on se mariait.

– Et vous êtes toujours ensemble ?

– Oui. Nous avons maintenant trois enfants et tout va très bien !

3. – Et l'homme de votre vie, madame, comment l'avez-vous rencontré ?

– Chez des amis, au mois d'août. On jouait au tennis ! Il était là, superbe : j'ai eu le coup de foudre. Il avait tout pour lui, le look, la classe, l'argent. C'était le dernier héritier d'une famille très connue. Il faisait une brillante carrière dans la diplomatie. Moi, je suis tombée follement amoureuse de lui. Nous avons vécu une vie de rêve pendant deux semaines de vacances. Et puis, il a dû retourner à son ambassade au Venezuela..

Je ne l'ai plus jamais revu mais je ne l'ai jamais oublié.

Il m'avait dit avant de partir : « Vous m'avez appris ce que c'est que le bonheur ». J'ai pleuré longtemps et puis j'ai épousé un notaire.

Vous voyez, l'homme de ma vie a été l'homme d'un instant !

– Vous regrettez ?

– Non, j'ai gardé le souvenir d'un rêve merveilleux, ça me suffit.

UNITÉ 5
Itinéraire bis

Ce n'est pas toujours facile d'avoir le bon service

– Bibliothèque nationale, j'écoute.
– Bonjour madame, pourriez-vous me passer le service des reproductions, s'il vous plaît.
– Ne quittez pas.
– Oui ?
– C'est bien le service des reproductions ?
– Oui, madame.
– Voilà, je voudrais savoir pourquoi je ne reçois pas le devis d'une commande que j'ai faite, il y a trois semaines. Or, on m'a dit, lors de ma commande, que je recevrais ce devis dans les quinze jours.
– Ah je suis désolé, mais ce n'est pas mon service. Je vais essayer de vous mettre en correspondance.
– Allô, oui ?
– Monsieur, bonjour. Je suis bien au service des microfilms pour la reproduction des documents ?

– Oui, madame.
– Monsieur, je voudrais savoir pourquoi je ne reçois pas de devis pour une commande que j'ai passée à vos services, il y a plus d'un mois.
– Ah ça madame, je ne peux pas vous répondre.
– Vous êtes bien le service des microfilms ?
– Oui, mais la personne qui s'occupe des commandes n'est pas là..
– Voulez-vous que je téléphone plus tard ?
– Non, téléphonez après dix heures demain matin.
– Mais il s'agit d'une simple vérification ! Je voudrais savoir ce que devient ma demande de microfilms.
– Oui, j'ai bien compris, mais je ne peux pas répondre. Quel numéro avez-vous demandé ?
– Si vous voulez savoir, j'ai déjà demandé le 81-26, le 82-44, le 82-22 et le 82-25 !
– Ah ici, c'est le 82-29 et je ne peux pas vous répondre. Il faut appeler demain après dix heures.
– Écoutez monsieur, je sais que vous n'y êtes pour rien, mais il n'est que seize heures trente et je ne peux pas obtenir de réponse, quel que soit le numéro que j'appelle ! Vous avouerez que c'est un peu fort !
– Oui, je comprends, mais...
– C'est incroyable ! Je suis édifiée sur la compétence de vos services. Ce n'est pas de votre faute, je le sais, mais je suis fatiguée qu'on me passe de service en service pour rien, au revoir, monsieur.
...
– Bibliothèque nationale, j'écoute.
– Oui, madame, j'ai téléphoné trois ou quatre fois cet après-midi pour avoir le service des demandes de microfilms. Vous me passez n'importe quel service mais jamais le bon. Je commence à trouver ça bizarre !
– Mais quand on a une cinquantaine de services, comment on fait ?
– Vous êtes un standard ou non ? Vous devriez avoir une liste des services sous les yeux, il me semble !
– Je vais vous en passer un et vous vous débrouillerez !

Compréhension orale

Interview d'un Québécois vivant à Paris

– Quelle est votre impression de la France. Qu'est-ce qui vous a frappé ?
– Ce qui m'a frappé le plus, c'est l'espace. On n'a pas beaucoup d'espace, ici en France. Surtout à Paris, les appartements sont très petits. On n'a pas beaucoup de place. Ici, j'ai cinquante mètres carrés. Où je demeurais, au Canada, on avait au moins cent cinquante mètres carrés pour deux fois moins cher.
La deuxième chose qui m'a frappé, c'est qu'en France, si on voyage, on n'a pas besoin de faire beaucoup de kilomètres pour voir différents paysages, tandis qu'au Canada on est obligé de voyager beaucoup. Moi et mon épouse, on a quand même voyagé. On a fait plusieurs pays. Donc on peut comparer l'Europe versus l'Amérique. Dans tous les pays, de toute façon, il y a moins d'espace que chez nous.
– Et les comportements des gens ?
– Alors les Français, moi, je les trouve en général assez accueillants.
À Paris, quand on va manger dans un restaurant, les serveurs sont un peu pressés, ils n'ont pas le temps de parler, ils ne sont pas toujours très polis, mais c'est parce qu'il y a tellement de monde ! De toute façon, ils n'ont pas besoin d'être polis puisque sur la facture ils ont déjà 15 % !

Chez nous le «tip»[1] est complètement à part. Il n'est pas inclus dans la facture. C'est laissé à la discrétion du client. Alors si le client n'a pas aimé le «waiter»[2], le «waiter» n'aura pas de «tip».

– Autres particularités du caractère français ?

– Ah là, c'est assez compliqué, c'est délicat parce que les Français sont… C'est des théoriciens, avant tout, ils sont très peu « appliqués ». Alors, ils ont de la difficulté à mettre en pratique ce qu'ils disent.. Ils le font, mais ça leur prend du temps, beaucoup plus de temps.

– Pourquoi ?

– Parce que je pense qu'ils ont peur de faire des erreurs.

L'erreur, ici en France, elle n'est pas admise, tandis qu'en Amérique du Nord, tout le monde fait des erreurs. Les Français ont surtout peur de faire des erreurs dans le domaine professionnel. Alors, ils font beaucoup de théorie, mais ils font très peu de pratique. S'ils font des erreurs et les mettent en pratique, c'est très mal vu, alors qu'en Amérique du Nord, c'est moins mal vu, parce que chez nous, quelqu'un qui essaie, c'est quelqu'un qui se met en évidence, qui n'a pas peur, quoi.

– Et les rapports humains, en France ?

– Quand je vais travailler le matin, c'est très différent, parce que chez nous, au Canada, on se dit « bonjour » mais on ne se donne pas la main. « Salut, comment ça va ? » c'est tout. Mais ici, c'est toujours « serrer la main », c'est le plus important. Le matin, ça prend du temps à démarrer, ici pour travailler, parce que c'est le café, tout ça, il y a beaucoup de choses, ça prend au moins quinze, vingt minutes avant de commencer à travailler, c'est le café !

Il y a plus de vie sociale au travail le matin. Chez nous, les heures de travail sont différentes. A Paris, les journées sont longues. On a pas mal de temps pour déjeuner. Parce que chez nous c'est le «dîner», ici c'est le «déjeuner». Chez nous on déjeune, on dîne et on soupe. Ici, vous avez votre petit déjeuner, votre déjeuner et votre dîner… Nous, on dîne notre souper à six heures. Et ici, on dîne à huit heures.

UNITÉ 6

Itinéraire bis

Qu'est-ce qui vous a le plus marqué au cours de cette décennie ?

– Marie-Françoise, vous êtes enseignante. Quel est pour vous l'événement le plus marquant de la dernière décennie ? et quels sont les grands hommes de ces dernières années ?

– L'événement le plus important pour moi, c'est le mur de Berlin…. parce que c'est près de moi… ça aurait pu être aussi Mandela mais c'est plus loin l'Afrique du Sud.

Oui, pour moi, l'événement essentiel de cette décennie, c'est l'effondrement du monde communiste, disons l'effondrement d'un régime dans lequel beaucoup de gens avaient placé leur espoir.

La chute du mur de Berlin en 1989, ça a bouleversé la géopolitique. Qui dit géopolitique, dit économie des pays, idéologie, sociologie, relations sociales. Ça touche au quotidien des gens. Pour moi, la face du monde a été transformée depuis le mur de Berlin.

Sinon, comme événement très marquant, c'est l'impact de l'informatique. Tout va passer sur ordinateur. Chacun peut avoir un petit ordinateur et mettre la

mémoire du monde sur disquette mais aussi sa propre mémoire ! Ça me fascine et ça me fait peur. Tu peux avec l'informatique vivre en autarcie totale. Tu peux vivre plein de choses et ne voir personne. Tu pourrais même éviter d'aller voir ton médecin. Tu communiques avec lui par télématique. Ton médecin, il a ta fiche, ton bilan, il sait tout sur toi, et grâce à l'ordinateur, il peut te dire ce que tu as et quels médicaments tu dois prendre. Bientôt, l'informatique s'imposera dans tout notre quotidien.

Quant aux grands hommes… pour moi, les êtres humains, quels qu'ils soient, ils ont leurs bons et leurs mauvais côtés. Celui qui est bon aujourd'hui, ne pourrait-il pas être mauvais demain ?

Dans les livres d'histoire, on peut parler des grands hommes mais moi, aucun homme ne me fascine. Les seuls gens qui peuvent me toucher, ce sont les acteurs, ils me font rêver, par leur beauté, par les films qu'ils font. Ils ne sont pas d'ici, ils ne sont pas de notre monde, quoi.

Compréhension orale

Interview

– Et vous, Claire, vous êtes traductrice spécialisée dans le domaine de l'informatique. Quel est pour vous l'événement le plus marquant des dix dernières années ?

– Je serais tentée de dire que c'est ce qui s'est passé dans les pays de l'Est… La chute du communisme. Oui, oui, c'est ça, la chute du communisme à l'Est et l'ouverture du bloc de l'Est. Ouverture d'un dialogue Est/Ouest, un dialogue qui était absent.

C'est tellement important la réouverture d'un dialogue entre l'Occident et les autres. C'est l'espoir d'une démocratie universelle… «J'crois» que c'est pour moi la chose la plus importante. «Y'aurait» peut-être autre chose, mais, oh non, moi, «j'crois» que c'est vraiment ça.

Il y a aussi l'informatisation dans tous les domaines, dans toutes les pratiques. Ça s'est amorcé avant les années quatre-vingts, mais aujourd'hui plus personne ne peut échapper à l'informatique.

Dans n'importe quel métier, c'est indispensable. Ça simplifie, ça accélère toutes les façons de s'organiser dans les entreprises. Ça facilite la communication, même à l'échelle mondiale. Tous les réseaux informatiques qui se mettent en place, ça change toutes les manières de s'organiser. Par exemple, ce serait inconcevable d'imaginer une bibliothèque qui ne soit pas informatisée. Les bases de données mettent l'information à la disposition de tous. Dans d'autres domaines, on peut tout faire, tout savoir sans se déplacer. Tout est à portée de la main. L'informatique, c'est quelque chose qui pénètre chez toi. Tu peux obtenir des milliers de renseignements sans avoir à parler à quelqu'un. Tu peux même dialoguer au minitel sans personne. Tu sais tout comme ça.

Bien sûr, c'est surprenant. Il y a, grâce à l'informatique, ouverture d'un côté et enfermement de l'autre.

On peut communiquer comme ça tout seul. On pourra moins communiquer avec d'autres individus. On va peut-être s'installer dans une sorte d'anonymat, face à son écran, et heureux d'être seul. On aura peut-être plus de mal à comprendre les mots.

Quant on se sert d'un ordinateur, il y a un langage à apprendre, langage qui est différent de celui de la vie courante.

L'ordinateur simplifie et abrège. Alors que le langage entre les gens est riche et infini. Tu peux introduire des nuances mais aussi des ambiguïtés. Avec l'ordinateur

---

(1) tip = pourboire.
(2) waiter = serveur.

c'est différent. C'est plutôt négatif. L'informatique devrait peut-être être restreinte au domaine professionnel. Il y a des risques mais ce n'est pas certain qu'on aille jusqu'à la non-communication totale. C'est vrai, les ordinateurs ce sont des outils prévus pour la communication et qui risquent d'aller vers la non-communication. Tout progrès porte en soi sa perversion. Ça dépendra si l'homme exploite ce côté pervers ou non.

– Et l'homme le plus marquant de cette décennie ?
– Ce serait logique de donner le nom de Gorbatchev, mais moi personnellement, la personne qui a le plus influencé ma vie, ça peut être un auteur qui m'a bouleversée, ça peut être un ami, un proche, par exemple. J'aurais plus de facilité à parler d'un grand homme avant les années quatre-vingts mais là, je ne sais pas. Je parlerais plus facilement maintenant de films, d'œuvres, mais d'une personne... c'est pas facile. Personne n'a été aussi important que ça.
Je serais plus impressionnée par quelqu'un comme l'abbé Pierre parce qu'il s'occupe des hommes. Une vie absolument dédiée au bien des hommes. Il a essayé de soulager ceux qui sont rejetés et mis au ban de la société.

UNITÉ 7
Itinéraire bis

Lutte contre la pollution : une bonne nouvelle, la Seine revit !

Oui, bientôt on pourra, de nouveau, se baigner dans la Seine !

En effet, depuis 1984, le programme « Seine propre » est en marche.

Ce programme a pour objectif de faire baisser la pollution du fleuve. Déjà aujourd'hui, on peut constater une amélioration : « A Paris, la Seine change de couleur, elle vire au vert » disent les responsables du programme. C'est vrai, la pollution a déjà baissé en quelques années d'efforts. La preuve, c'est que la végétation aquatique, les « planctons végétaux », ont repoussé, ce qui donne à la Seine cette nouvelle couleur verte qui démontre sa bonne santé !

Mais le programme doit continuer jusqu'en l'an 2000 !

Pour qu'un jour on puisse se baigner dans la Seine, il faut encore diminuer les causes de pollution. Oui, il faut rendre plus propre l'eau qui coule sous le pont Mirabeau...

Mais comment lutter contre la pollution ?

D'abord par une technique très simple et très naturelle : des barrages flottants sont placés dans certaines zones pour arrêter et retenir les déchets : bois, plastiques et autres objets qui polluent la surface de l'eau.

Sont aussi prévus, quand cela est nécessaire, des bateaux-nettoyeurs qui permettent de renouveler ou d'augmenter le taux d'oxygène de l'eau.

Grâce à la mise en place de ces deux techniques, les eaux de la Seine revivent progressivement.

Déjà, on peut observer et mesurer une nette amélioration par la présence des poissons : « en 1976, on avait atteint un maximum de pollution sur la Seine. Il ne restait pratiquement plus que deux ou trois espèces de poissons. Mais à l'heure actuelle, on en trouve trente-deux espèces et ces poissons sont consommables !

Notre fleuve Seine revit effectivement », affirme le président de la fédération de pêche.

D'ici quatre ans, seront introduits dans les eaux de la Seine des saumons et des truites de mer. Si ces poissons-là survivent et se reproduisent, c'est que la Seine sera redevenue propre.

On pourra, alors, s'y baigner, sans danger.

Compréhension orale

Que deviendra notre planète ?

À moins que les pays industriels ne prennent conscience de leurs responsabilités, la planète Terre court au désastre.

En 1988, le rapport des Nations Unies pour la population annonçait les chiffres suivants : cent cinquante naissances à la minute dans le monde. Soit deux cent vingt mille naissances par jour. Soit encore quatre-vingts millions de naissances par an.

Selon ce rapport des Nations Unies, la population mondiale atteindrait ainsi le chiffre de 6,3 milliards, en l'an 2000.

Cette montée démographique est principalement due aux pays « en voie de développement ». Les pays développés ou sur-développés étant plutôt en voie de régression sur le plan démographique.

Mais, tout en constatant la poussée démographique mondiale, le rapport des Nations Unies signalait l'appauvrissement et l'usure des sols de notre planète Terre...

À qui la faute ?

Toujours selon ce rapport,la responsabilité des pays industrialisés serait mise en cause : moins d'un quart de la population du globe consommerait 75 % de l'énergie utilisée dans le monde. Moins d'un quart de la population mondiale profiterait, entre autres, de 85 % du bois coupé et abattu chaque année.

Ces chiffres parlent d'eux-mêmes !

Ils confirment la destruction des forêts tropicales au rythme de onze millions d'hectares chaque année, soit l'équivalent de trois fois la surface de la Suisse !

Quand on sait que dans un siècle, aux environs de l'an 2100, onze milliards d'humains se partageront la planète, il faut espérer que, d'ici là, ils auront appris à entretenir les sols, à protéger les forêts, et à assainir les eaux polluées.

En tout cas, voilà des chiffres qui préoccupent les écologistes et tous ceux qui s'intéressent aux futures générations.

Ce que démontre surtout le rapport des Nations Unies, c'est que les pays industrialisés sont les principaux responsables de la destruction systématique des forêts, de l'appauvrissement des eaux en oxygène et de la pollution des nappes phréatiques.

Notre terre est ainsi la victime de la production industrielle non contrôlée d'un quart de ses habitants, tandis que les autres, c'est-à-dire trois quarts des humains, continuent à la surpeupler à un rythme accéléré...

Les uns détruisent la planète, les autres la surpeuplent.

Dans ces conditions, quelles sont les chances de survie de la planète ?

UNITÉ 8

Itinéraire bis

« La petite fiancée de la mer »

« Les qualités de marin de Florence Arthaud sont extraordinaires. Elle a su montrer ses compétences. elle a su montrer aussi qu'une navigatrice comme elle ne peut pas compter véritablement sur ses muscles par rapport, disons, à la force des hommes.

Donc, elle a dû plutôt compter sur sa navigation, son énergie et sur son intelligence pour préparer, jour après jour, sa victoire !

Florence peut faire confiance à son intuition, cette finesse qui lui donne une force supérieure à la force physique. Et puis, elle sait s'obstiner devant la difficulté. Comme elle le dit elle-même : « *J'ai besoin d'avoir des obstacles, de me battre, sinon je me laisse aller.* »

Et puis, elle adore la mer, c'est une obsession pour elle : « *Quand je suis en mer*, dit-elle, *je ne peux pas penser à autre chose qu'à la vitesse du bateau. C'est obsessionnel. Et c'est ce que j'aime. On se vide la tête. Je suis sûre qu'il ne m'arrivera jamais rien. La mer est mon élément.* »

Aujourd'hui, Florence améliore de près de cinq heures le record de l'épreuve que détenait depuis quatre ans Philippe Poupon. Florence a accompli cette Route du Rhum en quatorze jours huit minutes vingt-huit secondes. Elle a parcouru les sept mille kilomètres de cette transatlantique Saint-Malo–Pointe-à-Pitre à plus de dix nœuds de moyenne, c'est-à-dire vingt kilomètres à l'heure, ce qui est une performance tout à fait remarquable. C'est un événement quasiment historique.

Florence a commencé la compétition très jeune, à dix-huit ans. Elle n'était pas toujours très bien classée, parce qu'elle avait un petit bateau mais elle participait à toutes les courses. Avant de gagner la course du Rhum, elle avait déjà remporté le record de la traversée de l'Atlantique en solitaire, ce qui avait été un exploit mais aussi un excellent entraînement. Aujourd'hui, elle arrive en grande triomphatrice de cette quatrième Route du Rhum.

Cette victoire, elle la doit aussi bien à ses compétences de marin qu'à son intelligence et à sa ténacité devant la difficulté. »

Compréhension orale

L'arrivée de la Route du Rhum à Pointe-à-Pitre

« Eh bien oui, Florence Arthaud est maintenant à moins de cinq cents mètres de la ligne d'arrivée, c'est-à-dire qu'elle en est tout proche. Je l'aperçois. J'aperçois les voiles éclairées de son grand Trimaran, Pierre Premier. Elle approche très vite maintenant. J'entends les gens qui me précisent qu'elle est à trois cents mètres de l'arrivée. Elle va passer cette ligne. C'est une affaire d'une ou deux minutes maintenant. Florence Arthaud est entourée d'une multitude de lumières. Ce sont les lumières évidemment des bateaux et des vedettes à moteur qui l'entourent et qui éclairent ses voiles. Dans la nuit qui est tombée maintenant sur Pointe-à-Pitre, c'est un spectacle impressionnant. C'est un spectacle très émouvant. Le vent est en train de tomber et il est vraiment temps que Florence arrive. Elle avance bien sûr, mais on pourrait dire qu'elle n'avance plus très rapidement. Elle ne doit plus être qu'à deux cents mètres de la ligne d'arrivée. Véritablement, c'est un grand moment que nous sommes en train de vivre parce que c'est la première victoire d'une femme dans une transatlantique à la voile. Florence a battu de grands marins, des hommes comme Mc Birch et Philippe Poupon, deux anciens vainqueurs de la Route du Rhum, et c'est un bel exploit parce qu'on peut dire que dans l'histoire du sport c'est la première femme qui a réussi à battre des hommes sur leur terrain. Florence entre dans l'histoire du sport tout court, et pas simplement dans l'histoire de la voile. C'est un moment historique. Sur les quais de Pointe-à-Pitre, l'accueil est enthousiaste. Il y a une foule immense, plusieurs milliers de personnes et les orchestres jouent, c'est formidable, il y a des feux de bengales, des fusées rouges qui partent dans le ciel. C'est un spectacle qu'on pourrait dire presque féérique.

Florence Arthaud n'est plus qu'à cent cinquante mètres de la ligne d'arrivée. J'aperçois les feux, les gyrophares qui matérialisent cette ligne. Florence s'en approche. Elle est vêtue de son débardeur et elle est à la manœuvre, un petit peu anxieuse. Mais elle sait qu'elle tient le bon bout… Et top, ça y est ! Florence a coupé la ligne d'arrivée. Elle est la grande triomphatrice de cette Route du Rhum.

Maintenant, elle va répondre aux interviews parce que ça fait partie de son métier et que c'est une grande professionnelle. Elle va répondre aux interviews, pour la radio et la télévision. Elle va poser pour les photos et puis je pense qu'elle va souhaiter se reposer mais pas tout de suite, elle va vouloir aussi se restaurer et se faire une toilette. Et enfin, elle va savourer sa victoire, elle va vivre un grand moment. Elle va aussi se rendre compte de l'exploit qu'elle vient d'accomplir.

Maintenant, elle est embrassée, congratulée, ovationnée par les milliers de personnes qui sont venues l'accueillir. »

UNITÉ 9

Itinéraire bis

Une banlieue parisienne : Chante-Loup-les-Vignes

La vie quotidienne dans les banlieues parisiennes commence à inquiéter tout le monde. Aujourd'hui, la presse écrite et la radio consacrent des documentaires spéciaux sur ce malaise des proches banlieues de Paris.

Voici, par exemple, le cas de Chante-Loup-les-Vignes, à trente kilomètres à l'ouest de Paris.

Chante-Loup-les-Vignes, le nom est charmant ! mais la ville l'est beaucoup moins…. À Chante-Loup-les-Vignes, il y a le haut et le bas de la ville. En haut, c'est le village paisible et relativement agréable. En bas, c'est la cité nouvelle de la Noé et la misère. Dans cette cité vivent huit mille habitants. On y compte quarante-cinq nationalités différentes. Dans la cité, 50 % de la population a moins de vingt ans.

La cité de la Noé, comme bien d'autres cités-dortoirs de la région parisienne, a été construite à la hâte dans les années soixante-dix pour loger les ouvriers des grandes entreprises en pleine expansion. Mais avec le temps, le chômage a frappé un grand nombre des habitants : le malaise s'est peu à peu installé et aujourd'hui, tout le monde pense que la vie dans cette cité est de plus en plus difficile.

Voici le commentaire d'un habitant, fatigué de vivre à Chante-Loup-les-Vignes :

« *Les jeunes, «i' cassent» tout, «i' volent» tout, les commerçants quittent la cité, «i' z'en ont assez» de se faire voler. Le soir à cinq heures, on peut plus sortir de chez nous. Nous, on aimerait quand même bien que ça se calme un peu, parce que là, ça devient très très grave...* »

Et puis le commentaire du maire de Chante-Loup-les-Vignes :

« *Ce qu'on avait prévu (et déjà depuis plusieurs années) est finalement arrivé. C'est-à-dire qu'à Chante-Loup-les-Vignes , il y a des jeunes, euh, assez déstabilisés par le fait que leur famille subit le chômage depuis longtemps. Eh bien, ces jeunes, euh, actuellement sont réellement marginalisés. S'ils cassent autant, s'ils volent autant, c'est qu'ils veulent faire savoir qu'ils sont là, qu'ils existent.* »

Mais le vrai problème c'est que ce sont des adolescents, des mineurs, contre qui on ne peut rien, parce qu'il n'y a pratiquement pas de système répressif légal, en France pour ces jeunes qui ont moins de dix-huit ans.

Ce n'est pas étonnant que dans ces cités de béton et d'indifférence, les jeunes se révoltent : ils se sentent mal intégrés à notre société, ils ignorent les valeurs françaises et n'ont pas gardé les valeurs de leurs parents immigrés, alors ils se révoltent.

Compréhension orale

Interview

Les problèmes de société font beaucoup parler les Français. Voici, par exemple, ce que disent trois Françaises interviewées par Radio 2001.

Radio 2001 : Comment réagissez-vous à la société multiculturelle ? Pensez-vous que ce soit un bien pour la nation ?

Monique (26 ans, comptable) : Moi, je dis que j'accepte les gens de cultures différentes de celle, disons, du Français moyen, à partir du moment où ils respectent notre culture. C'est à eux de s'adapter et pas à nous, hein !

Denise (40 ans, secrétaire de direction) : Bien sûr, pour le multiculturel, on ne peut pas aller contre. Vous ne pouvez pas rejeter les gens hors des frontières. Et puis, le multiculturel, c'est très enrichissant. Chacun apporte sa culture. Ça fait un melting pot foisonnant, riche. Mais pour la nation, je ne sais pas si c'est bon ou pas...

Monique : Pour moi, il me semble qu'il faut au moins deux générations pour qu'un immigré s'intègre à la nation.

Denise : Oui, parce qu'une nation, c'est à partir du moment où tout le monde va dans le même sens, dans la même direction : avoir les mêmes objectifs, participer à la vie du pays. Or, avec les étrangers de première génération, ce n'est pas le cas ! À la limite, on pourrait dire qu'ils ne marchent pas avec nous.

Paulette (45 ans, secrétaire) : Ce n'est peut-être pas de leur faute, avec le racisme qu'il peut y avoir.

Monique : Ça ne les intéresse peut-être pas, la nation. C'est tellement difficile d'être étranger en France.

Paulette : Ça c'est faux ! Au niveau de tout ce qui est social : allocations familiales, sécurité sociale et logement, ils ont les mêmes droits que nous.

Denise : Ils ont les mêmes droits mais aussi des devoirs.

Paulette : Ce n'est pas facile d'être étranger en France. Ils se font rabrouer dans le métro, dans la rue. On leur reproche d'être étrangers.

Monique : Non, non, on leur reproche de ne pas être blancs. Il faut éviter d'être noir ou jaune, ici !

Denise : Les jaunes sont à part, ils restent entre eux.

Monique : De toute manière, un Français, ça peut être un Beur ! Je le considère comme un Français, moi.

Denise : Un Beur, il doit choisir la nationalité française à dix-huit ans, il peut ne pas la demander. Mais il y en a sûrement qui le font.

Paulette : Ils ont la culture française, de toute façon.

Denise : Ils ont les deux : la culture française et la culture arabe.

Monique : Ils n'ont ni l'une ni l'autre.

Paulette : Mon voisin, moi, il est musulman. Eh bien, il a changé de prénom pour avoir un boulot en France. J'ai été choquée.

Monique : Eh bien, moi, un jour, je me suis fait traiter de «dévergondée» par des Maghrébins, tout simplement parce que je portais un short dans la rue en plein été !

Denise : C'est vrai que pour les immigrés musulmans, c'est difficile d'admettre les comportements français.

Paulette : Ce qui est très difficile pour nous, c'est qu'on est des femmes.

Monique : C'est ça ! les immigrés, ils n'acceptent pas facilement l'évolution de la femme française. Mais peut-être qu'avec le temps, on arrivera enfin à vivre ensemble.

Denise : Bien sûr ! d'autant plus qu'il y a des exceptions parmi les immigrés. Il y en a qui comprennent que les femmes en France ont les mêmes droits que les hommes.

Monique : Ça ne leur est pas facile. En tout cas, ils font une grande différence entre leurs femmes et les femmes en général.

Paulette : Ce n'est pas de leur faute, hein !

Monique : C'est vrai, ils ont une culture différente. Et nous, on a tendance à vouloir qu'ils deviennent des gens comme nous ! N'empêche que moi, quand j'aurai des bébés, ils seront forcément eurasiens.

Denise : Les miens aussi seront des métis.

Radio 2001 : C'est peut-être la meilleure solution pour avoir une société multiculturelle harmonieuse.

Table des matières

269

Table de références des photographies et dessins

Photo couverture : R. Grosskopf/Fotogram-Stone - p. 7 : Dagli Orti ; Kipa - p. 8 : A. Vreuille/Syndicat d'Initiative de Nuits Saint-Georges - p. 9 : Facelly/Sipa Press - p. 12 : Interpress - p. 17 : Christophe L. - p. 20 : J.-M. Giboux/Gamma ; Duncan Raban/Stills - p. 21 S. Thomann/Stills ; J.-M. Mazeau/Interpress ; F. Stromme/Stills - p. 22 : JL Barde/Scope ; Edimédia - p. 23 : JL Barde/Scope ; Scope ; Daudier/Jerrican ; JL Barde/Scope, avec l'aimable autorisation de F. Dubœuf ; Sebag/Jerrican - p. 24 : Interpress ; Maxwell, le blues/Young et Rubicam, 1988 - p. 25 : T. Rajic/Stills - p. 26 : Philippe Munch - p. 28 : Depardon/Magnum - p. 29 : R. Burri/Cahiers du cinéma - p. 31 : Cahiers du cinéma - p. 32 : Dominique Flament ; RTBF - p. 33 : Dominique Flament - p. 48 : Magnum/Fusco ; Colby/Zefa - p. 49 : Magrean/Jerrican - p. 50 : A. Wolf ; H. Gruyaert/Magnum - p. 51 : Yale University Art Gallery/ADAGP, 1991 ; Hergé/Castermann ; Fondation Delvaux, Belgique/ADAGP, 1991 - p. 52 : C. Fister/Interpress ; Ginies/Sipa Press ; Ph. Fougère/Interpress - p. 53 : Peccoux/Sipa Press - p. 54 : Roger Viollet ; Cahiers du cinéma - p. 55 : Roger Viollet - p. 56 : F. Rouland/Rapho - p. 58 : SNCF - p. 59 : Dominique Flament - p. 60 : Dominique Flament - p. 61 : Dominique Flament - p. 74 : Dannic/Diaf - p. 75 : Limier/Jerrican ; Achdou/Jerrican - p. 76 : J. Guillard/Scope ; Collection Christophe L. ; Roessler/Zefa - p. 77 : Vieville/Diaf ; J.P. Garçin/Diaf ; P. Boucher - p. 78 : B. Maso/Seigneury Conseil - p. 80 : Les Humains associés ; SOS Racisme ; JP Bajard/Editing ; Chesnot/Sipa Press - p. 81 : Philippe Munch - p. 83 : Philippe Munch - p. 84 : F. Bouillot/Marco Polo - p. 89 : Roger Viollet - p. 90 : Daudier/Jerrican - p. 91 : Limier/Jerrican - p. 102 : Denis Pellerin - p. 106 : SAFAA - p. 107 : B. Edelhajt/Gamma ; Chesnot/Sipa Press - p. 108 : Damm/Zefa ; P. Halley/Gamma ; Image Photo/Vloo - p. 109 : Stock Market/Vloo ; Schmied/Zefa ; C. Charillon, Paris - p. 111 : Chip Hires/Gamma - p. 112 : Edimédia - p. 113 : Edimédia - p. 114 : Zarember/Vloo - p. 115 : Zarember/Vloo - p. 117 : Giraudon/ADAGP, 1991 - p. 118 : SNCF - p. 119 : F. Bouillot/Marco Polo - p. 130 : Barbier/Campagne ; Manez, Favret/Archipress - p. 132 : Beaudenon/Campagne ; Ducroux/Campagne ; A. Patrice/Campagne - p. 133 : Meauxonne/Pix ; A. Rachou/Campagne - p. 134 : Tsvetoukhine/Hoa Qui - p. 135 : Walter Gœtz/Punch 150, Londres - p. 136 : Walter Gœtz/Punch 150, Londres - p. 138 : Bassouls/Sygma - p. 139 : Gontscharoff/Pix - p. 140 : Schachmes/Sygma ; VCL/Pix ; Doisneau/Rapho - p. 143 : RTL - p. 144 : AFP - p. 145 : J. Andanson/Sygma - p. 162 : AFP ; Daudier/Jerrican - p. 163 : Benaroch/Sipa Press - p. 164 : B. Lightstein/Campagne ; Roger Viollet - p. 165 : A. Dagbert/Campagne ; Taurus/Campagne ; M. Benoist/Campagne ; A. Dagbert/Campagne - p. 166 : Dusart/Pix - p. 167 : Keystone - p. 169 : Ledru/Sygma - p. 170 : Detry/Bull - p. 173 : A. Duclos/Gamma - p. 178 : G. Schrempp/FR3 - p. 179 : Riby/Pix - p. 192 : M. Beaugeois/Pix ; JF Mondout/Campagne - p. 193 : B. Bisson/Sygma - p. 194 : F. Villiger/Office National Suisse du Tourisme ; Degonda/Office National Suisse du Tourisme ; Office National Suisse du Tourisme - p. 195 : Croix Rouge française ; Roger Viollet ; Fondation Maeght/ADAGP 1991 - p. 196 : B. Lightstein/Campagne - p. 197 : M. Renaudeau/Hoa Qui ; P. Daniel/Campagne - p. 198 : Agence DPPI - p. 199 : H. Gloaguen/Rapho - p. 203 : Fotogram-Stone - p. 204 : E. Preau/Sygma - p. 205 : T. Rannou/Sygma - p. 218 : AFP ; Guichard/Sygma - p. 219 : Agence DPPI ; F. Guion/Sea and See - p. 220 : Y. Travert/Hoa Qui ; Editions Dupuis - p. 221 : Roger Viollet ; Pix ; RMN - p. 222 : M. Couder/Marco Polo - p. 223 : D. Allisy/Sea and See - p. 224 : D. Allisy/Sea and See - p. 225 : S. Bassouls/Sygma - p. 226 : Bulloz - p. 227 : Roger Viollet - p. 228 : Enguerand - p. 231 : Edimédia - p. 232 : B. Lightstein/Campagne - p. 233 : Rouvet/Campagne - p. 246 : Taurus/Campagne - p. 247 : D. Giry/REA - p. 248 : «De Vercingétorix aux Vikings», *Histoire de France en bandes dessinées* © Librairie Larousse - p. 249 : «De Hugues Capet à Bouvines», *Histoire de France en bandes dessinées* © Librairie Larousse - p. 250 : M. Manceau/Rapho ; Marin/Campagne - p. 251 : Lounes/Gamma ; B. Lightstein/Campagne ; SOS-Racisme - p. 252 : Bousquet/Campagne - p. 253 : P. Fusco ; L. Freed/Magnum - p. 254 : Orban/Sygma.

Dessins : Jacques Lerouge (pp. 11, 35, 63, 93, 121, 147, 181, 207, 222, 223, 235) - Frapar (pp. 12, 36, 46, 64, 94, 122, 148, 177, 182, 208, 236) - Yves Besnier (pp. 14, 41, 43, 72, 97, 98, 100, 101, 125, 127, 150, 151, 154, 156, 186, 187, 212, 213, 240, 241, 243) - Anne-Marie Vierge (pp. 19, 47, 73, 79, 105, 129, 161, 191, 217, 245) - Gilles Bonnotaux (pp. 38, 196, 200 ,201, 204, 237).
Cartes : Josette Vinas y Roca (pp. 22, 50, 108, 133, 164, 194).
Frise des pages *Comportement* : Christophe de Angeli.

Imprimé en France
par Mame Imprimeurs, à Tours
Avril 1995 (n° 34342)